本书是司法部项目（16SBF2021）“中国暴恐犯罪的对策研究”的最终研究成果，得到司法部项目资金的资助。

中国暴恐犯罪对策研究

ZHONGGUO BAOKONG FANZUI DUICE YANJIU

主　编●舒洪水
撰稿人（按章节顺序）
段阳伟　李燕飙　马　瑜　吕华耕

中国政法大学出版社
2021・北京

声　　明　1. 版权所有，侵权必究。
2. 如有缺页、倒装问题，由出版社负责退换。

图书在版编目（CIP）数据

中国暴恐犯罪对策研究/舒洪水主编. —北京：中国政法大学出版社，2021. 5
ISBN 978-7-5620-9915-4

Ⅰ. ①中…　Ⅱ. ①舒…　Ⅲ. ①恐怖活动—刑事犯罪—研究—中国
Ⅳ. ①D924. 114

中国版本图书馆CIP数据核字(2021)第068706号

书　　名　中国暴恐犯罪对策研究
Zhongguo Baokong Fanzui Duice Yanjiu
出 版 者　中国政法大学出版社
地　　址　北京市海淀区西土城路 25 号
邮　　箱　fadapress@163.com
网　　址　http://www.cuplpress.com (网络实名：中国政法大学出版社)
电　　话　010-58908435(第一编辑部) 58908334(邮购部)
承　　印　固安华明印业有限公司
开　　本　880mm × 1230mm　1/32
印　　张　11.375
字　　数　253 千字
版　　次　2021 年 5 月第 1 版
印　　次　2021 年 6 月第 1 次印刷
定　　价　56.00 元

序　言

暴恐犯罪具有极其严重的社会危害性，无论是美国“9·11”事件、俄罗斯别斯兰人质事件，还是西班牙“3·11”马德里爆炸事件、英国“7·7”伦敦爆炸案、新西兰枪击事件以及2019年4月发生的斯里兰卡连环爆炸案等无一例外都对社会产生了严重的危害。2015年在法国巴黎发生的暴恐事件，震惊了全世界，不仅因其造成的极其严重的后果，更因其对国际社会造成的巨大影响，可以说这是全人类的一场惊心动魄的灾难。随着“伊斯兰国”在伊拉克、叙利亚边境地区的全面崩溃，“IS”“基地”组织等恐怖组织成员纷纷回流母国，恐怖组织也呼吁其成员和支持者就地“圣战”，暴恐犯罪已经进入到了一个新的时期。与传统的暴恐犯罪不同，在科技高速发展的今天，暴恐犯罪的手段以及组织方式不仅更加高科技化，而且在犯罪区域以及犯罪对象的选择上也更灵活。各国之间的恐怖活动组织联系更为紧密，暴恐犯罪越来越趋向于全球化，这对各个国家、各个地区的反恐工作带来了许多新的困难和挑战。

暴恐犯罪是当今国际社会普遍关注的焦点问题之一。特别是在美国“9·11”事件后，暴恐犯罪的惩治与预防问题已经成为国际社会着力关注的重点。由于暴恐犯罪的产生根源复杂，暴恐犯罪问题不可能在短时间内根除，反恐斗争仍将是未来相当长一个时期内国际社会的重要任务之一。

在当前严峻的国际形势下，我国反恐工作同样也面临着急需解决的难题。我国社会大局稳定、可控，但受国际、国内多种因素影响，我国的反恐斗争形势仍很复杂、尖锐，特别是我国新疆地区，正处于暴力恐怖活动的活跃期、反分裂斗争的激烈期、干预治疗的阵痛期的“三期叠加”过程中。反恐斗争的长期性、尖锐性和复杂性，要求我们必须高度警惕，认真做好防范和打击恐怖主义的工作。

新疆地区一直是我国暴恐犯罪的重灾区。进入21世纪以来，我国新疆地区一度发生的暴力恐怖活动数量急剧上升。暴恐分子在政治上反动，“疆独”势力分裂祖国活动猖獗，地下讲经等极端活动泛滥，在实施暴恐犯罪时手段极为残忍，残害了大量无辜的群众和政府工作人员，严重危害着我国的国家安全和社会稳定。新疆地区的暴恐活动与其历史发展有着深厚的渊源，“重新疆者，所以保蒙古，保蒙古者，所以卫京师”。[1]新疆位于我国西北边陲，地处亚欧大陆的腹地，是我国最大的省级行政区，占我国国土面积总面积的1/6，周边与俄罗斯、哈萨克斯坦、印度等8个国家接壤，其重要性不言而喻。研究新疆问题，尤其是研究新疆的稳定问题，关乎我国的国家安全以及稳定发展。从这个意义上来讲，研究新疆问题就是研究中国问题，就是研究中国崛起的问题。

鉴于暴恐犯罪的现实危害性，我国政府于2001年6月15日在上海与俄罗斯等五国共同签署了《打击恐怖主义、分裂主义和极端主义上海公约》，此前也加入并签署了《制止恐怖主义爆炸的国际公约》《制止向恐怖主义提供资助的国际公约》等国际条约、协定。此外，为了适应惩治与预防暴恐犯罪的需要，严厉打击暴恐犯罪，针对美国“9·11”事件后的形势发展要求，2001年12月29日，全国人民

〔1〕《左文襄公全集·奏稿》卷50。

代表大会常务委员会第二十五次会议通过了《刑法修正案（三）》，对《刑法》作了补充修改，将许多恐怖活动列为刑事犯罪，增加了若干与恐怖主义相关的新罪名；2011年通过《刑法修正案（八）》适当加重了对恐怖活动犯罪的惩罚力度；2015年通过的《刑法修正案（九）》，第一次引入“恐怖主义、极端主义”的概念，对“组织、领导、参加恐怖组织罪”增加了财产刑，增加资助恐怖活动罪的内容，修改“资助恐怖活动罪”为“帮助恐怖活动罪”，又另外增设了5个新的恐怖活动犯罪，即准备实施恐怖活动罪，宣扬恐怖主义、极端主义、煽动实施恐怖活动罪，利用极端主义破坏法律实施罪，强制穿戴宣扬恐怖主义、极端主义服饰、标志罪，非法持有宣扬恐怖主义、极端主义物品罪。[1]

2015年12月27日，第十二届全国人大常务委员会第十八次会议通过了《中华人民共和国反恐怖主义法》（以下简称《反恐怖主义法》）。《反恐怖主义法》根据国家总体安全观的要求，坚持问题导向，从实际出发，认真总结近年来防范和打击恐怖主义的斗争经验，研究借鉴国外一些有效做法，为进一步加强反恐怖主义工作，维护国家安全、公共安全和人民财产安全，提供了有力的法律保障。2018年7月，最高人民法院、公安部、司法部下发《关于办理恐怖活动和极端主义犯罪案件适用法律若干问题的意见》。

立法是建立在现实需要的基础上，同时它又促进理论上的系统研究。什么是暴恐犯罪？暴恐犯罪的主体有哪些？暴恐犯罪具体包括哪些行为？暴恐犯罪的特征是什么？对此，不同的国家有着不同的标准，各国的立法规定也有着显著的差异。对暴恐犯罪的惩处，国际公约的内容应如何在国内立法中体现出来？暴恐犯罪的特点及

---

〔1〕 周洪波：“刑法修正案（九）新增恐怖犯罪的理解与适用”，载《中国检察官》2015年第9期。

其产生原因又是什么？现如今我国的应对现状如何？有何不足和应完善之处？对这些问题的研究，无论是在理论上还是实践中均具有现实意义。

编著者
2020 年 10 月 1 日

目　录

第一章　暴恐犯罪的概念、特征、种类

第一节　暴恐犯罪的概念

一、暴恐犯罪概念的沿革

在2014年“3·01”昆明火车站暴恐事件发生后，《人民日报》于第二日发表了题为《严惩暴恐犯罪，保障人民安全》的评论员文章，此后“暴恐犯罪”一词开始逐渐在媒体报道的标题和正文中被大量使用。暴恐犯罪是“暴力恐怖活动犯罪”的简称，是当前反恐斗争中使用的专业术语。

暴力恐怖活动由来已久。在某种意义上，我国古代的荆轲刺秦王，古罗马的凯撒大帝遇刺都是著名的历史恐怖事件，美国总统肯尼迪被刺身亡则是当代历史中的典型恐怖事件。暴力恐怖活动是一种包含了所信仰的神灵的启示、旨意和经典的教诲相杂糅的社会现象，它背后则包含经济、政治、社会、文化、宗教、意识形态等多方面的原因。所以，我们在界定暴力恐怖活动犯罪时不能简单、孤立地就某一时间进行界定。纵观暴力恐怖活动发展的历史，我们可以将其大致分为三个阶段，不同的阶段对暴力恐怖活动概念的理解也是不同的。

1. 古代恐怖活动时期。按照古代欧洲的传统思想，统治者对被统治者实施的暴力，称之为“镇压”；而被统治者对统治者或者说是“暴君”的反抗，是一种对所谓“契约”的不遵守，被称为“恐怖”。当时人们把“恐怖”与“镇压”视为对等的两个方面，遵循平等、自由的原则。所以，当时“恐怖”二字还不完全是一个贬义词，“恐怖活动”也未殃及无辜。

2. 近代恐怖活动时期。从19世纪到20世纪初这一时期里，恐怖活动已经渐渐呈现出有组织的暴力恐怖犯罪活动的趋势。法国的雅各宾派专政时期，最早肯定了恐怖主义的合法性，他们想方设法去掩盖其丑恶、卑鄙和残暴的一面。法国大革命之后，自由主义与民族主义兴起，使得传统的阶级矛盾、民族矛盾、宗教矛盾激化，特权与民主的对抗、帝国主义之间对权力统治的争夺，致使恐怖主义思潮在当时空前泛滥，人们漠视社会道德，用暴力毁灭社会秩序，暗杀、爆炸、屠杀等被广泛使用，大量无辜的民众在这场恐怖主义灾难中受到迫害，遭受着痛苦的折磨。

3. 现代恐怖活动时期。从20世纪初至今，恐怖活动已经不单单限于个人或者组织的行为，进而发展到国家恐怖主义的层面，这一时期的恐怖主义所带来的危险是最为强烈的。二战时期，希特勒所实施的恐怖活动，屠杀了800万至1000万的无辜人民；1937年12月13日，日军攻占南京，在一个月内野蛮屠杀了近30万中国人民。进入20世纪70年代后，从亚洲到非洲，从欧洲到美洲，恐怖主义组织大肆进行绑架、暗杀、劫机等恐怖活动。以本·拉登为首的恐怖组织在阿富汗基地训练了1万多名恐怖分子，并在50多个国家建立了基地，5000多名装备齐全的恐怖主义分子分布在中东和中亚地区。[1]本·拉登在2011年9月11日组织恐怖分子袭击美国世贸中心的双子塔楼，制造了令世界震惊的“9·11”事件，随后以美国为首

---

〔1〕 何秉松：《恐怖主义·邪教·黑社会》，群众出版社2001年版，第11~91页。

的国家恐怖主义，在十多年的时间里先后对阿富汗、伊拉克、利比亚发动所谓的“反恐”战争。在“反恐”战争的旗号下，明目张胆、大张旗鼓地对这些国家实施大肆侵略。

二、暴力犯罪概念的内涵

暴恐犯罪首先必须是暴力犯罪，然后才是暴力恐怖活动犯罪，要了解暴恐犯罪的内涵，首先得弄清楚何为暴力犯罪。

暴力犯罪是最为原始和古老的犯罪类型之一。在犯罪学的历史上，最早提出“暴力犯罪”概念的是意大利犯罪学家加罗法洛（Raffaele Garofalo）。在其《犯罪学》一书中，加罗法洛系统地将犯罪人分为了自然犯罪人与法定犯罪人，而自然犯罪人又被分为典型的罪犯、暴力犯、缺乏政治性的罪犯和淫荡的罪犯。世界卫生组织对暴力的定义则是“蓄意地运用躯体的力量或权力，对自身、他人、群体或者社会进行威胁或伤害，造成或极有可能造成损伤、死亡、精神伤害、发育障碍或权益的剥夺”。

但是，在刑法领域，无论是西方学者还是我国学者都不曾简单地将犯罪分为暴力犯罪与非暴力犯罪。暴力犯罪不属于特定的刑法术语，也不是刑法中一个独立的罪种，而是代表一类犯罪行为的总称。所谓暴力犯罪，就是指使用暴力手段或以暴力手段相威胁，以特定的或不特定的人或物为侵害对象，蓄意危害他人人身、财产安全，社会安全或国家安全，意图造成严重后果的攻击型犯罪行为。

“暴力”，从字面上讲是一种凶恶、残酷的行为，它在《辞海》中的解释为“强制的力量；武力；国家的强制力量”。在法律中，每一个概念都有其特殊的使用范围和领域，超越各自领域就可能产生概念的异化。从增强打击暴力恐怖活动犯罪的有效性和针对性的角度出发，要将暴力恐怖活动犯罪中的“暴力”要素纳入刑法学的视野去理解，才能更好地服务于实践，指导反恐实践。

“暴力”作为犯罪的一种手段，在我国刑法中有着明确的规定，然而“暴力”又不是严格意义上的刑法学概念，不同条文中所规定的暴力往往具有不同的含义。但通过对暴力的作用范围、程度等基本问题进行类型化的界定，可将我国刑法中的暴力较为规范地解释为，“对被害人形成的强制（心理上和生理上），妨碍其意思决定自由及依其意思决定而行动的自由而施加的有形强制力”。从此意义上讲，暴力恐怖活动犯罪中的“暴力”既包括传统行为意义生理上的“强制力”，即武力，也包括心理上的“强制力”，即“暴力威胁”。

因此，“暴力”的本原涵义就是强制性，其目的在于抑制被害人的反抗，这种强制性在不同的场合其含义有所不同。而这种“强制性”与国家强制力不同，其更多表现为“破坏性”。这种“破坏性”是建立在“强制性”基础上的“破坏”手段。“破坏性”可以解释暴力恐怖活动犯罪中“暴力”的内涵，以及部分学者“恐怖主义是弱者对强者的不对称战争”的说法。

“暴力”范围的研究必然是暴恐犯罪研究的应有之义，但“暴恐”并不是“暴”与“恐”的简单组合，“暴恐”更重在“恐”。“恐”是“暴恐”活动最为鲜明的特征。“恐怖”一词在《汉语大词典》中解释为：“一是感到可怕而畏惧；二是威胁、恫吓。”暴力恐怖活动犯罪中“恐”的要素，重在强调因为“感到可怕而畏惧”或是受到“威胁、恫吓”而产生的一种心理不安效应，即“社会恐慌”。“恐怖”是对心理状态的一种描述，其属于规范的感情词汇，对于恐怖的理解可以从两方面把握：从行为实施者的角度看，恐怖意味着行为本身所包含的追求恐怖之效果的主观因素；从社会大众的角度看，恐怖意味着受到行为者行为之影响而产生的恐怖心理或惧怕情绪，继而限缩行为，以致产生了客观的恐怖效果。

经上述分析可知，“暴恐”的内涵可以这样理解：“暴恐”是一类基于抗拒情绪所生发的意欲脱离所处社会或构建新社会之目的

（政治目的），个人、群体或组织实施的以暴力为特征、以无辜者为对象，对整体的社会秩序造成破坏且具有严重危害性的行为总称。

三、暴恐犯罪与相关概念辨析

（一）暴恐犯罪与恐怖主义

对暴恐犯罪的理解，我们先要理清其和恐怖主义的关系。尽管暴恐犯罪的概念源于国际上对恐怖主义概念的定义，但其又与恐怖主义的概念在根本上有所区别。我国犯罪学家王牧教授曾指出，“恐怖主义是在离开具体国家的法律，在政治文献和理论一般意义上使用的政治的、理论的概念，如果把这种活动放到具体国家的法律范围之内，针对自己国家的一切恐怖活动都属于该国家法律规定的犯罪活动。换言之，恐怖主义活动对任何一个受侵害的政府和社会来说，实际上就是暴力恐怖犯罪行为”。[1]

“恐怖主义”一词最初是作为一个社会政治学概念出现的。什么是恐怖主义犯罪？这是一个长期困惑人们的重大理论问题，也是一个长期阻碍国际社会合作打击恐怖主义犯罪的重大实践问题。由于恐怖主义犯罪问题涉及领域的复杂性，各国在政治、经济、文化等方面的差异，以及恐怖主义犯罪在各国不完全相同的表现形式和行为手段，对恐怖主义犯罪的概念做出一个准确并适用于各国的定义非常之难，以致尚未形成一个固定的概念。国际上这种概念的不统一，会影响国际背景下打击恐怖主义犯罪的整体力度。一个统一标准的确立，无论对打击国际恐怖主义犯罪还是打击国内恐怖主义犯罪都有着重要的意义。

公元1世纪，为反抗罗马帝国入侵，犹太奋锐党人就曾在罗马帝国饮用的水中下毒，暗杀与古罗马人合作的犹太贵族，同现在的

---

〔1〕 王牧：“关于暴力恐怖犯罪的几个基本问题”，载《山东公安专科学校学报》2000年第1期。

某些恐怖主义有相似之处。恐怖主义的概念早在18世纪就已出现。在法国大革命开始的初期，为保卫新生政权，执政的雅格宾派决定用红色恐怖主义对付反革命分子，国民公会通过决议，“对一切阴谋分子采取恐怖行动”。最早的国家恐怖主义作为一种社会现象，其本身不是具体的，而是抽象地存在于精神层面的意识形态。因其具有暴力性、政治性、民族性、宗教性以及受社会历史发展等不同因素的影响，以至目前为止，尚未有一个确定并符合世界上所有恐怖主义现象的概念。

1. 欧盟及其成员国的定义。《简明不列颠百科全书》对恐怖主义的定义是：“对各国政府、公众和个人使用令人莫测的暴力、讹诈、威胁，以达到某种特定目的的政府手段。各种政治组织、民族团体、宗教狂热者和革命者、追求正义者，以及军队和警察都可以利用恐怖主义。”

在欧盟成员国内部，定义恐怖主义有两种基本做法：一种是把恐怖主义作为普通犯罪来对待。恐怖主义的成立取决于恐怖分子的动机，当其动机是为了恐吓人们改变国家的基本原则和制度的时候，这种行为就是恐怖主义。另一种做法是就恐怖主义和恐怖分子制定专门的法律，对什么是恐怖主义作出特别的法律规定。法国、德国、意大利、葡萄牙、西班牙和英国等国家均采用此种方式。例如，法国《刑法典》第421-1条规定恐怖主义为“旨在通过威吓或恐怖的手段，严重扰乱公共秩序的个人或集体的行为”；西班牙《刑法》第571条规定，“以破坏宪法秩序或者严重扰乱社会和平为目的的行为构成恐怖主义。”英国的《2000年反恐怖法》则把恐怖主义定义为基于政治、宗教或意识形态的原因，为了对政府施加影响或者恐吓公众或一部分人而采取或威胁要采取某些行为，这些行为包括针对个人的严重暴力行为、造成财产严重损失的行为或者对公众或一部分人的健康或安全构成严重威胁的行为等。《欧盟联盟条约》第

29 条特别提出，恐怖主义是一种需要采取措施预防和打击的严重犯罪形式。欧盟委员会在 2001 年提出的《打击恐怖主义框架决定建议书》中把恐怖主义定义为：由个人或组织故意实施的反对一个或多个国家制度或人民，以达到恐吓人民或极大地改变或摧毁一个国家政治、经济或社会结构的行为。特别的是，这项文件把通过信息系统实施的攻击同样列为恐怖主义行为的一种。

2. 美国官方的定义。其实对于美国官方，恐怖主义也没有一个统一的定义。美国国务院、联邦调查局以及国防部对恐怖主义的定义各不相同。美国国务院认为，恐怖主义就是由次国家集团或秘密代理人针对非战斗人员基于政治动机而有预谋地使用暴力的行为。而联邦调查局则把恐怖主义定义为：为了政治或社会目标而针对人身或财产非法使用武力或暴力以恐吓政府、平民或对他们进行强制。美国国防部认为，恐怖主义就是通常为了达到政治、宗教或意识形态上的目标而使用或威胁使用武力或暴力以恐吓政府或社会或对他们进行强制的行为。

3. 中亚国家的定义。相较而言，中亚国家在法典中对恐怖主义的定义则更为明确。例如，吉尔吉斯斯坦对恐怖主义的规定为“恐怖主义是指造成他人人身伤亡或对人类造成严重后果，甚至实施了爆炸、纵火或其他与社会危害巨大的活动具有相当程度的行为；试图破坏国家和社会稳定，削弱或推翻国家政权、恫吓或迫害人民、国家机构、国际组织和其他组织或为了实现上述目标而实施的其他威胁手段”。塔吉克斯坦的《反恐怖主义法》第 5 条规定，恐怖活动是指直接实施的恐怖主义性质的犯罪：①放火、爆炸、使用或威胁使用放射性物质、具有爆炸性的核装置，以及具有生物性、化学性、易爆性、有毒性、剧毒性及有害性的物质；②夺取、破坏或损毁交通工具或其他设施；③危害国家代表、家庭代表、社会活动家、部族、宗教或其他社会组织的生活及其成员的人身安全；④劫持人质或实施抢劫；⑤通过创造条件或创造车祸和技术灾难，损害非特定人口的人身安全、健康或财产的安全和威胁；⑥以任何的手段和形式传播、扩散威胁；⑦使用其他手段造成了他人死亡的风险；⑧造成了重大财产损失或其他危害社会的严重。

4. 我国学者的定义。国外组织和学者的观点及立法规定对我国学术界也是有影响的。目前我国学者关于恐怖主义犯罪及其相关概念的界定，有一定的相似点、相同点。其中比较有代表性的描述主要有以下几种：

（1）恐怖主义犯罪是指直接反对一个国家而其目的和性质是在个别人士、个人团体或公众中制造恐怖的犯罪行为。

（2）恐怖主义活动就是指对国家领导人、社会活动家、社会团体成员或其他公民的人身或重大公私财产非法使用暴力或暴力威胁，用以威胁、恐吓政府、公众或上述两者的某一个部分以达到政治或社会目的的行为。

（3）恐怖主义活动是为了达到一定目的——主要是政治目的，而对个人或团体采取非常规性的暴力或准暴力行为。

（4）恐怖主义是暴力实施者基于政治目的对非武装人员（包括军队非战斗人员）有组织地使用暴力或以暴力相威胁的行为，其目的是以特殊的手段把一定的对象置于恐怖之中，逼迫其做原本不会做的事情。

（5）恐怖主义犯罪是指对特定目标的不确定公众及财物使用爆炸、杀人或者其他危险行为，或威胁使用上述手段制造社会恐怖气氛，以实现政治的、宗教的或者其他社会目的的行为。但是，个人实施的恐怖主义活动不是恐怖主义犯罪。

（6）恐怖主义犯罪是基于政治目的，针对不特定的目标，包括非战时状态的军人与军事设施，以与实现其目的不相称的手段实施的足以引起恐慌的各种侵害或破坏活动。

（7）恐怖主义犯罪是组织、策划、领导、资助、实施以对人身和财产造成重大损害或制造社会恐惧气氛的暴力、威胁或危险方法，危害公共安全的行为。其中，“暴力、威胁方法”包括使用武器、弹药等具有暴力性质的工具，采取暗杀、劫持、绑架等暴力行为以及威胁的行为；“危险方法”包括使用毒害性、放射性、传染病病原体等危险物质；“公共安全”包括国际社会和平安宁，国家安全与发展，以及人（不特定的多数人或者针对特定的个人）的生命、健康和重大财产安全。

5.《中华人民共和国反恐怖主义法》（以下简称《反恐怖主义法》）中的定义。2011 年 11 月 29 日第十一届全国人大常务委员会第二十三次会议上通过的《关于加强反恐怖工作有关问题的决定》（已失效）对恐怖活动的范围进行了界定：“恐怖活动是指以制造社会恐慌、危害公共安全或者胁迫国家机关、国际组织为目的，采取暴力、破坏、恐吓等手段，造成或者意图造成人员伤亡、重大财产损失、公共设施损坏、社会秩序混乱等严重社会危害的行为，以及煽动、资助或者以其他方式协助实施上述活动的行为。”2015 年 12 月 27 日，第十二届全国人大常务委员会第十八次会议上通过了《反恐怖主义法》，对恐怖主义、恐怖活动、恐怖组织、恐怖人员、恐怖事件都进行了相应的界定。

恐怖主义，是指通过暴力、破坏、恐吓等手段，制造社会恐慌、危害公共安全、侵犯人身财产，或胁迫国家机关、国际组织，以实现其政治、意识形态等目的的主张和行为。恐怖活动，是指恐怖主义性质的下列行为：①组织、策划、准备实施、实施造成或者意图造成人员伤亡、重大财产损失、公共设施损坏、社会秩序混乱等严重社会危害的活动的；②宣扬恐怖主义，煽动实施恐怖活动，或者非法持有宣扬恐怖主义的物品，强制他人在公共场所穿戴宣扬恐怖主义的服饰、标志的；③组织、领导、参加恐怖活动组织的；④为恐怖活动组织、恐怖活动人员、实施恐怖活动或者恐怖活动培训提供信息、资金、物资、劳务、技术、场所等支持、协助、便利的；⑤其他恐怖活动。恐怖活动组织，是指3人以上为实施恐怖活动而组成的犯罪组织。恐怖活动人员，是指实施恐怖活动的人和恐怖活动组织的成员。恐怖事件，是指正在发生或者已经发生的造成或者可能造成重大社会危害的恐怖活动。

所谓“主义”，一般包括两方面的内容，一是思想体系和信念，或者说是对于自然界、社会及学术问题所持的系统理论和主张；二是该信念指导下的行为方式。从主义的思想信念方面来看，恐怖主义是一种根植于某一信仰基础之上的世界观或意识形态。恐怖主义最核心的内涵就是：恐怖理念至上，以恐怖为手段，通过制造恐怖事端进行政治、宗教或社会斗争。而暴恐犯罪则是有预谋、有组织地使用或威胁使用暴力等破坏手段，制造社会恐慌，以达到某种政治或社会目的的犯罪行为。只要暴恐活动损害了法律所保护的权益，违反了刑事法律的规定，具备了犯罪条件即可。因此，在概念上使用“恐怖主义”不仅会使我们在实践中混入过多的政治因素，陷入双重或多重标准，无法适应国际国内打击暴恐犯罪的客观需要，而且在理论上也无法形成共识，无法界定研究范围，缺失了科学研究的严谨性。

因此，为了避免因恐怖主义概念的不一致给我们反恐工作带来困境，我们在当前探讨“暴恐”问题时，应当使用暴力恐怖活动犯罪的概念，而不能人为地将恐怖主义纳入其中。从这个意义上讲，暴恐犯罪一方面属于恐怖主义活动的一个表现形式，另一方面也是恐怖主义活动在我国语境下的中国表达。简单来说，恐怖主义是一个政治理论中的概念，而暴力恐怖犯罪是一个法律概念，二者的论域是不一样的。当一个国家在内部讨论恐怖活动的时候，首先要以这个国家的法律来衡量。如果在讨论我国国内的暴力恐怖犯罪问题

时，就不能用恐怖主义的概念，而应当用暴力恐怖犯罪的概念。

（二）暴恐犯罪与普通暴力犯罪

暴恐犯罪与普通的暴力犯罪在行为方式上有着极高的相似性，但二者在行为的动机、行为对象以及行为的方式上又有着明显不同。首先，从行为动机方面讲，普通的暴力犯罪行为人往往具有与其自身利益相关的、具体的、明确的利益诉求（如个人极端行为）；而暴力恐怖犯罪的行为人通常会为某种体系化的理论或思想所引导，或与受这种理论和思想影响的个人或组织（通常为恐怖分子或者恐怖组织）相关联（如受雇佣、胁迫等），从而产生一种内在或外在的驱动力。其次，在行为的对象上，普通暴力犯罪更倾向于直接指向利益诉求的相关者；而暴力恐怖犯罪则通常指向无辜的群众。最后，在方式的选择上，一般而言，普通的暴力犯罪实现途径广泛，往往直接作用于诉求对象；而暴力恐怖犯罪一般通过暴力或者暴力相威胁等破坏性的手段，残害无辜，制造社会恐慌来实现其行为目的。

“恐怖”一词本身就含有“暴力”的元素，所以相较于普通的暴力犯罪，暴力恐怖犯罪与其最大的区别在于“恐”而不是“暴”。也就是说，在方式的选择上，通过暴力或者暴力相威胁的破坏性手段，残害无辜等方式来制造社会恐慌进而实现其行为目的，是暴力恐怖犯罪区别于普通暴力犯罪的最根本特征。但这并不意味着所有通过“恐”来实现其行为目的的犯罪行为都可以认定为暴力恐怖犯罪，它还必须符合其行为动机和行为对象上的特征。在实践中也存在某些暴力恐怖犯罪并不是以制造恐慌为实现其目的的途径。而在实践中，普通暴力犯罪发生后也可以在一定程度上产生“制造社会恐慌”的后果。暴力恐怖犯罪中“恐”的要素，重在“残害无辜”这一特征，“恐”正是暴力犯罪残害到无辜的群众进而使其产生的一种心理不安的效应。所以可以说，暴力恐怖犯罪多为选择手段途径上“残害无辜”的“恐”，而普通暴力犯罪多为时间后果上的“恐”。

因此，在区分暴力恐怖犯罪与普通暴力犯罪时不能用“一刀切”的标准，要从行为动机、行为对象以及行为方式等多个因素综合考量和评价。

（三）暴恐犯罪与危害国家安全罪

暴力恐怖犯罪与危害国家安全罪在犯罪目的、行为方式以及危害结果等方面存在着许多相似甚至是交叉之处，但二者存在一定的区别。首先，在犯罪目的上，虽然暴力恐怖犯罪和危害国家安全犯罪都破坏了国家主权和领土完整。但与危害国家安全罪相比，政治目的并非是暴力恐怖犯罪唯一的犯罪目的，也存在以社会目的等其他非政治目的为犯罪目的的暴力恐怖犯罪。其次，在行为方式上，暴力恐怖犯罪一般通过暴力或者暴力相威胁等破坏性手段，即采用积极的作为方式，制造社会恐慌来实现行为目的。而危害国家安全罪的表现形式可以有很多，包括不作为的行为方式。最后，危害国家安全罪多属于政治的范畴，而暴力恐怖犯罪实践中并未列入“政治犯不引渡”中。

第二节　暴恐犯罪的特征

自恐怖主义事件产生以来，受当时社会经济环境的影响，暴恐犯罪在各个历史阶段有不同的含义，而这使得恐怖主义活动在每个阶段表现出了完全不同的特征。目前，宗教极端性恐怖主义泛滥、猖獗，我们将着重对当前的暴恐犯罪的特征进行分析。

一、目的政治性

暴力恐怖活动犯罪通常通过实行恐怖活动造成社会秩序动荡，造成民众恐慌，在国内外形成一定的影响，从而达到他们不可告人的政治诉求。暴力恐怖活动不同于一般的暴力犯罪，不以追求财物

为目的，不以造成民众身体伤害为后果——虽然暴力恐怖活动通常会使得公民生命财产安全受到极大损害，但只是其间接目的。几乎所有的暴恐犯罪都具有政治诉求或者政治倾向，无论这些政治色彩来自政治分歧、文化冲突还是民族纷争、宗教矛盾。虽然根据国际反恐公约以及各国法律规定，政治目的以及动机一般不作为恐怖活动的构成要件，但是恐怖活动确实具有这一特点，若忽略这一特征，不利于将恐怖活动与其他犯罪活动区别开来。

二、手段多样化

暴恐犯罪在本质上是一种暴力活动，其行为方式是蓄意实施暴力或者暴力相威胁；经常使用的犯罪手段是杀人、爆炸、绑架、劫持人质、劫持航空器、武装袭击、制造骚乱、偷渡、放火等；为了筹集暴恐犯罪资金，保证暴恐犯罪的成功进行，暴恐犯罪者还经常进行抢劫银行，盗窃武器、证件和汽车等其他犯罪行为。

近年来，暴恐犯罪呈现“境外指挥、网上勾连、境内行动”的新特点。组织境内人员出国参加军事化训练，接受“圣战”洗脑宣传；为境内暴力恐怖组织提供制爆、引爆技术以及利用化学反应进行纵火的配方、技术等暴恐犯罪的形式日益明显。[1]爆炸装置、爆燃装置、自制枪支等新型的作案工具在暴恐犯罪中使用更加频繁，并且发挥着重要的作用。而且，在某些案件中，作案工具也有日益隐蔽化的趋势，暴恐分子大多将作案工具与普通的生活用品相结合，将爆炸装置放在手提包、拉杆箱等生活用品中，增加了作案工具的隐蔽性。同时，制作爆炸、爆燃装置的材料也日益生活化、普通化，大多使用日常生活中随处可见的火柴、汽油、电池、汽车遥控器、手机、金属螺丝等，使得作案工具的制作变得简单、容易。

---

〔1〕 赵桂芬等：“新疆暴力恐怖犯罪组织形成的社会心理原因及对策”，载《中国人民公安大学学报（社会科学版）》2012 年第 4 期。

随着科学技术特别是计算机网络、现代通信技术的不断创新，暴力恐怖组织不断变化手法，利用手机短信、互联网络、音频视频等进行恐怖活动。根据所谓“圣战”思想，发展团伙成员、招募新人，进行实况演习、传授杀人方式，寻找人群和防备弱的地方进行踩点，制造“轰动”性暴恐效应，基本沿袭在美国、巴基斯坦和阿富汗的袭击方式，使暴恐犯罪更具技能性。

网络技术的发展为境外恐怖分子的联系、交流提供了一个隐蔽而又便捷的平台，暴恐音、视频的传播也变得简单、频繁，这在一定程度上导致其作案工具出现了新的特点：作案工具日益科技化。国际恐怖主义组织利用境外的广播电台、电视台等从事“圣战”宣传，新疆地区周边国家就有 30 多家转播台、170 多个频道，使用汉语、维吾尔语宣扬暴力恐怖思想。

三、对象不确定性

暴恐犯罪的袭击目标是特定的，但侵害对象是不确定的。随心所欲地滥杀无辜是暴恐犯罪的特征。[1]意大利法学家隆尔巴迪指出：“恐怖主义是不分青红皂白的行为，它并不旨在打击那些被视为敌手的人，而是谋略制造动乱和恐惧，至于受害者是谁，它漠不关心。”[2]通过对我国近年来发生的暴恐案件进行分析可以看出，暴恐分子所袭击的对象也出现了新的特点，由以往有针对性地袭击政府工作人员、军警人员变为袭击普通公众为主。暴恐分子的袭击对象越来越大众化，这也正是其具有反人类、反社会、针对手无寸铁平民进行暴力犯罪的恐怖犯罪性质特点的典型表现。[3]也正是因为袭击对象变得

---

〔1〕 刘华：“当代恐怖主义犯罪研究”，载《中国法学会刑法学研究会 2002 年年会论文集》，中国政法大学出版社 2003 年版，第 456 页。

〔2〕 刘华：“论恐怖主义犯罪的特征和要件”，载《犯罪研究》2009 年第 1 期。

〔3〕 张德英、王成新、叶盛：“暴力恐怖犯罪活动的现状与对策研究”，载《广西警官高等专科学校学报》2014 年第 5 期。

公众化，导致暴恐犯罪造成的人员伤亡增加，危害结果也日益严重。

四、影响巨大性

从以往报道的情况来看，恐怖分子多采取暴力手段，比如刀砍，甚至有的采取放火等方式，手段非常残忍，这就造成了人民群众生命财产的极大损害。新疆“7·5”事件共造成190多人伤亡，1600余人受伤，这是我国历史上罕见的针对平民的严重伤害案件。

恐怖分子为了达到目的，常会进行长时间的计划和安排。据报道，恐怖分子多有经过培训，在活动时常会统一着装，不惧怕死亡，丧心病狂，不达目的不罢休。恐怖分子会选择特殊的时期、特殊的场所，比如，2014年昆明火车站暴恐活动选择全国两会前夕进行，就是为了造成极其恶劣的影响；而选择人流量较大的火车站，就可以在短短的时间内造成共100多位无辜群众的伤亡，产生极其严重的后果。

暴恐犯罪的结果还具有恐慌性的特征。暴恐犯罪与一般暴力行为不同，恐怖分子实施暴力行为旨在将其主张或意图传递给政府、国际组织或者其他人群，所以他们不仅注重实施暴力行为，而且更为注重这种暴力事件所产生的社会影响，即造成社会恐慌。[1]暴恐犯罪的危害结果特征是造成一种恐怖气氛，置公众于恐慌之中。

五、主体广泛性

首先，暴恐案件出现了以血缘关系为主的“家族式”和没有恐怖组织指挥和帮助的“独狼式”的暴恐案件。其次，在暴恐的结构上，传统暴恐活动的参与者往往都是由男性成员组成，现如今暴恐组织开始注重发展不太受警方关注的女性暴恐分子以及儿童暴恐分

〔1〕“‘东突’恐怖势力难脱罪责”，载人民网，http://www.people.com.cn/GB/paper39/5281/552311.html，最后访问时间：2018年2月8日。

子，例如所谓的“母亲计划”“儿童工程”等。最后，暴恐分子的年龄结构也趋向年轻化。由于宗教极端思想借助新媒体得到广泛、迅速传播，而新媒体的使用者大多是年轻人。因此，打着宗教旗号的宗教极端思想更容易在年轻人群中传播，使越来越多的年轻人受到这些思想的毒害，进而实施暴恐袭击。

第三节　暴恐犯罪的种类

一、性质上的分类

虽然暴恐犯罪与恐怖主义存在着一些差别，但两者在本质上并无异同，因此，对暴恐犯罪种类的划分可以从恐怖主义的类型进行思考。目前为止，世界上有多少个恐怖组织，有多少种恐怖主义，国际社会分别以什么样的标准和方式界定恐怖主义和恐怖主义组织，各个国家的权威部门以及媒体至今说法不一。随着美苏冷战的结束，国际关系的重新组合和分化，恐怖主义组织的类型和特点也在悄然发生着变化。国际上习惯按恐怖主义的行为性质划分，据此可以分为两大类：一类是政府恐怖活动，另一类是非政府恐怖活动。一国政府用恐怖主义手段来对付另一个国家的人民属于国家恐怖主义。在国际政治舞台上，利比亚、伊朗等国就常常受到这样的指责。

非政府行为的恐怖主义是国际恐怖主义活动的一个大类，其表现形式较为复杂。自冷战结束以来，比较活跃、影响比较大的有以下几种：

第一，极端民族、种族类的恐怖主义组织。这种恐怖主义的组成主要是极端民族主义者、自治主义者和分裂主义者，即独立倾向较强的民族派别，其运动的主要目标和奋斗方向是实现国家分裂，争取民族自治。比较典型的如英国的“爱尔兰共和军”、西班牙的“埃塔”、巴勒斯坦的“哈马斯”、法国的“科西嘉民族解放阵线”、

斯里兰卡的“泰米尔伊拉姆猛虎解放组织”等，都属此类。

第二，宗教极端恐怖主义组织。这类恐怖主义组织是带有明显宗教狂热色彩的组织或者是打着宗教旗号的新兴教派和具有狂热性的膜拜团体，为了捍卫其所信奉宗教的神圣性与至高性，并实现其建立至纯的单一宗教制国家的企图，而主动采取铲除“异己”和滥杀无辜的血腥残暴行为。它主要包括宗教极端主义恐怖活动和邪教恐怖活动两大类型，不仅历史悠久（已有近两千年的历史），而且是当代世界最普遍最严重的恐怖主义类型之一。据不完全统计，当今世界活跃的国际恐怖主义组织中，至少 1/3 ~ 2/3 具有宗教狂热性质。日本的邪教组织“奥姆真理教”就属于这种类型，1995 年他们发动的东京地铁毒气泄漏案震惊了整个日本；又如“基地”组织、“IS”等也属于这种类型。

第三，极右型恐怖主义。当代极右翼恐怖主义泛滥始于 20 世纪 60 年代末，主要集中在西欧、美国等资本主义国家。极右势力为了维护现状，阻止社会进步，针对左派政治党与组织在社会广泛采取恐怖破坏活动。这个派别奉行反绝对种族主义，突出的表现是仇外、排外。由于该类型的恐怖主义既有明确的目标对象：犹太人、有色人种、外来移民以及政治要人与政府设施等，又有不确定的随意性目标对象：广大无辜平民和普通公共设施，因而表现出很强的滥杀无辜的特点与制造恐怖气氛的能力。在意大利、德国、法国、俄罗斯、美国等国家表现比较突出。西欧曾是希特勒、墨索里尼的法西斯主义的主要发源地，纳粹主义思潮的残余影响很大。

第四，极左型恐怖主义。同样，极左型恐怖主义也是泛滥于 20 世纪 60 年代末期，这一时期国际局势混乱、动荡不安，资本主义阵营迅速分化、重组，国际共产主义阵营间慢慢开始发生分裂，特别是资本主义国家内部阶级矛盾突出，社会关系紧张。如教育制度的缺陷、失业人口数量大幅度增加，尤其是战后生育高峰期涌入的大批年轻人加入了失业者的行列，社会问题更加突出。在此影响下，某些国家和地区激进的极左组织因对现行的社会政治制度极度不满，企图通过暗杀、爆炸等恐怖活动来改变社会进程，夺取政权。比较典型的如联邦德国的“红军旅”、意大利“红色旅”、秘鲁“光辉道路”，还有日本“赤军”等。这几个恐怖组织自成立后制造了多起针对当局的恐怖事件。

二、犯罪手段上的分类

（一）国际上常见的暴恐犯罪手段

18 世纪以前，恐怖活动基本上以暗杀、投毒为主要表现形式。1881 年沙皇亚历山大二世遇刺和 1914 年奥匈帝国斐迪南大公遇刺，是这一时期最严重的两起恐怖事件。这些恐怖组织大多是在没有群众支持的情况下，通过谋杀某一政府要员向社会宣传自己的政治目的，吸纳民众参与。国际恐怖主义的真正形成是在第二次世界大战之后，在此期间，恐怖主义的活动热点是殖民地、附属国或刚独立的民族国家。这一时期的恐怖事件明显增多，手段日趋多样，劫机、爆炸、绑架与劫持人质都有，袭击目标和活动范围已经超出国界，越来越具有国际性，逐渐形成了国际恐怖活动。

1. 暗杀。暗杀由于手段较为隐秘，实施者逃离可能性较大，成为恐怖主义犯罪惯用的手段之一。暗杀的目标经常指向宗教人士、政治人物特别是国家领导人等。1998 年 2 月 6 日，法国科西嘉省省长克洛德·埃里尼亚克在省府阿亚克修市中心剧院露天停车场停车时，遭枪杀。1998 年 11 月 20 日，俄罗斯国家杜马（议会下院）议员加林娜·斯塔罗沃托娃在圣彼得堡被暗杀。20 世纪末至 21 世纪初，在我国的新疆也出现暗杀爱国宗教人士、政府领导的恐怖事件。

2. 绑架。绑架是最传统的恐怖活动手段之一，发生频率极高。在尼日利亚南部产油区，反政府武装、海盗绑架和袭击事件经常发

生。绑架的对象既有外国石油工人，也有当地人。武装分子实施绑架的目的是获得可观的赎金，也有的绑架行为是为了实现某种政治目的，很少是为了杀人而制造恐怖气氛。通常情况下，只要支付一定赎金，被绑架者便会获释。2000 年在菲律宾巴西兰岛绑架案中，“阿布沙耶夫组织”在巴西兰岛绑架了 27 名人质，其中大部分是小学生和教师。2009 年 1 月 15 日，菲律宾苏禄省的“阿布沙耶夫组织”劫持 3 名红十字国际委员会人员。2009 年 1 月 18 日，也门液化天然气公司的一名德国专家和两名也门员工在也门东南部舍卜沃省被部落武装绑架，绑架者企图用德国人质换取被政府关押的部落成员。2009 年 12 月 14 日，巴基斯坦的两辆北约油罐车在奎达市郊外遭袭击，4 名司机与随行人员遭绑架，这是巴基斯坦俾路支省 2009 年发生的第 15 次袭击车队事件。

3. 爆炸袭击。爆炸是恐怖主义犯罪行为中使用最多的手段，爆炸力量会导致多人死亡、财产受到重大毁坏，行为后果比较明显，容易引起社会注意，在引起社会恐慌方面最有威力。恐怖分子之所以愿意使用炸弹实施恐怖行为，一是制造炸弹的技术比较容易获得，例如用硝酸钾、糖类等材料可以制成威力巨大的爆炸物；二是实施炸弹爆炸行为与其他手段比较起来更加简单，它可以由一个人实施完成而不需要多人的配合或更高的技术要求；三是通过时间控制装置可以确定炸弹的起爆时间；四是爆炸能够带来比较强烈的视觉冲击效果，视觉冲击效果越强烈，媒体报道就越多。恐怖分子的传统爆炸方式为自杀式爆炸袭击，近年来这一方式有所改变，如使用定时炸弹、遥控炸弹、无人机炸弹等。

实施自杀式爆炸袭击的大部分为妇女和儿童。这两种群体都属于弱势群体，不容易引起他人警觉，具有隐蔽性。这些妇女和儿童在极端宗教的蒙骗下和暴力的逼迫下实施自杀式爆炸袭击事件。自杀式爆炸袭击是巴基斯坦“塔利班”的重要攻击手段。自 2002 年 3

月22日第一起自杀式爆炸袭击开始，截至2006年年末，“塔利班”共发动22起自杀式爆炸袭击，2007年则猛增到56起，2008年共发动59起自杀式爆炸袭击，2009年急剧上升至87起，手段极为凶残。更令人发指的是，巴基斯坦“塔利班”绑架约1500名少年儿童，训练并强迫他们发动自杀式爆炸袭击。[1]

自杀式爆炸袭击中使用交通工具发动爆炸最为常见。2003年8月25日，印度孟买两起几乎同时发生的汽车爆炸袭击事件导致大约60人丧生。2008年8月4日上午8时许，新疆的喀什市边防支队集体出早操，突遭两名犯罪嫌疑人驾车袭击，并引爆车上爆炸物，造成16人死亡，16人受伤。2008年8月10日，暴力恐怖分子在新疆阿克苏地区库车县的一些超市、酒店、政府机关制造了多起爆炸事件，共造成1名保安人员死亡，2名公安民警、1名保安人员和2名群众受伤，多处房屋受损。以上两起案件是分裂分子针对北京奥运会所实施的。2009年1月9日，阿富汗尼姆鲁兹省首府扎兰季发生针对警察的自杀式爆炸袭击，10人死亡、3人受伤。伊拉克在2009年1月，仅一个月内发生自杀式爆炸或路边炸弹事件9起，93人死亡，225人受伤。

渐渐地，恐怖势力开始突破传统的自杀式爆炸，使用遥控式炸弹、定时炸弹、无人机炸弹等，通常先引爆一个小的炸弹，待警察介入后再引爆更大的炸弹。如2009年2月8日，驻阿富汗北约部队的一个扫雷小组在赫尔曼德省纳德阿里地区遭遇遥控炸弹袭击，4人死亡，其中包括2名扫雷专家。2009年11月27日，116次“涅夫斯基”号特快列车遭炸弹袭击后，俄罗斯国家反恐委员会指挥中心调查该案时，发生第二次爆炸袭击，侦查人员透露，根据鉴定结果显示爆炸装置是通过手机遥控引爆。

---

〔1〕［英］达达利·莱克：“核恐怖主义有多远”，载中国现代国际关系研究所反恐怖研究中心：《恐怖主义与反恐怖斗争理论探索》，时事出版社2002年版，第150~152页。

4. 劫持飞机。劫持飞机也是恐怖分子经常用来实施恐怖行为的手段之一。对于恐怖分子来说，劫持飞机的好处是不仅可以引起世人的广泛关注，而且可以给恐怖分子提供逃命的工具。虽然劫持飞机的最早记录可以追溯到 1930 年，但到 1968 年之前劫持飞机并没有成为一个影响国际关系的重大事件。直到 1968 年在美国发生了劫持美国国内航班到古巴的事件。同年 7 月 23 日，一架从巴黎飞往特拉维夫的以色列飞机被劫持到阿尔及利亚。1969 年到 20 世纪 70 年代，劫持飞机达到一个高潮。截至 1972 年年底仅美国被劫持的飞机就有 159 架，其中一半以上被劫持到了古巴。[1]针对劫持飞机的危险，许多国家都采取了反劫机的措施，比如加强机场安全检查、建立特别的武装力量打击劫机以及其他恐怖主义行为。与此同时，反劫机的国际合作也逐渐扩大，许多国家相继签署了《东京公约》《海牙公约》《蒙特利尔公约》等反劫机公约。这些措施虽然从一定程度上减少或遏制了劫机事件的发生，但并没有杜绝该类事件的发生。对于形形色色的恐怖分子来说，劫机仍然是一个很好的实施恐怖行为的手段。

（二）新型的超级恐怖主义犯罪手段

传统的恐怖主义主要是以炸弹、手枪等常规性武器为工具来实施恐怖活动的。20 世纪末期以来，以日本的“奥姆真理教”在东京地铁用沙林毒气攻击无辜民众事件为标志，传统恐怖主义正向新的恐怖主义转型。这种新的恐怖主义类型，有的学者称之为超级恐怖主义，有的称之为非常规恐怖主义，有的称之为高科技恐怖主义。本文采用超级恐怖主义的说法。所谓超级恐怖主义，就是以核武器、生物武器、化学武器等大规模杀伤性武器或者利用电脑及网络实施的恐怖行为。核恐怖主义就是以核武器或者放射性材料等为工具或

---

〔1〕 Neil C. Livingstone: *The Waragainst Terrorism*, Massachusetts: Lexington Books, 1982, p. 82.

者以核武器、核设施等为攻击目标而实施的恐怖行为；生物恐怖主义就是以生物武器为工具实施的恐怖行为；化学恐怖主义就是以化学武器为工具实施的恐怖行为。

1. 核恐怖主义。核恐怖主义就是以核武器或者放射性材料等为工具或者以核武器、核设施等为攻击目标而实施的恐怖行为。人类拥有核武器以来，只是在第二次世界大战末期真正地把核武器运用到实际冲突之中。尽管如此，由核武器所引发的核恐怖主义却长期以来成为以美国为首的西方发达国家最头疼的问题。核恐怖主义可以通过多种方式表现出来。

（1）制造核武器或核装置来实施恐怖行为。恐怖分子实施这种行为的可能性非常小，因为要制造核武器就需要足够的原材料。据国际原子能机构估计，制造一个核装置需要25公斤高纯度的铀和8公斤的钚，但是获得这些原材料并不是简单的事，现在拥有核武器和核工业的国家其核材料的供应都受到附属于联合国的国际原子能机构的监督。此外，即便恐怖分子获得了核材料，他们也难以拥有所需要的专家和复杂的技术设备。

（2）攻击核设施。恐怖分子可以对包括核电站在内的核设施实施攻击。詹金斯把这种行为也视为核恐怖主义。[1]对核设施进行攻击，可以用核装置，但更可能用常规武器，甚至用劫持的民用飞机。国际原子能机构统计发现，全世界有438个民用核反应堆以及250个核发电厂，这些设施都储存着大量的放射性材料。恐怖分子可以将飞机撞击到这类设施上从而引起灾难性的后果。

（3）实施核污染。恐怖分子将传统的炸药与原料或发射性材料混合在一起，制造裂变炸弹。由于工业、农业和医药部门广泛使用放射性的材料，因此，恐怖分子很容易偷到放射性的材料并把它们与

---

〔1〕 Jonathan R. White：*Terrorism：An Introduction*，（canada：Wadsworth）2002，p. 249.

炸弹装配在一起，一旦炸弹被引爆，就可以产生放射性的污染。[1]

（4）核讹诈。除了上述的行为外，核恐怖主义还包括以声称要实施核攻击为内容的讹诈和欺骗。

2. 化学恐怖主义。人类社会使用化学毒剂有较长的历史。恐怖分子利用这种技术手段实施恐怖主义的可能性是存在的。化学恐怖主义值得引起人们的重视。

化学毒剂通常是气态或者液态的。化学毒剂有四种类型：第一类是窒息性毒剂，如氯气；第二类是血液毒剂，如氰化物；第三类为能损害皮肤、眼睛、呼吸器官的糜烂性毒剂，如芥子气；第四类为神经性毒剂，如沙林毒气。化学武器就是以化学毒剂为核心，加上适当的投掷或者释放装置制成。第一次世界大战和第二次世界大战期间，化学武器都曾被运用到战场上。例如，臭名昭著的日本"731 部队"就在侵略中国时研制并使用了化学和生物武器。日本侵略军在第二次世界大战期间遗留在中国的大量化学武器直到今天仍然危害着中国人民，并对中国的环境造成了极大的破坏。1983 年至 1988 年，伊拉克在与伊朗的战争中也曾使用了化学武器。

相比较于核武器，化学武器更容易制造、运输和使用。比起生物武器，化学武器能够产生更加确定的杀伤效果。尽管生物武器和化学武器在产生的杀伤效果上都容易受到一些外界因素的影响，但是，相比较而言，生物武器比化学武器产生的效果更加不确定。生物武器的杀伤范围可能最后远远超过恐怖分子最初确定的范围，而且即使恐怖分子想要限定生物武器的杀伤范围都可能无能为力。当今世界大约有 26 个国家已经拥有了化学武器，此外还有 12 个国家

---

〔1〕［美］雷德蒙·齐林斯卡斯："重新思考生物恐怖主义"，载中国现代国际关系研究所反恐怖研究中心：《恐怖主义与反恐怖斗争理论探索》，时事出版社 2002 年版，第 139 页。

在发展化学武器。[1]掌握了化学武器的国家越多，化学武器就越容易失控，被恐怖组织利用来从事恐怖活动的风险就越大。

当一些学者对恐怖分子是否会使用大规模杀伤性武器制造恐怖事件持怀疑，甚至否定看法的时候，日本的“奥姆真理教”用沙林毒气在东京地铁制造的恐怖事件明确地给人们敲响了警钟，恐怖分子利用大规模杀伤性武器制造恐怖事件成为不可辩驳的事实。从此，传统恐怖主义不大规模袭击平民的禁忌被打破，给恐怖组织施加的制约力量减小。

3. 生物恐怖主义。“9·11”事件发生之后，美国本土出现了对“炭疽热”的恐慌。2003年在许多国家肆虐的非典（SARS）疫情甚至被一些人怀疑是生物恐怖主义的攻击。虽然这种怀疑没有足够的理由，但是，这不得不促使我们思考一个问题：生物恐怖主义会发生吗?

要实施生物恐怖主义，就需要有生物毒剂。生物毒剂包括具有生物活性的微生物、动植物产生的毒剂、人工合成毒剂或者影响生物功能的调节剂（如激素）等。其中，具有生物活性的微生物包括能够通过呼吸或者注射进入人体，在人体内繁殖并致人疾病甚至死亡的细菌、病原体、衣原体、病毒或者真菌。与具有生物活性的微生物不同，毒剂和调节剂只是对直接接触人产生影响，并不能使疾病在人群中传播。这一类的毒剂包括炭疽热病菌、肉毒杆菌、蓖麻毒素等。其中，炭疽热病菌在第二次世界大战中被日本侵略军用在中国战场上，致使大量中国军民因感染炭疽热而丧生。

生物毒剂的投放方式对生物毒剂杀伤效果会产生很大影响。生物毒剂无论以何种形式被投放出去，最终主要通过三种途径对人产生影响：经过呼吸系统吸入；经过口腔吞食进入；经过皮肤裂口进

---

[1] Federal Emergency Management Agency（FEMA）：*Background*：*Terrorism*，1998，www. fema. gov/library/terror. htm.

入。要达到恐怖主义的目的，恐怖分子需要使生物毒剂通过以上三种途径之一进入人体。一般认为，恐怖分子投放生物毒剂的具体途径有如下几种：

第一种，通过空气传播。这是生物毒剂最具杀伤力的传播途径之一。一些生物毒剂通常以干粉、气雾化和干冻的方式存储和投放。干冻的毒剂受温度影响很大，以干粉的方式存储和投放生物毒剂只能对当地区域的人员产生影响，气雾化的生物毒剂则可以使生物毒剂以微小的气雾颗粒的形式通过小喷嘴散发出去，气雾颗粒可以在空气中停留很久，并且可以随风飘散到很远的地方，从而对当地区域以外的人员产生影响。把生物毒剂变成气雾形态进行投放不仅会给反恐带来更大的困难，而且会大大增加生物毒剂的毒性和致命性。

第二种，通过饮水系统传播。例如，生寒、霍乱、痢疾等病原体就可以通过饮水系统产生危害。恐怖分子可以通过污染水库、引水渠、蓄水池、出水口等地方传播生物毒剂。虽然通过污染水库达到杀死大量人员的目的往往很困难，因为这样做需要很多的生物毒剂，而且用于清洁饮水的氯会杀死致病微生物，但是，通过饮水系统散播生物毒剂的可能性还是存在的。

第三种，通过食品传播。恐怖分子可以通过把微生物注射到食品中达到实施恐怖行为的目的。1984 年印度一个邪教组织为了赢得地方选举，达到控制县政府的目的，就把一种食物病毒（沙门氏菌溶液）混在当地 10 家饭店和 1 家超市的色拉中。虽然他们最后并没有赢得选举，但造成 751 人感染肠胃疾病。[1]

第四种，通过人畜间的相互感染传播生物毒剂。一些生物毒剂可以在人畜之间相互传播。例如，炭疽热病菌、滤过性的脑炎病毒

〔1〕 中国现代国际关系研究所反恐怖研究中心：《恐怖主义与反恐怖斗争理论探索》，时事出版社 2002 年版，第 139 页。

等都可以在人类和动物身上寄生。这样一来，即使从人身上清除了这些毒剂，但动物身上保留的毒剂如果不被消灭就可能再传染给人类，而要消灭作为生物毒剂宿主的动物在很多情况下是极其困难的。例如，西尼罗病毒通过蚊子传播给人类；黑死病（即瘟疫）通过跳蚤传播给人类，而要消灭蚊子或跳蚤往往很困难。2003 年曾在世界范围内造成恐慌的非典（SARS）病毒据初步研究也是在动物和人身上都能存活并致病的一种病毒。

第五种，用生物毒剂攻击农作物和家畜造成恐慌和经济损失。农业和畜牧业在大多数国家的经济生产中都占有重要位置。当农业作物或家畜被病毒污染后，一些国家，特别是那些以农业和畜牧业为主的国家，将会遭受严重的经济损失。[1]用生物毒剂攻击农业作物和家畜对于恐怖分子来说是一种比较理想的选择，这种攻击的优点在于：与用生物武器攻击人类相比，攻击农业作物或家畜比较容易实施；攻击农业作物或家畜的道德风险小；采取这种攻击的恐怖分子可以更有效地隐蔽自己，被执法机关发现的风险也比较小。

当然，恐怖组织利用生物武器也面临着许多困难。例如，难以获得生物毒剂；难以掌握制造生物武器的尖端技术。除此之外，还有一项核心技术也是恐怖分子难以克服的障碍，即生物毒剂气雾化的技术；并且恐怖组织还需要招募到能够制造这种生物武器所需的人才以及资金和物质条件。不过恐怖组织克服上述困难并非不可能，“奥姆真理教”就是一个拥有生化武器的恐怖组织。

4. 网络恐怖主义。超级恐怖主义除了利用大规模的杀伤武器之外，还会利用信息时代的新技术——电脑网络。在 21 世纪，网络恐怖主义已成为信息时代恐怖主义手段和方式发展的新领域，成为非传统安全领域挑战国家安全的全球性问题。恐怖分子利用电脑网络

---

〔1〕 Tushar K. Ghosh, Mark A. Prelas, etc.: *Science and Technology of Terrorism and Counterterrorism*, NewYork: MarcelDekker, Lnc., 2002, pp. 206 ~ 212.

实施恐怖行为构成了网络恐怖主义，这种新型的恐怖主义具有与传统恐怖主义不同的特征和手段，对现代社会构成了新的挑战。

网络恐怖主义一词早在1997年就由巴里·科林提出。同年，美国联邦调查局的马克·波利特提出了一个操作性的定义，他认为网络恐怖主义就是“出于政治目的的由次国家组织或秘密的个人有预谋地针对信息、计算机系统、计算机程序和数据实施的、导致针对平民的暴力行为”。[1]美国著名的反恐专家诺茜·邓宁认为网络恐怖主义就是“为了实现政治或社会目的针对计算机、网络和存储起来的信息非法实施攻击或威胁要实施攻击，以恐吓或要挟政府或民众”。[2]

与传统的恐怖主义相比，网络恐怖主义具有很多明显的特征。首先，实施的方便性，网络恐怖分子可以比较容易地实施恐怖行为；传统恐怖分子要实施恐怖行为，一般都要获得手枪、炸弹，而网络恐怖分子仅仅只需要一部电脑和一根电话线就可以完成任务。其次，实施的匿名性。网络恐怖主义使恐怖分子可以通过技术手段使自己处于隐身状态或者以假名登录。就传统的暴恐形式而言，海关、出入境检查站等控制环节都可以为追踪恐怖分子的身份提供线索。再次，目标的多样性。传统恐怖分子把目标锁定在政府官员、警察、军人等特殊目标上，而网络恐怖主义往往利用电脑对其他电脑或网络进行攻击。各种各样的电脑及其网络由于硬件或软件中存在的弊病都会给恐怖分子创造可乘之机。最后，实施的远程性。传统恐怖分子要实施恐怖行为往往需要拿起手枪或者炸弹到现场或者附近的区域去，甚至在有些情况下，恐怖分子还会自愿或被迫牺牲自己的

---

〔1〕 Mark M. Pollit: A Cyberterrorism Fact or Fancy? *Proceeding of the 20th National Information Systems Security Conference*, 1997, pp. 285 ~ 289.

〔2〕 Dorothy E. Denning: Cyberterrorism, Testimony before the Special Oversight Panel On Terrorism Committee on Armed Services U. S House of Representatives by Georgetown University, May23, 2000, www. cs. georgetown. edu/ ~ denning/infosec/cyberterror. html.

生命。网络恐怖分子可以在离攻击目标很远的地方实施恐怖行为，可以跨越国际、洲际的物理空间限制，对遥远地方的目标实施攻击。网络恐怖主义这种远程性不仅给反恐侦查带来了难度，同时也给将恐怖分子绳之以法带来了问题（如引渡问题）。

除了以上特点，网络恐怖主义在其使用的工具上也与传统的恐怖主义有着很大的不同。网络恐怖主义主要的武器有以下几种：①计算机病毒，它是一种能够复制、感染或侵入其他计算机程序的程序病毒。计算机病毒必须是能够对自身进行复制的，通过复制，病毒从宿主计算机传播到其他计算机，之后只要计算机运行，其就会发作。②网络蠕虫，也是一种计算机程序，当这种程序在计算机系统中“蠕动”的过程中会改变自身的部分信息。不过网络蠕虫不能对自身进行复制，而是会扫描和攻击网络上存在系统漏洞的节点主机，通过区域网或国际互联网从一个节点传播到另一个节点。③特洛伊木马程序。特洛伊木马程序是一种包含着隐藏的计算机命令、能够传播计算机病毒的计算机程序。典型的特洛伊木马程序会获取用户的密码以备将来之用。例如，当一个用户使用密码登录上网，输入自己的密码之后，屏幕上反馈的信息告诉他：网络正忙，稍候再登录。而这个时候，存在于计算机中的特洛伊木马程序就已经获取了用户的密码并且把它存储在一个文件之中以备将来使用。④逻辑炸弹，它是计算机程序的某个片段，当某个逻辑事件发生之后（如预设的时间被满足），该片段就开始发挥作用。逻辑炸弹可以在计算机中处于休眠状态，直到某个预设的逻辑事件发生才将它激活。例如，一个公司的雇员在公司财务软件中植入一种逻辑炸弹，预设当公司不给他发放工资的时候就激活炸弹摧毁公司所有雇员的工资资料。这样，当公司解雇了该员工，他的工资为零的时候，逻辑炸弹就会由休眠状态被激活。⑤后门程序。后门程序是计算机程序中隐藏的程序，它通常由作者预先以各种计算机命令的形式设计出来，使作者在必要的

时候，能够轻易、方便地获得他们本身无权得知的信息。⑥大量的垃圾数据包。与上述的计算机有害程序不同，网络恐怖分子也可以通过发送大量的数据包来使某个网站陷入瘫痪状态。由于计算机网络是通过光纤等介质的网络实现数据交换的，这种通讯介质就像马路一样，当马路上的车辆很多的时候，就容易形成交通堵塞；同样的，当一定通信速度之内的网络数据交换被大量无用的数据包堵塞的时候，计算机网络的服务就会瘫痪。

就网络恐怖主义的攻击目标而言，主要有以下几种类型：①粮食卫生系统。该系统包括粮食的加工厂、药厂、婴儿食品生产厂、医疗器械生产厂、医院等。例如，恐怖分子可以通过侵入婴儿食品生产厂的系统改变婴儿配方奶粉中微量元素的含量，从而使服用钙奶粉的婴儿因微量元素摄入不足或过量而产生疾病。②金融系统。该系统主要包括证券交易所、银行、网上交易、自动取款机、电子商务系统、国际金融交易系统。以电子资金转账为例，在电子商务系统中，电子转账系统具有关键的作用。从 1997 年到 2003 年期间，电子资金转账的价值从 50 万亿美元飞涨到 400 万亿美元，超过了世界上所有国家和地区的经济产出总和。网络恐怖分子可以把攻击目标锁定为电子资金转账系统从而使国际贸易受阻。③交通系统。该系统包括电梯升降控制系统，航空公司、航班机票预订系统，铁路及飞机等长途客运定时系统等。例如，现在火车票和飞机票都可以通过互联网实现预订，网络恐怖分子可以通过侵入计算机系统使很多旅客购买同一张机票或火车票，从而使民航或铁路部门遭受损失。④电脑网络和咨询系统。该系统包括互联网、广播、电视、报纸、杂志、电子邮件等。以攻击电视为例，恐怖分子可以通过攻击卫星转播系统，中止正常节目的播出，并插播反动宣传节目以达到蛊惑人心、扰乱视听的目的。⑤环境及能源系统。该系统包括（风力、火力、水力）发电厂、变电站、污水处理厂、饮用水处理厂、天然气管道控制系统、石油及煤炭生产厂等。在这些目标中，最脆弱的目标是变电站、高压输电线、天然气管道。由于变电站、高压输电线和天然气管道往往分布在全国的许多地方，因此，对这些目标进行有效的防范非常困难，特别是在相对偏远的农村或荒漠地区更是如此。而这些目标对国家的经济和日常生活都起着重要的作用。因此，对这些目标的攻击对于恐怖分子来说是容易的，而且会对当地经济、日常生活和人们的生命安全产生致命的后果。⑥政府及其他机关。恐怖分子可以攻击对政府和其他机关起重要作用的基本设施。如恐怖分子可以通过电脑网络改变执法机构关于反恐紧急预案中兵力和其他资源动员和配置的记录，也可以改变执法机关现有情报数据库中关于恐怖分子背景资料的记录；恐怖分子可以中止或阻断 110 报警电话的服务，使警察不能在最短的时间内获知信息并赶赴案件现场；恐怖分子也可能通过发送病毒程序干扰现场指挥员与上级机关的无线联系。

三、我国常见的四种暴恐犯罪类型

近些年来，我国新疆地区成为暴恐犯罪的重灾区，暴力恐怖事件数量急剧上升，暴恐分子政治上反动，“疆独”势力分裂祖国活动猖獗，地下极端宗教活动泛滥，由他们策划的暴恐活动和重大的暴力事件数量不断上升。他们的手段极为残忍，大量杀害、伤害无辜群众和政府工作人员以及爱国宗教人士，对国家财产实施破坏，对人民生命安全和正常生活造成了重大的危害。经分析总结，现将我国新疆地区常见的四种暴恐犯罪类型总结如下。

（一）刀斧砍杀

暴恐分子采用刀斧等凶器，对侵害目标实施残杀残害，在很短的时间内造成侵害目标和大量无辜人员的伤亡，形成恐怖效应。

1. 行为特点。首先，暴恐分子一般小组或者小群体活动。他们

经常利用近亲属、朋友等社会关系进行地下串联，形成暴恐的活动小组。他们共同观看分裂活动和极端宗教的活动视频，具有共同的犯罪意识和观念，多为深受分裂势力、极端宗教势力思想影响的年轻人。其次，在组织形成、人员分工明确后，暴恐分子开始准备刀斧工具。由于我国实施极为严格的控枪措施，暴恐分子难以获得杀伤力大的火器进行作案，所以次等杀伤力的刀斧等冷兵器成为了更多的选择。之后暴恐分子便会经常秘密聚集，进行砍杀训练，以便于实施暴恐犯罪。最后，暴恐分子在目标选择上大多数都寻求最大的宣传效能，以期达到他们的心理预期。因此，人员密集区域以及暴恐防范的疏忽区域是他们经常选择的作案地区，如火车站、汽车站、城市广场、集贸市场和繁华街道等人口密集区或者偏远的乡镇政府、派出所等相关重要单位，以及清真寺等宗教活动场所和重要人士住宅。在人员的选择上，暴恐分子袭击的多为无辜群众，或者选择政府要员、乡镇干部、宗教领袖、爱国人士以及警察等单个或小群活动的人群发动袭击。

2. 行为实施方式。暴恐分子合伙行动、身藏刀斧，隐蔽地接近侵害目标，后伺机对目标进行疯狂的砍杀。通常，暴恐团伙人员会一拥而上，并且相互掩护，不管遇到男女老少见人就砍，因为这些暴恐分子基本上都受过相应的训练，所以每次刀斧的攻击基本上都会造成巨大的人身伤害，如果未遇到强烈的反抗或者武力强行制止，他们便不会停止砍杀。他们怀着“圣战上天堂”、杀人越多越能进入“天国”成为“圣人天使”等极端思想。所以即便他们的人数并不多，但往往能够在短时间内造成大量的无辜人员伤亡。

（二）纵火焚烧

暴恐分子采用纵火焚烧的方式对无辜群众进行残忍杀害，公开或者秘密焚烧公私财物，焚烧过往车辆、街道商户以及特定场所房屋，焚烧重要输油管道等重要的社会生产设备，严重扰乱了社会治安，危害人民群众生命财产安全，制造恐怖气氛，扩大恐怖活动的影响，是现如今极为严重的暴恐犯罪手段之一。

1. 行为特点。纵火焚烧这种犯罪方式一般利用各种易燃易爆物品实施。暴恐分子往往利用事先准备好的汽油、燃油等易燃易爆物品，选择特定目标，如公共汽车、农贸市场、公共活动场所、街道房屋、重工厂等重要单位场所。暴恐分子趁人群不备之机向目标点抛洒易燃易爆物品，对公私财物进行焚烧，伤害无辜人员。纵火焚烧这种方式可在短时间内造成大量的人员伤亡以及大面积的火灾，产生极其恐怖的气氛。

2. 行为实施方式。暴恐分子纵火焚烧的方式分为公开纵火和暗中纵火。公开纵火时，暴恐分子一般携带燃烧汽油瓶、酒精瓶、汽油桶或油漆等易燃物品，在到达目标点后，公然泼洒燃烧制剂，点燃易燃易爆物品实施犯罪活动。有些暴恐分子自制简易的燃烧瓶，或将所携带的燃烧物泼洒至过往车辆上，造成爆燃，扩大纵火的毁伤效果。在遇到警察或者群众抗拒阻拦时，暴恐分子甚至会将纵火物品直接投洒于人身，造成人身严重伤害，手段极其残忍。纵火后果往往导致人民生命财产和公私财物遭受巨大损失，并极易形成严重的社会恐慌气氛，直接危害社会公共安全秩序。相较于暗中纵火，公开纵火的暴恐犯罪分子容易识别，容易现场抓捕或直接对其进行击毙击伤，犯罪证据易于获得。

暗中纵火多为暴恐分子针对特定的目标实施的犯罪行为。如针对政府重要机关、公安机关、派出所、武警和解放军驻地、特定爱国宗教人士住所、特定的车辆、重要输油管道、输电设备等生产场所实施纵火。暗中纵火这种犯罪类型，纵火人员身份和纵火的方式隐蔽，袭击目标事先确定，犯罪前的准备较为周密，连续纵火造成的损失巨大，易于达到暴恐分子破坏的目的，事先发现进行防范以及案件侦破十分困难。而且这些暴恐分子往往在实施纵火犯罪的同

时进行其他种类的严重暴恐犯罪，造成极其严重的破坏后果，形成严重的社会恐慌气氛。

（三）爆炸袭击

爆炸袭击的实施方法多样，爆炸时根据炸药量、药量性质以及发火装置、起爆装置的不同，所导致的结果也有很大不同。

爆炸袭击主要可分为四大类：第一类是安置、埋设的爆炸物案件。第二类是针对自身捆绑炸药冲击要害部门或在人员稠密人群实施自杀式爆炸。第三类是针对利用投掷式爆炸物品实施的暴恐犯罪。第四类是利用遥控玩具装载爆炸物实施爆炸暴恐犯罪。

（四）驾车冲撞

驾车冲撞也是暴恐分子经常使用的一种暴恐犯罪方式。它是指暴恐分子驾驶装载大量爆燃物品的车辆冲撞特定目标，碾压街面行人；或者一边冲撞碾压人群，一边向车外人群投掷爆炸物品；或者引爆车上爆炸物品造成巨大恐怖爆燃事件。这种犯罪方式可在短时间内造成大量无辜人员和特定的被冲撞对象伤亡。

第二章 世界范围内恐怖主义的历史沿革

在世界范围内，恐怖主义经过几千年的发展、演变，与最初的恐怖主义已是天差万别。而且在不同的历史阶段，恐怖主义的内涵、表现形式都是不同的。为了对恐怖主义有更深刻的了解，学者们开始尝试对恐怖主义在世界范围内的发展划分阶段。目前关于恐怖主义的发展阶段有两种观点，一种观点认为恐怖主义的发展可以划分为三个阶段：古代恐怖主义、近代恐怖主义以及现代恐怖主义；另一种观点认为有古代恐怖主义、近代恐怖主义、现代恐怖主义以及当代恐怖主义四个阶段。这两种观点的相同之处就在于将法国大革命作为古代恐怖主义与近代恐怖主义的分界点，将第二次世界大战的结束作为近代恐怖主义与现代恐怖主义的分界点。而这两种观点的区别就在于是否应当将 20 世纪 70、80 年代开始兴起的宗教极端主义单独作为一个阶段。对此我们认为，从本质上讲，二战结束后出现的极左翼或者极右翼恐怖主义与宗教恐怖主义都是在极端思想的影响下产生的，只不过是极端思想表现在不同方面而已，因此我们赞同前一种观点，将世界范围内恐怖主义的发展分为三个阶段。

第一节 古代恐怖主义犯罪

一、恐怖主义的起源

暴恐犯罪是恐怖主义活动的主要表现形式之一，而恐怖主义一

词在不同时期所指明的对象和内涵都不尽相同。但较为广义的恐怖主义活动甚至可以追溯到古罗马和古希腊时期，古希腊著名历史学家色诺芬（公元前430年~公元前349年）就曾记述过利用恐怖活动对敌方居民造成的负面心理影响。而我国西汉著名史学家司马迁在《史记》的“刺客列传”中也描述了不少以政治为目的而进行的刺杀活动。公元1世纪，为反抗罗马帝国入侵，犹太狂热党人曾在罗马帝国使用水中下毒的方式暗杀与古罗马人合作的犹太贵族。

从中可以看出，无论是国外的恐怖主义还是我国古代的恐怖主义，几乎都产生于同一时期，且都以刺杀为最主要的活动形式。古代东西方既有征服者和统治集团以残暴镇压手段制造恐怖气氛、维护其统治，以及统治集团内部不同派别因政见不同或争权夺利展开残忍的政治谋杀；也有被压迫者在政治军事力量难以匹敌对手的情况下，从暗处以秘密和突袭的恐怖手段进行抗击。当然，也有学者认为，“恐怖主义”一词严格来讲还是产生于法国大革命时期的“恐怖专政”，是对政府统治方式的总结。可以说，虽然无论是古代的恐怖主义还是近代意义的恐怖主义，与目前的恐怖主义在内涵、行为方式等方面都有天壤之别，但其在主观目的、社会效果上可谓是一脉相承的。

二、古代恐怖主义犯罪的特点

恐怖主义犯罪是一种十分古老的现象。早在公元前8世纪~公元前7世纪，从萨尔贡二世到亚述巴尼拔，亚述帝国历代君王对巴比伦人的残酷杀戮旨在制造恐怖气氛威慑帝国境内的反叛活动，这也许是有文字记载的最早的恐怖主义犯罪。

公元1世纪初期，在犹太人反抗罗马统治的民族大起义屡遭残酷镇压的情况下，一批犹太教的狂热信徒——奋锐党人（Zealots）便以恐怖活动方式反抗罗马统治者的暴政。他们身上时常隐藏一把叫做“卡西”的短剑，在大庭广众的场合，瞬间对罗马官员及与罗马人合作的犹太贵族实施猝不及防的刺杀，故又称“短刀党”（也有历史论述称其为“匕首党”）。奋锐党人这种刺杀活动，与当今某些恐怖主义的攻击方式有着惊人的相似，因为其毫不掩饰的恐怖主义行为给普通百姓、罗马占领当局以及犹太傀儡造成极大的心理创伤，造成令人毛骨悚然的社会恐慌，对当时社会的稳定所带来的连带伤害，已远远超过其直接攻击对象的死亡给国家统治所造成的伤害，在社会上形成了极度恐怖的氛围。公元73年，数百名奋锐党人因为不愿向在军事上取得胜利的罗马人投降而选择集体自杀，自此盛极一时的奋锐党最终退出了历史舞台。奋锐党也许可以称得上是世界历史上最早的具有组织架构的恐怖组织。

11世纪末，居住在叙利亚一带的伊斯兰伊斯玛仪什叶派下的一个极端主义组织分支也从事过恐怖活动，史称“暗杀党”（the Assassins），又被称为“阿萨辛派”。暗杀党活跃的时间比奋锐党更为持久，其创始人哈桑·萨巴赫（Hassan-iSabbāh）通过歪曲宗教教义并另立“尼查里派”，说服其组织成员通过所谓的“圣战”进入天堂。该组织以波斯西北部的阿拉穆特要塞（波斯语中的“鹰巢”）为据点训练恐怖分子，在大肆宣扬末日审判论的同时使他们的信徒和成员相信实施恐怖暗杀的行为在天堂可以得到回报。与此同时，哈桑·萨巴赫也清晰意识到其组织成员数量过少，不足以公开与政府进行军事上的对抗，因此，暗杀党人通过秘密行动刺杀政要及相关人员。但与以往不同的是，暗杀党成员在袭击目标后并不寻找机会逃走，他们渴望被逮捕并被处死。因此，“暗杀党”这个名词演变为“刺客（assassin）”一词。刺客一词的另一来源，据传言是暗杀党成员在攻击目标前会食用的一种被称为“哈沙辛”（Hashishin）的植物，后经考证应属于类似于大麻叶一类的麻醉品。一方面，“哈沙辛”会使暗杀党成员精神上达到极度兴奋状态，不畏死亡地实施

恐怖主义活动。另一方面，日常服用麻醉品也使得组织成员更易被控制，成员对组织的依赖性显著增强，以至于在阿拉伯语中其组织成员被称为“大麻瘾者”，也因此在后世演变的“刺客”一词词根中有“大麻”的词根。暗杀党一直企图通过刺杀活动达到其政治目的，传播其意识形态，但最终于13世纪中末期在铁木真及其孙子旭烈兀征服波斯和叙利亚的途中被消灭。暗杀党相比较于奋锐党虽然晚了近一千多年，但是其政治意图体现得更为明显，并伴随着利用和歪曲宗教教义和宗教学说来发展和训练恐怖分子，其对恐怖分子灌输的思想和为实施恐怖活动而进行自杀式袭击的训练模式同现代某些极端伊斯兰教派十分相似。因此，可以说暗杀党是现代宗教极端型恐怖组织以及自杀式恐怖袭击方式最早期的组织形式，并对后世的恐怖主义组织构架和行为模式产生了深远影响。

第二节　近代恐怖主义犯罪

虽然广义的恐怖活动出现的很早，但“恐怖主义”（terrorism）一词作为专用词汇最早是在18世纪后期的法国大革命时出现，用以形容法国大革命时期雅各宾派专政的一系列为巩固革命政权而采取的打击、镇压封建旧权贵等革命政策，为“恐怖统治”（the reign of terror）的同义语。但是，在当时的语言环境下，“恐怖主义”（terrorism）一词与现代意义上的恐怖主义的语言内涵和所指对象是截然不同的。

一、近代恐怖主义犯罪的发展阶段

（一）法国大革命时期的恐怖主义

在1793年爆发的法国大革命中，疯狂的反革命势力为了恢复封建旧秩序，反对国家统治，暗杀了马拉等一批革命家。不法投机商也借机囤积居奇，抬高物价。执政的雅各宾派为保卫革命政权决定以红色恐怖对付反革命势力，掀起了一场史称“大恐怖”（the Terror）的骇人听闻的肃反清洗运动。国民公会通过决议，决定对一切阴谋分子采取“恐怖措施”，并为此成立了一支革命武装对付反革命分子和没收地主的粮食。与此同时，雅各宾派还颁布“惩治嫌疑犯法令”。根据这一法令，凡行动言论或者著作表现出拥护暴政者，或始终未表现出拥护革命的旧贵族家属及被免职的政府官员都被看作是嫌疑分子而必须被逮捕；任何在法国领土上的具有嫌疑的人员必须被拘捕；任何被确认为“间谍”的人员以及在此法令公布后入境的外国人均被处以死刑。

“惩治嫌疑犯法令”对嫌疑分子认定标准之宽泛，惩罚后果之严厉一直为后世所诟病。有研究者统计表明，“在恐怖实施期间有 1.7 万人被直接判处死刑，未经审判而处死者达 3.5～4.5 万人。在所有已经查明的死者中，贵族占 8.5%，教士占 6.5%，而过去倡导革命的第三等级则占 85%，甚至连颇具影响的革命者丹东也未能幸免。到 1794 年 5 月全国逮捕的嫌疑犯总数达 30 万之多，他们随时都有可能面临死亡。”〔1〕

但是这并不意味着“恐怖主义”（terrorism）一词在出现之初就是贬义词，事实上刚好相反。“恐怖主义”（terrorism）一词出现之初被雅各宾派用来大篇幅的描述自己阵营的革命“恐怖政策”（terrorism）；在描述自身阵营和成员时也多用“恐怖分子”一词，其词性是中性甚至是偏向褒义的。但是随着雅各宾派把斗争范围扩大化，下层民众与他们产生分裂而最终发动热月政变推翻了雅各宾派的统治。当时的反革命势力依旧把雅各宾派的措施称之为恐怖主义，此

〔1〕 参见沈炼之主编：《法国通史简编》，人民出版社 1990 年版，第 189～190 页。

时的“恐怖主义”和“恐怖分子”就具有了强烈的贬义而被后世广泛使用。而中后期的“恐怖主义”，多指利用暴力、恐吓为手段以达到其政治目的或宣扬其意识形态的一种主张。其核心内涵多具有政治性或政治与民族分裂主义相结合、政治与极端宗教主义相结合的意识形态。

不可否认，虽然雅各宾派的“恐怖主义”政策一直存在争议，但其确实使雅各宾派的各级政府机关掌握了消灭反革命分子强有力的权力，并以此处决了一批旧贵族、旧官吏。革命的恐怖极其有效地捍卫了法国大革命的成果。马克思虽然批判地认为雅各宾派混淆了以奴隶制为基础的古代民主国家同以资本剥削为基础的现代政治国家，并评价称“法国的恐怖统治能起的作用，只是通过自己的猛烈锤击，像施法术一样，把全部封建遗迹从法国地面上一扫而光”〔1〕。他认为这种错误是“悲剧性的”，并评价称“革命还是把资产阶级社会从封建的桎梏中解放出来，并正式承认了这个社会”〔2〕。马克思将雅各宾派的恐怖专政称之为“革命的恐怖主义。”据此，马克思对雅各宾派的“恐怖主义”做出了著名的论断：“全部的法兰西的恐怖主义，无非是用来消灭资产阶级的敌人，即消灭专制制度、封建制度以及市侩主义的一种平民方式而已。”〔3〕并称“法国国民公会一直是各个革命时代的灯塔”〔4〕。

当然，作为法国大革命的指导思想的启蒙运动，无疑也影响着当时的恐怖主义活动。对于启蒙运动，康德有过一个经典的定义：“启蒙运动就是人类脱离自己所加之于自己的不成熟状态。不成熟状态就是不经别人引导就对运用自己的理智无能为力。”〔5〕可见，启蒙

---

〔1〕《马克思恩格斯全集》第四卷，人民出版社2013年版，第331～332页。

〔2〕《马克思恩格斯全集》第二卷，人民出版社2013年版，第156～157页。

〔3〕《马克思恩格斯全集》第六卷，人民出版社2013年版，第125页。

〔4〕《马克思恩格斯全集》第六卷，人民出版社2013年版，第162页。

〔5〕［德］康德：《历史理性批判文集》，何兆武译，商务印书馆1990年版，第22页。

运动使人从一种不成熟状态过渡到成熟理性的状态，这种状态不是自我完成的，而是要经由别人引导完成的。这种引导被称之为“理性”，这也是启蒙精神的核心。启蒙运动带来的新思想之风使理性成为对一切现存事物的唯一裁判者。启蒙思想是对原有建立在宗教与神学基础上以“君权神授”为政治根基的封建统治的根本瓦解，使得原本的封建政权产生了不“稳定”的因素。在此背景下，部分进步势力为寻求政治扩张通过一系列恐怖主义活动宣扬其意识形态，而原有的统治势力试图通过发动宗教战争、实行白色恐怖政策、镇压进步势力以维护其政权稳定。思想启蒙所带来的新思潮使人们理性并且辩证地看待了原有的僵化思想，因此，后世在评价恐怖主义活动时认为，恐怖主义特别是意识形态的恐怖主义是理性选择的结果，是一种卓越的政治现象。

从表面上看，恐怖主义似乎是疯狂、盲目并且残忍的；但究其根本，恐怖主义往往存在着政治或类似政治（如宗教）的目的与动机，如在一个国家或地区范围内推翻政权，取得地区独立。因此从根本上讲，恐怖主义是政治的延伸。

（二）无政府主义恐怖主义犯罪

第一次无政府主义恐怖活动浪潮出现在19世纪80年代到第一次世界大战爆发前夕。这一时期无政府主义思想的出现与当时的社会发展有着极大的关系。当时，随着第二次工业革命的到来，科学技术的发展突飞猛进，电报、报纸、铁路等传播、交通设施的发展，使世界各地之间的联系日益密切。

在这种社会大发展的背景下，政府的作用微乎其微，因此，主张消除政府并推翻阻碍经济发展的专制统治的“无政府主义”应运而生。18世纪的英国政治哲学家威廉·高德温就提出了系统化、体系化的无政府主义理论。他指出：“法律应当被废除，否则真正的正义终将无法实现；罪恶的国家应该被推翻，一个没有政府的社会才

是最理想、最完美。"[1]在这种理论的支持下，俄国、德国、英国、意大利、美国等西方国家的无政府主义者并不满足于口头的宣传，而是用行动践行自己的理想。当时俄国的无政府主义者提出，人民是比较懒散的，难以接受新的思想和信号，因此，需要新的"交流方式"，这种"交流方式"就是通过"行为的宣告"，而最有效的行为就是恐怖主义。

在这样的背景之下，无政府主义型恐怖主义犯罪进入活跃期，恐怖分子一般采用暗杀、袭击和爆炸等方式，打击对象主要是代表政府的领导人与官员。无政府主义者一般不会滥杀无辜平民。这一时期，俄罗斯沙皇亚历山大二世、奥匈帝国的伊丽莎白皇后、意大利国王埃尔伯托夫、葡萄牙国王卡洛斯一世、美国总统威廉·麦金莱相继都被暗杀。这一时期也因此被称为"暗杀的黄金时期"。

（三）反殖民主义恐怖主义犯罪

第一次世界大战后，当时的战胜国通过了《凡尔赛和约》，其中包含的民族自决原则迅速刺激了各国中被统治的民族，一时间民族独立运动兴起，爱尔兰、以色列、阿尔及利亚等民族国家相继建立。而他们建立国家的主要方式就是"恐怖主义"。

当时，为了避开国际社会对恐怖主义的负面态度，民族独立运动积极寻找一些新的概念和语言来装饰他们的行为。犹太恐怖组织"伊尔贡"的领导人、后来曾任以色列总理的贝京就使用了一种用目标给予手段合法性的方式，将自己组织的成员称为与"政府恐怖"做斗争的"自由战士"。从此以后，是恐怖分子还是自由战士，就成为国际社会在研究、对待恐怖主义问题时争论不休的问题。

反殖民主义恐怖主义犯罪在二战后不仅没有结束，而且进入了一个高潮期。第二次世界大战结束（1945 年）以后，因战争所遗留

---

〔1〕 Pamala L. Griset and Sue Mahan, *Terrorism in perspective*, Thousand Oaks: Sage Publications, 2003, p. 23.

下来的很多问题（特别是争取民族解放的斗争）致使很多殖民地国家中的激进组织愈发活跃。在民族解放运动中，一些殖民地国家的激进组织并非是通过发动群众进行广泛的运动，而是主张少数人使用恐怖手段来打击殖民者以宣扬其政治目的和意识形态。在此背景下，通过恐怖主义活动袭击殖民地宗主国公民的恐怖事件时常发生。20 世纪 60 年代，虽然大规模的民族解放斗争告一段落，但随着许多民族国家相继独立，旧殖民体系遗留在疆界、民族、宗教等方面的矛盾逐渐激化，出现了很多暗杀、爆炸、绑架、劫机等恐怖主义活动。

二、近代恐怖主义犯罪的演变特点

（一）恐怖主义类型由单一型过渡为多元型

一方面，无政府主义对恐怖主义活动的影响在一些国家依然存在，如一战之前，社会革命党刺杀沙皇和国家首脑的恐怖主义行动；还有一些则是无政府主义影响与民族民主运动目标相结合的恐怖主义行动，如 1914 年导致一战爆发的萨拉热窝刺杀案和一战后期波斯"复仇委员会"攻击亲英王室政权的恐怖行动。另一方面，从一战后到 20 世纪 60 年代这段时期内，世界恐怖主义类型明显转向多元化，既有亚非拉民族主义诉求的恐怖主义，又有种族主义、法西斯主义和扩张主义驱动下的右翼恐怖主义和政权压迫型的国家恐怖主义，还有宗教极端主义影响的恐怖主义初兴。

从主观动机和客观社会功能来看，这一时期的恐怖主义活动也具有明显的双重功用。一方面，亚非拉民族主义诉求的恐怖主义与民族民主运动、民族解放运动相伴随，是受压迫的弱小民族或殖民地人民反抗民族压迫，实现民族独立与自由的重要手段和武器之一。另一方面，恐怖主义也是右翼极端势力、种族主义分子、法西斯政权迫害进步人士、镇压民族主义运动、进行种族迫害、屠杀乃至灭

绝的暴力工具。如果说，这一方面的恐怖主义逆历史潮流而动、反人类的罪恶性质毫无疑义地遭到一切正义力量唾弃和抨击的话，那么如何评价亚非拉民族解放运动中的恐怖暴力行为则至今争议甚大。

需要指出的是，我们在认识到民族解放运动中恐怖暴力活动的发生存在某些合理因素，对其政治目标有时的确发生一定程度的客观推进作用的同时，绝不能否认这些恐怖活动所带来的负面影响。也许某些恐怖组织宣称它的主要目标并非无辜民众，但在它展开暴力袭击行动时往往难以避免伤及无辜。正因为如此，一些富有远见的革命家从一开始就反对采用恐怖主义手段。而且，对于作为政治斗争工具的恐怖活动的作用也不能估计过高，因为它"在实现政策改变方面取得的全面胜利是很有限的"〔1〕。同时还要揭示的是，在众多殖民地附属国争取独立自由的斗争中，旧殖民体系遗留在民族、宗教和土地等方面的分歧和矛盾，包括殖民当局在殖民时代或独立前夕有意为之的"分而治之"政策，成为日后有关各方冲突的隐患，给那些建立主权独立的国家内部的恐怖主义滋生、泛滥提供了社会土壤。

（二）恐怖主义袭击手段日趋复杂化

恐怖组织对恐怖手段的选择往往取决于恐怖手段的便利性、恐怖活动的成效性以及实施恐怖活动的难易程度。早期的恐怖活动手段相对单一，主要是暗杀、绑架等，这些恐怖活动目标和范围也相对单一。如暗杀作为最为古老的恐怖活动之一，其主要目标就是个体消灭。暗杀活动虽然代价不菲，但是可以直接影响政治进程，长期以来一直是恐怖分子的主要攻击手段，1881～1912 年约 30 年间，先后有 10 位欧美国家首脑丧生于恐怖袭击之中。二战后，恐怖暗杀

〔1〕 转引自余建华："关于世界恐怖主义早期历史演进的探析"，载《史林》2015 年第 2 期。

不仅发生频率更高，而且发生范围遍布全球亚非拉欧美五大洲，其受害目标远不止于各国领导人。值得注意的是，当恐怖分子意识到劫持飞机可以造成更大的社会恐慌，而且实施起来更为便利的时候，劫机就开始成为恐怖分子的偏好。世界上首次劫机事件发生在1931年2月，秘鲁的反政府游击队劫持了一架飞机，在城市上空散发传单。1947年，一名保加利亚叛逃者劫持该国飞机飞往西欧。类似的劫机案在1945～1950年间大约发生了25次，大多数是从“铁幕国家”乘机逃往西方，不过与随后的20世纪60～70年代相比，劫机案发生的频率还不高。

（三）恐怖主义行为策略和性质发生转型

大部分恐怖活动不再以消灭单一的个体作为其最终的根本目标，转而追求恐怖活动所造成的社会轰动效应。传统的恐怖主义活动虽然也具有明显的政治诉求，但由于技术手段的限制，他们往往采取绑架、暗杀、投毒、伏击等手段，以消灭特定的个体（通常是敌对的国家首脑、政府及军警官员）为主要目标。一战以后，一方面，可造成大规模杀伤力的武器增多，如炸药的出现和现代传媒技术的发展；另一方面，越来越多的恐怖组织开始意识到恐怖活动造成的“轰动效应”远远大于恐怖活动本身造成的伤害。于是在上述两个因素的驱动下，越来越多的恐怖组织开始转向了对攻击对象不加区别的攻击方式，通过制造暴力事件、恐怖气氛和震慑社会这一“轰动效应”来实现自己的政治目标。

随着恐怖分子开始追求所谓的“轰动效应”，恐怖攻击的目标和性质都发生了根本性转变。恐怖组织不仅在袭击对象上不加区分、容忍杀伤无辜，而且越来越倾向于攻击具有象征性的目标（比如交通工具、政府建筑物、社会公共场所等），制造具有轰动意义的恐怖事实，并通过发达的现代传媒技术来传播这些事实，进而在民众中制造恐慌，达到削弱政府权威、影响正常社会秩序运转的效果。显

然，恐怖主义攻击目标的这一转型无疑突出了其残害无辜、危害社会、作恶人类的反人道本质，从而使恐怖主义明显走向非法化，成为公众唾弃、抨击的毒瘤。

（四）恐怖主义的国际化趋势逐渐显现

恐怖主义行为发生的地域范围比先前时期有了明显扩展，二战前恐怖主义较多地出现在巴尔干半岛，而在1945年到20世纪60年代末的这段时间里，世界上恐怖主义的热点大多集中在正在争取独立的殖民地附属国或刚独立的发展中国家。此时西欧、北美主要资本主义国家经济处于恢复和发展时期，社会矛盾相对缓和，虽然时有恐怖活动发生，但未成为突出的社会问题。但是1914年的萨拉热窝事件表明，恐怖主义已开始超越一国疆界，一些民族主义者试图以恐怖手段来影响国家关系和国际形势的变化，使之朝着有利于本民族利益的方向发展。1934年的马赛事件更是成为国际社会开始反恐斗争国际合作的催化剂。二战结束后，伴随着亚非拉非殖民化的民族主义运动的高潮汹涌及其对国际社会的巨大影响，恐怖活动的袭击目标、活动范围和社会影响也越来越具有国际性，从而在国际政治中扮演日益瞩目的角色。此外，与世界恐怖主义的国际化特征逐渐显露相对应，国际社会反恐怖合作也开始起步。

第三节　现代恐怖主义犯罪

一、现代恐怖主义的发展阶段

（一）意识形态型恐怖主义犯罪

二战后，随着冷战的到来，冷战思维成为当时最主要的国际政治思维方式。所谓冷战思维，在本质上就是意识形态上的斗争，而这种斗争成为处理国际关系的唯一目标，甚至北爱尔兰问题、巴以冲突、印巴冲突等民族、领土、宗教问题的处理也带着浓厚的意识形态。随着在冷战期间，以美苏为代表的大国为了对抗，不断扶持着这些极端化的组织，这些组织所主张的恐怖主义手段也就自然而然地成为了大国间战争的完美替代。正是在这样的背景之下，德国的“红军旅”、意大利的“红色旅”和日本的“赤军”也就相继产生。也正是在这一阶段，绑架、劫机、暗杀等现代恐怖主义手段开始大量出现，而目标大多与冷战的当事国相关。在进入 20 世纪 80 年代后，随着美苏两国关系的改善，意识形态领域的恐怖主义开始衰退。

（二）民族、宗教恐怖主义犯罪

二战后，世界范围内民族、宗教的矛盾在冷战、意识形态斗争的掩盖下不断积蓄力量，但仍未成为主要的国际恐怖主义形式。但随着冷战的缓解，从 20 世纪 70、80 年代开始，世界各地的民族、宗教问题开始显露出来。根据专门研究恐怖活动的机构统计，在 1970 年到 1979 年的 9 年间，因遭恐怖活动而丧命的达到 4000 多人，年均 400 余人；1988 年国际恐怖活动发生 856 起，死亡人数多达 660 人，其中，中东地区因为民族矛盾比较复杂，发生 313 起，占全世界恐怖事件的 36%，是恐怖活动的多发地区。[1]到了 20 世纪 90 年代，随着冷战的结束，民族型、宗教型恐怖主义开始彻底爆发，成为国际恐怖主义的主要形式。20 世纪最后 10 年里，恐怖主义犯罪大案、要案频出不断，根据美国国务院的统计，1991 年至 2000 年，全球共发生恐怖袭击 7905 次，死亡人数为 2999 人，受伤人数为 22 609 人，平均死亡率为 0. 38%，平均受伤率为 2. 86%。[2]

---

〔1〕［美］布丽奇特·L. 娜克丝：《反恐原理》，陈庆、郭刚毅译，金城出版社、社会科学文献出版社 2015 年版，第 15 页。

〔2〕 Pamala L. Griset and Sue Mahan, *Terrorism in perspective*, Thousand Oaks: Sage Publications, 2003, p. 23.

"宗教极端型恐怖主义犯罪是目前最活跃和最主要的恐怖主义犯罪类型。20世纪末冷战终结，宗教极端型恐怖主义犯罪借助全球宗教复兴运动的勃兴在全球爆发。进入21世纪，美国'9·11'恐怖袭击事件震惊寰宇。宗教极端型恐怖主义犯罪逐渐占据主导地位。"〔1〕宗教型恐怖主义的具体类型也开始多样化，伊斯兰极端主义、基督极端主义、佛教极端主义都开始出现，甚至在日本出现了邪教型的极端主义。"所有的宗教极端主义者，不管他们来自哪个宗教，都具有一些相似性。首先，极端的排他性……；其次，强烈的"救世"冲动，认为自己所正在从事的伟大事业，将拯救本宗教的所有追随者，宗教信条成为他们从事暴力活动的合法化工具；再次，所有的宗教极端分子都倾向于使用任何可能的手段……；最后，都追求某种宗教目标。"〔2〕

二、现代国际恐怖主义的主要类型

现代国际恐怖主义主要是在二战后形成的，包括左翼与右翼两大方面，从20世纪70年代开始，民族、宗教型恐怖主义开始形成。因此，国际恐怖主义组织大致也可以分为左翼和右翼，但是仍有一小部分，例如某些利用民族或宗教（或邪教）类的恐怖组织不宜归于以上两类，日本的"奥姆真理教"即属于此类。在20世纪60年代、70年代和80年代初，左翼政治暴力团体和个人主导了世界恐怖主义形势，而在20世纪90年代中后期，右翼恐怖主义组织成为了更为严重的问题。

（一）右翼恐怖主义组织

右翼恐怖主义组织，又称极右派恐怖组织，多指受极右的意识

---

〔1〕兰迪："国际恐怖主义犯罪的历史溯源与现状描摹"，载《广西警官高等专科学校学报》2016年第1期。

〔2〕张家栋："现代恐怖主义的四次浪潮"，载《国际观察》2007年第6期。

形态影响的恐怖主义组织。极右的意识形态是指比主流的保守主义还要极端得多的一种意识形态，反对进步，反对变革，反对国家政治、经济、社会体制变化。另外，还有不少新法西斯主义恐怖组织，实行法西斯种族主义，他们反对宗教、民族、种族和性别权利的平等，包括美国的“三K党”“奥尔德”组织，德国的“共和党”“雅利安国民组织”“自由德国工人党”“德国国民阵线”等。

1.“三K党”。“三K党”是美国法西斯种族主义恐怖组织，已有150多年历史。其“三K”是“ku klux klan”的缩写，“ku klux”源于希腊语，意为集会或帮会。“klan”取自“clan”，意为苏格兰民族，因为该组织的创始人是苏格兰后裔。其指导思想是种族主义，宗旨是维护白人至高无上的地位，阻止黑人或其他种族获得平等权利。“三K党”有自己的党旗，是绘有黑龙的黄底红边的三角旗。“三K党”是美国本土持续时间最长、最持久的组织。

150多年来，“三K党”几经兴盛、几经解体，到20世纪20年代达到其顶鼎盛时期，并呈现出当代恐怖组织结构的雏形。该组织成员总数一度达到近500多万名，势力渗透到政府机关、法院和警察等执法部门，甚至有14名党徒当选为美国参议员、11名党徒担任美国各州州长，包括历史上两名美国总统都曾为“三K党”党徒。需要说明的是，“三K党”在当时不仅按照合法政治程序进行活动，同时也有成员从事非法政治暴力性活动，并形成一个强大的利益集团。1924年选举次日，《纽约时报》发表了头版头条“三K党是选举的胜利”，文中指明俄克拉荷马州、科罗拉多州参议员以及堪萨斯州、印第安纳州和科罗拉多州州长作为“三K党”成员或其认可的政治候选人获得了竞选的胜利。

到20世纪20年代末，随着联邦政府的高压政策，该组织已大不如前，其组织成员由原有的近500万人降至仅约4万人。但是在20世纪50、60年代，“三K党”迎来了小规模的复兴，起因是20

世纪 50 年代为了支持废除种族隔离政策，联邦最高法院出台了一系列里程碑式的判决，并以此解释美国宪法。这引起了不少底层民众对废除种族歧视政策的反弹。

“三 K 党”在组织形式上具有较浓厚的封建主义和神秘色彩，其全国的头目被称为“大巫”，各州县或地区的首领被称为“大龙”“巨人”“大独眼龙”，颇具神话色彩。二战后“三 K 党”势力渐弱，内部也不统一，分为了几个派别，目前仍存在的两个主流派别为“欧美统一和权力组织”（European-American Unity and Rights Organization，EURO，又称为“无形帝国”）以及“美国三 K 党骑士团教堂”（Church of the American Knights of the Ku Klux Klan）。

2. 美国“奥尔德”组织。在美国恐怖主义组织中，还有各种新法西斯主义团体，其中最著名的“奥尔德”组织成立于 1983 年，头目罗伯特·马特乌斯以救世主自居，立志要把美国变成圣洁的基督教国家。该组织的宗旨是以武力促进政治变化，消除犹太人对美国政府的控制和影响。他们煽动种族间与民族间的仇恨，声称要消灭一切犹太人，反对一切有色人种，在该组织内部，成员地位的高低取决于他们杀死犹太人、黑人法官、自由派记者和政治活动家的数量。

该组织的经费主要由抢劫获得。1983 年 6 月 17 日，“奥尔德”组织成员抢劫了加利福尼亚一家银行，获得 360 万美元；不久后，该组织成员又抢劫了一辆银行运钞车，获得 50 万美元，在每次抢劫中均使用自动武器并滥杀无辜。该组织头目罗伯特·马特乌斯在 1984 年底被美国警方围捕时进行了顽固抵抗，最后自焚身亡。随后的数月中，美国警方又捕获该组织 23 名骨干分子。自 1988 年起，该组织又开始活动，建立新的秘密据点和通讯网，目前主要活动地区是美国东南部及西南部各州。

3. 意大利“黑手党”组织。在意大利文中，“黑手党”被称为

“mafia”，但是谁也讲不清这个词的由来和确切含义。意大利议会曾在 1962 年专门成立过一个调查委员会，并花了十多年时间进行研究，最终只不过是将“黑手党”的罪行进行了一番归纳整理，却始终没有说清楚什么是“黑手党”。

“黑手党”作为一个帮会组织，是于 19 世纪初期在西西里岛出现的，它活跃在以巴勒莫、特拉帕尼和阿格里琴托为端点的三角区域。在其成立的 100 多年里，“黑手党”从最初的一个以敲诈勒索、绑架、走私、贩卖人口为主的刑事犯罪团伙逐渐演变为一个以恐怖活动为主的政治经济组织。二战后，“黑手党”将活动重点由农村转为城市，并利用暴力手段打击竞争对手，进行土地投机买卖，承包建筑业，开办旅馆、赌场等，垄断了 20 世纪 70 年代的世界毒品市场。随着财富的增加，“黑手党”逐渐渗透到政界并产生政治影响力。

4. 德国“共和党”。德国“共和党”于 1983 年 10 月 27 日建立于慕尼黑。1994 年 12 月，罗尔夫·施雷列尔在“共和党代表大会”上以 56% 的绝对多数当选“共和党主席”，其声称“共和党”对极右主义党党徒敞开大门。作为一个排外、仇外、敌视外国人的极右政党，他们强烈反对联邦德国议会民主政体，企图改变联邦德国政治体制，恢复旧纳粹法西斯专政。1985 年 6 月“共和党齐克堡宣言”和 1987 年“共和党党纲”指出，该党要“为全体德国人争取生存和人权”，其目标是建立极权秩序和民族国家，认为法西斯希特勒剥夺外国人权利的行为无罪。1990 年“罗森海姆纲领”明确提出反对共和制，主张建立凌驾于全社会之上的绝对权威性的秩序国家，反对承认奥斯维辛集中营的罪行，反对德意志民族、文化、宗教和民俗的多元化，甚至宣扬要复辟德意志帝国。

在德国统一和东欧剧变期间，“共和党”势力扩张。德国统一后，其串通新纳粹分子，多次制造排外事件，袭击外国人并烧毁外国人住宅，引起民众的强烈不满并因此失去选票，党内从此产生内

讧并随之瓦解。

5. 意大利“光头党”。意大利“光头党”又称为西方政治运动，该组织于1992年2月在罗马第一次公开以一个有组织机构的团体形式出现，并于1993年在意大利政府反种族歧视法令的驱使下解散。其领导人是莫里奇欧·博凯奇，其成员大约有400多人。该组织主张恢复法西斯主义制度，赞扬希特勒、墨索里尼及纳粹主义，反对大量移民涌入，为保障本国人民利益，主张攻击犹太人、非洲和亚洲移民。因该组织成员的标志多为剃光头、穿皮衣、佩戴纳粹党徽，因而得名为“光头党”。“光头党”举行过多次游行示威并鼓吹种族主义、宣扬暴力活动，制造了一系列反对犹太人和外国移民的暴力事件。

（二）左翼恐怖主义组织

左翼恐怖主义组织，又称极左派恐怖主义组织，主要活跃在美国、日本、欧洲的资本主义发达国家，这些组织仇视资本主义制度，对西方社会的现实悲观失望，却又找不到一种适当的解决办法，于是采用了单一的恐怖手段，来实现他们所谓的社会理想。左翼恐怖主义组织形成于20世纪60年代中后期，当时社会主义阵营出现大分化、大动荡的混乱局面，各种所谓的“革命”学说层出不穷。此时，由于西方社会的危机加深，不少绝望的中青年在极左理论的引导下对社会进行盲目的反抗。法国1968年“五月风暴”之后全球出现了200多个极左恐怖组织，其中，规模和影响比较大的有意大利的“红色旅”、联邦德国的“革命派”、美国的“共济解放军”、日本的“赤军”等。左翼恐怖主义组织在20世纪加强了国际串联并召开过几次国际会议，以协同作战。

西方发达国家的这些极左派恐怖组织进行了多次恐怖活动，但是，他们的行动并没有对资本主义制度产生任何的冲击，也没有增加社会主义者的力量和影响。相反的，它极大地损害了马克思主义和社会主义的声誉。极左派恐怖主义的理论只是一种一厢情愿的幻想。众所周知，革命运动是千万无产者和广大群众自己的事情，它不是任何个人和组织可以制造出来的。而且，人类社会从资本主义向社会主义的发展是一个漫长而复杂的历史过程，它是集政治、经济、文化、社会等诸多因素相互作用发展的结果，试图使用暗杀、爆炸等手段实现其政治目的只能引起广大人民群众的反感和恐惧。这种行为方式只能使这些恐怖分子自绝于人民。某些极左派恐怖分子声称信奉马克思主义，实际上马克思主义革命学说是完全反对恐怖手段的，列宁把恐怖主义视为“极左幼稚病”的一种，指出“马克思主义者坚决摒弃这种手段，自然我们之所以摒弃个人恐怖，只是因为这种手段不适当”[1]。可见，这些恐怖组织的革命理论与马克思主义学说是有天壤之别的，其中典型的代表有：

1. 意大利“红色旅”。“红色旅”是意大利最重要的左翼恐怖组织，于1969年建立，创建人有雷纳托·库尔齐奥及其妻子马尔格里塔·卡格尔。该组织的宗旨是破坏意大利国家政权，主要打击的是国家领导人、法官、警察、记者以及北约、欧洲共同体等机构的官员，并曾宣称要从秘密活动走向高度集中的政党，建立“恐怖国际”并联合西班牙的恐怖组织“埃塔”与英国的“爱尔兰共和军”共同活动。20世纪80年代初期，“红色旅”发展为拥有400到500名专职人员，并有1000名左右定期协助的行动成员的组织。

2. 联邦德国“革命派”。“革命派”是德国危害最大的恐怖组织之一，成立于1968年。因其两名创建人名叫巴德尔和梅因霍夫，故又称为“巴德尔—梅因霍夫帮”。该组织采用乌拉圭“图范马罗斯”游击队的标记，即五角星内有一把冲锋枪并写明“革命派”缩写德文字母“RAF”。“革命派”攻击的主要目标是北约机构设施、德国

---

〔1〕 中共中央马克思恩格斯研讨斯大林著作编译局编：《列宁选集》第四卷，人民出版社1995年版，第144页。

军队、政界的领导人和经济界代表以及警察和司法部门的领导人等。随着德国的统一，其恐怖活动更为活跃。1992 年 1 月德国政府宣称，可以提前释放恐怖分子，革命派随即表示响应并于 1992 年 4 月 13 日正式宣布解散，同时致函法新社驻波恩办事处宣布停止相应的攻击活动。

3. 日本“赤军”。“赤军”作为日本著名的恐怖主义组织，于 1969 年 5 月改名为“共产同盟赤军派”，关于 1971 年正式宣告成立，其领导人为重信房子与光晴夫。该组织于 20 世纪 70 年代初与中东的巴勒斯坦人建立联系，资金来源主要是利比亚与叙利亚，其在 20 世纪 70 年代的活动主要为劫持、封闭扣押人质迫使日本政府作出让步，以及攻击、劫持飞机、轮船或外国使馆。因其活动的猖獗，日本政府采取了严厉的打击手段，其组织成员被迫转入地下或逃往国外。20 世纪 80 年代末该组织成员为求生存试图寻找自中东以后新的据点并在世界各地逃窜。

4. 秘鲁“光辉道路”。“光辉道路”作为拉丁美洲最大的游击队和恐怖组织，曾拥有超过 25 000 名成员。1970 年组织头目古斯曼将该组织前身“红旗组织”更名为“光辉道路”。在更名的前 10 年中，“光辉道路”主要从事政治宣传和组织发展活动，并把秘鲁中部山区的阿亚库乔省作为自己的根据地和组织发展的重点地区。阿亚库乔省曾是古印加帝国的中心，当地绝大部分人是印第安人的后裔，这些渴求摆脱剥削和遭人歧视的贫困当地人更容易接受其组织的主张，并企图在经济上恢复古印加的自然农业生产模式，在政治上建立一种类似原始共产主义的社会，该组织由此迅速壮大。在此期间，“光辉道路”还在邻近的各大城市中成立了外围组织，并在邻近村庄中成立基层组织。该组织主要资金来源是毒品生产与贩卖，通过向其控制的农民及收购古柯碱的毒贩征收“税金”每年可获得 200 万 ~ 400 万美元的高额利润。此外，该组织在境外形成了多股国际联盟势力，德国、法国、瑞典和墨西哥等国都有名为“秘鲁人民运动”的地下组织。该组织已经成为南美洲最为血腥的恐怖集团，并且向政府的各个组织进行渗透。因此，相关政府一直将其视为重点打击对象。

（三）其他类型恐怖主义组织

其他类型的恐怖组织不能从一而论，世界各国的分类都有其各自的特点，但主要包含几大类，如民族、宗教类恐怖组织，邪教类恐怖组织，地区独立的恐怖组织等，其代表有英国“爱尔兰共和军”、西班牙“埃塔”、俄罗斯“车臣民族分裂恐怖组织”、日本“奥姆真理教”等。

1. 英国“爱尔兰共和军”。“爱尔兰共和军”是活跃在英国北爱尔兰地区的一支民族分裂主义武装力量，近些年来在国际恐怖活动舞台上扮演着重要的角色。历史上，南北爱尔兰是一个整体，英国于1801年把爱尔兰并入版图，正式成立了“大不列颠及爱尔兰联合王国”。但随着爱尔兰民族运动高潮和大英帝国霸主地位的衰落，英国被迫于1921年同意爱尔兰南部的26个郡自治。这些南方郡随后成为了独立的爱尔兰共和国。但是，爱尔兰北部6个郡仍然归英国统治，这就为之后恐怖主义活动埋下了隐患。

从宗教和种族方面来讲，北爱尔兰居民中有60%是从英国本土迁来的英国人后裔，信奉基督教，主张北爱尔兰留在英国，而其他40%是爱尔兰本土族人，信奉罗马天主教。因为种种原因，爱尔兰本土族人在政治上处于不平等地位，就业上受到歧视，因此这部分人强烈要求北爱尔兰脱离英国，合并到天主教占统治地位的爱尔兰共和国。“爱尔兰共和军”在英国各地都建有秘密据点并经常实施狙杀、暗杀、绑架、爆炸以及抢劫银行、邮局的恐怖主义活动。该组织的恐怖主义活动主要针对英国及欧洲国家的军事设施，包括英国政府官员、英国驻北爱尔兰的军队警察及皇家准军事组织，爆炸则多发生于火车站、地铁和商业区。

“爱尔兰共和军”具有广泛的国际联系，不仅与西欧一些国家恐怖组织关系密切，同时与非洲和亚洲某些国家极端分子保持联系，并参与一些国际上的恐怖活动。该组织招募的新成员被派到中东恐怖主义组织的营地受训。“爱尔兰共和军”主要受到爱尔兰裔美国人的支持，他们不断向该组织提供资金和武器。1993 年以来，“爱尔兰共和军”的恐怖活动不断升级，爆炸事件也接连发生，而由此引来的宗教和教派仇杀也日益增多。同时欧洲各国种族主义再度兴起，使得北爱尔兰分裂主义运动更加猖獗。20 世纪 70 年代，英国曾大量拘捕恐怖分子并将其关进了著名的美斯监狱，结果这个位于贝尔法斯特以南 20 公里的监狱变成了恐怖分子的训练营，囚犯在监狱内交流经验，研究各种恐怖战术，还偷运材料入内自制武器，甚至密谋大规模的恐怖活动。同时，“爱尔兰共和军”因有大批人员被捕，而获得更多人的同情和支持，人们纷纷加入该组织，壮大了其实力。鉴于此，英国决定释放大量囚犯，并让他们在监狱外接受严密的监视。

2. 日本“奥姆真理教”。“奥姆”一词源于梵语“AUM”，其中“A”表示创造宇宙，“U”表示维持，“M”表示破坏。“AUM”被印度教和密教视为象征深邃智慧的词语，用于祈祷开始的颂词。奥姆真理教创始人麻原彰晃（原名松本智津夫）出生于 1955 年，家境贫寒，患有先天性白内障，弱视严重，盲校毕业后取得针灸师资格，后因违反药事法被捕。1984 年，麻原彰晃创立“奥姆神仙会”，并于 1987 年将该会改名为“奥姆真理教”，1989 年 8 月成为合法宗教法人。该教在东京和静冈县设有总部，在山梨县建有大规模教团设施，在日本各地有二十几处传教地。截至 1995 年被宣判解散时，该教在日本国内已发展超过 1.7 万余名信徒，其中出家修行信徒有 1400 余人，并在纽约、波恩、莫斯科和斯里兰卡都设有海外支部。“奥姆真理教”属于邪教组织，该教规定所有信徒在入教时需上交全部财产，隔绝与世间一切联系，集体生活和修行。其创始人在发行的《灾难降临日出之国》一书中预言，1997 年会突发导致人类灭绝的毁灭战争，声称本教要造就能人去解救世界 1/4 的人口。

三、冷战后恐怖主义的现状

当今世界恐怖主义虽有很多类型，意识形态、生态、民族、种族等各个方面都有各种恐怖主义组织及团体。但 20 世纪 70 年代后，尤其是冷战结束后，宗教型恐怖主义大量产生并迅速发展，佛教性质的恐怖主义、基督教恐怖主义、印度教恐怖主义等纷纷出现，这其中最主要的当属伊斯兰恐怖主义。当今世界最臭名昭著的几个恐怖组织，如“塔利班”、“基地”组织、“伊斯兰国”等都属于伊斯兰恐怖主义组织。

（一）冷战后恐怖主义的发展历程

1991 年，苏联解体冷战结束后，自二战后长期以来维持稳定的世界格局瞬间崩塌，诸多原本隐藏的社会矛盾即刻爆发，局部地区的武装冲突不断，以塔利班为代表的一系列恐怖组织的出现就代表伊斯兰世界的矛盾点。在这样的背景下，以伊斯兰为代表的恐怖主义浪潮席卷全球，成为冷战后世界各国的最大威胁。根据美国国务院的统计，1991 年至 2000 年，全球共发生恐怖袭击 7905 次，死亡 2999 人，受伤 22 609 人，平均死亡率为 0.38%，平均受伤率为 2.86%。[1]正是在这 10 年间，恐怖主义犯罪呈现出持续增长的态势，大案、要案频出不断。我们对这 10 年间世界各国发生的重大恐怖主义犯罪案件的基本情况总结如下：

〔1〕 Pamala L. Griset and Sue Mahan, *Terrorism in perspective*, Thousand Oaks: Sage Publications, 2003, p. 23.

表 2－1　1990～1999 年全球发生的恐怖主义犯罪大案

时间	地点	基本经过	结果	特殊之处
1993. 2. 26	美国纽约曼哈顿岛世界贸易中心	一辆汽车炸弹在世界贸易中心大楼外侧爆炸。	6 人丧生、1042 人受伤、财产损失数十亿美元。	伊斯兰恐怖分子所为；是美国境内发生的第一起宗教型恐怖主义犯罪。
1993. 3. 12	印度孟买	1993 年 3 月 12 日下午 1 时 20 分，孟买证券交易所发生爆炸；15 分钟后，当地一市场发生爆炸；1 小时后，一印度教总部发生汽车爆炸。当天，孟买共发生 14 起爆炸案。	所有 14 起爆炸案共导致 317 人死亡，1200 多人受伤，30 多辆汽车爆炸，直接经济损失 25 亿美元。	疑似是伊斯兰极端组织所为。
1996. 6. 25	沙特美军基地	一辆卡车进入美军基地，并在宿舍大楼前被引爆。	20 多名美军死亡，近 400 人受伤，其中 100 多人重伤。	犯罪人曾在美国受训并参与过阿富汗战争，后成立了“反美”组织。
1996. 12. 17	日本驻秘鲁大使馆	当晚大使馆内正在庆祝日本天皇生日，一群武装分子进入大使馆，劫持了众多政府官员与外国使节。	一名中校与士兵在营救人质中死亡，恐怖分子全部被消灭。	日本“赤军”在幕后指挥、策划。

续表

时间	地点	基本经过	结果	特殊之处
1998. 8. 7	美国驻肯尼亚和坦桑尼亚大使馆	当天上午10时40分，美国驻肯尼亚大使馆进入了一辆汽车，后从汽车出来3人向外扔手榴弹；5分钟后，美国驻坦桑尼亚大使馆的必备运水车上隐藏的一个炸弹发生爆炸。	两次袭击共造成224人死亡，4300余人受伤。	美国调查组认定本案是由本·拉登所为，但其予以否认。

以上案件皆为20世纪最后10年发生的几个著名的恐怖主义袭击案件，另外还有俄克拉荷马城爆炸案、车臣劫持人质事件、亚特兰大奥运公园爆炸案、英国奥马大爆炸案等。这些案件的频频发生表明在国际反恐力度不足的当时，恐怖主义尤其是伊斯兰恐怖主义发展之迅速、行为之猖獗。

进入21世纪后，伊斯兰恐怖主义仍然肆无忌惮，2001年“9·11”事件的发生标志着其进入到了第一个高峰期。而正是从这一事件开始，国际社会进入“联合反恐时代”。在此后的两年中，“美国发动全球反恐战争，率先对阿富汗采取军事行动，对‘基地’组织和塔利班开展全面剿杀。‘基地’组织被迫开始战略转移”[1]。因此，可以说2001年至2003年是国际恐怖主义的蛰伏与战略转移期。

从2003年开始，美国发动了伊拉克战争，这无疑“破坏了中东格局与地区稳定，也助推了恐怖主义的再度兴起，强烈刺激全球反美‘圣战’运动，……继阿富汗之后，伊拉克陷入持续动荡之中并成为全球‘圣战’的新战场”。在这一阶段，伊斯兰恐怖组织在伊拉克获取了大量的资源，凭借着新战场、新力量、新动力，不断在包括伊拉克在内的世界各国发动各种暴恐犯罪案件。2002年印度尼西亚的巴厘岛连环爆炸案、2004年西班牙的马德里火车站爆炸案、同年在俄罗斯的北奥塞梯共和国别斯兰市某中学发生史上最大规模的人质劫持事件、2005年英国的伦敦爆炸案等。伊拉克、巴基斯坦与阿富汗成了全球暴恐袭击的热点与“磁场”。

2011年，在西方国家支持的“阿拉伯之春”浪潮之下，埃及、利比亚、也门、叙利亚相继发生了武装暴动，要求推翻本国政府，建立民主、自由、平等的政权。“阿拉伯之春”导致各国社会秩序遭到严重破坏，并陷入大规模的动荡之中，这些国家也因此沦为恐怖

---

〔1〕 唐志超：“当前国际恐怖主义演变趋势及中国应对策略”，载《中国人民公安大学学报（社会科学版）》2018年第1期。

主义的“新天堂”，“伊斯兰国”等新恐怖组织成立，全球范围内的恐怖犯罪活动进入到新一轮的高发期。

（二）国际恐怖主义犯罪的地域发展

当前，国际恐怖主义犯罪的地域发展情况主要包括以下几个方面的内容：

第一，国际恐怖主义犯罪呈现全球化蔓延趋势。一方面，恐怖主义犯罪发生的国家数量不断增加。美国发布的《全球恐怖主义发展报告》显示，2014 年全球发生恐怖主义犯罪案件的国家有 93 个，到了 2016 年，发生恐怖主义案件的国家数量已经上升到了 103 个。也就是说，全世界已经有一半左右的国家发生过恐怖主义案件。另一方面，全球恐怖主义的策源地也在不断扩大。当前全球主要恐怖主义策源地有阿富汗、巴基斯坦、伊拉克、叙利亚、利比亚、也门、埃及西奈半岛、索马里、非洲萨赫勒地区、菲律宾南部等。美国国务院反恐局认定的“恐怖主义天堂”由 2011 年的 14 个增至 2017 年的 17 个，新增了埃及、利比亚和叙利亚三国。

第二，受恐怖主义威胁最严重的国家保持着相对的稳定性。根据有关组织对 2002 年至 2016 年以来世界受恐怖主义威胁最严重 10 个国家的排名变化总结（如图 2－1）可以发现，长久以来遭受恐怖主义威胁的国家保持着相对的稳定性，可以说“10 年前受恐怖主义威胁严重的国家，在 10 年后仍然未发生改变”[1]。另外，2002 年以来，伊拉克、印度、巴基斯坦、尼日利亚、土耳其、也门以及索马里等国家长期位居前几位，几乎从未改变。

---

〔1〕 兰迪：“国际恐怖主义犯罪的历史溯源与现状描摹”，《广西警官高等专科学校学报》2016 年第 1 期。

FIGURE1.9GLOBAL TERRORISM INDEX SCORES OVER TIME FOR TEN MOST IMPACTED COUNTRIES IN 2016,2002-2016
All of the countries ranked as the the ten most impacted in 2016,other than lndia, have seen significant deterioration in their GTI scores over time

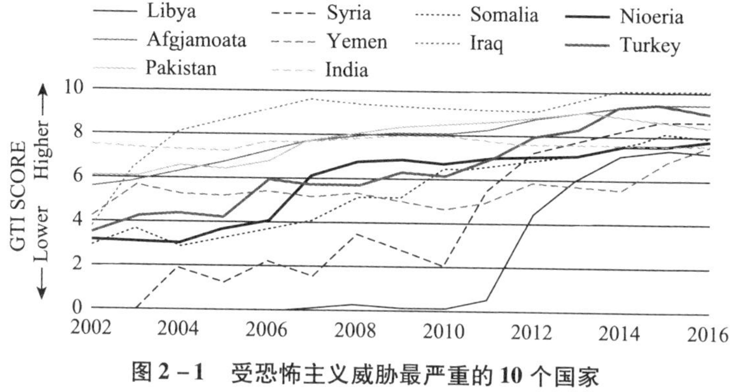

图 2－1 受恐怖主义威胁最严重的 10 个国家

第三，恐怖主义犯罪最为严重的地区与伊斯兰国家有着高度的一致性。根据 2016 年美国国务院对世界各国遭受恐怖主义情况的总结，我们对于当前受恐怖主义威胁的前 36 个国家进行了分析（如图 2－2），发现世界各个地区上榜的大致情况如下：非洲国家 15 个、西亚国家 7 个、南亚国家 4 个、欧洲国家 4 个、东南亚国家 2 个、美洲国家 2 个、东亚国家 1 个。而这其中的绝大部分国家要么是完全的伊斯兰国家，要么有众多信仰伊斯兰教的公民。这也可以从侧面反映出当前伊斯兰恐怖主义的猖獗。

四、现代恐怖主义犯罪的特征

现代恐怖主义与古代恐怖主义、近代恐怖主义的不同不仅仅表现在恐怖主义的类型上，在行为方式上，现代国际恐怖主义逐渐脱离原有的以刺杀、袭击为主的方式，开始愈发残酷地袭击无辜平民并使用威力更大的炸药或炸弹。联合国《关于全球恐怖活动状况》的报告指出，"国际恐怖主义活动中，死亡人数的增加，是因为恐怖活动残酷地袭击无辜平民，并开始使用威力更大的炸药或炸弹。同

全球恐怖主义指数排名

RANK	COUNTRY	SCORE	RANK	COUNTRY	SCORE	RANK	COUNTRY	SCORE	RANK	COUNTRY	SCORE
1	Iraq	10	10	Libya	7.256	19	Central African Repubilc	6.394	28	Burundi	5.637
2	Afghanistan	9.441	11	Egypt	7.7	20	Nigre	6.316	29	Colombai	5.595
3	Nigeria	9.009	12	Phitippines	7.126	21	Bangladesh	6.181	30	Palestione	5.551
4	Suria	8.621	13	Democtratic Republic of the Congo	6.967	22	Kenya	6.169	31	China	5.543
5	Pakistan	8.4	14	South Sudan	6.821	23	France	5.964	32	United States	5.429
6	Yemen	7.877	15	Cameroon	6.787	24	Ethiopia	5.939	33	Russia	5.329
7	Somalia	7.654	16	Thailand	6.609	25	Mali	5.88	34	Chad	5.269
8	India	7.534	17	Ukraine	6.557	26	Saudi Arabia	5.808	35	United Kingdom	5.102
9	Turkey	7.51	18	Sudan	6.453	27	Lebanon	5.638	36	Israel	5.062

图 2-2　全球恐怖主义指数排名前36个国家

时恐怖行为开始变化为更具有隐蔽性和杀伤性的形式。”21世纪初，新的恐怖主义形式达到了巅峰，“9·11”事件作为其最典型的恐怖活动为全世界敲响了警钟，甚至可以说“9·11”事件是世界恐怖主义发展史和反恐怖主义历史上的重要分水岭。从“9·11”事件至今，恐怖主义发生了新的变化，从原有的武装袭击、爆炸、劫机、绑架等传统形式，开始演变为网络恐怖主义、核恐怖主义或使用大规模杀伤性武器、生化武器的萌芽状态。现阶段，国际恐怖主义犯罪主要具有以下特征：

（一）恐怖袭击多样化、极端化

恐怖袭击的多样化、极端化主要包括袭击手段与袭击目标两方面。根据全球恐怖主义研究数据库（Global Terrorism Database，GTD）的数据资料显示，当前恐怖主义犯罪的攻击目标已有20余种，其中政府部门、教育机构、宗教场所、军队、交通设施、公共服务设施等是其攻击的重点目标。而攻击这些目标无疑会造成大量的人员伤亡及财产损失，并会导致社会的极度恐慌。在攻击手段方面，近年来出现的恐怖袭击手段已有近10种，其中劫持人质、爆炸、劫机、汽车攻击、暗杀等是最主要的行为方式。

（二）恐怖活动国际化

传统恐怖主义活动具有明显的地域性特点，无论是恐怖组织的成员的国籍，抑或恐怖活动的实施，往往限定于某一国家或地区之内。随着经济全球化的不断推进，特别是在进入互联网时代后，恐怖主义的国际化也在加速推进，这主要体现在恐怖主体国际化、恐怖行为国际化和恐怖后果国际化。[1]从某种程度上讲，当今世界，国际恐怖主义与国内恐怖主义已经没有什么区别，因此也有学者提

〔1〕兰迪：“国际恐怖主义犯罪的历史溯源与现状描摹”，载《广西警官高等专科学校学报》2016年第1期。

出没有必要再区分国内恐怖主义与国际恐怖主义。[1]

（三）恐怖手段科技化

恐怖组织为了达到其目的往往会采用各种手段方式，而现代科技手段也必然会成为恐怖分子的重要选择。生物武器、化学武器、核武器或者网络都会成为恐怖组织的选择。

恐怖分子使用各种高科技手段进行恐怖袭击已经有相当长的历史了。例如，移动电话和一些更加精密的炸弹武器等。1996 年沙特阿拉伯发生的炸弹爆炸案就具有这一特征。恐怖分子还使用大规模杀伤性武器，包括化学武器、生物武器以及核武器等。1995 年日本东京地铁发生了历史上罕见的沙林毒气案，致使 5500 多人中毒，这似乎证实了哥伦比斯的预想，“如果恐怖主义分子在未来把手中的步枪和炸弹换成神经毒气、粗糙的核装置、热寻导弹和其他种种可怕的武器，那将会给人类带来深刻的消极影响……更为麻烦的设想是，恐怖分子策划用化学毒品污染一个城市的空气或供水系统”[2]。另外，网络的出现也给了恐怖分子“以‘弱’击‘强’的一种新方法”，尤其可以在力量强大的对方实施某项行动的关键时刻加以扰乱。网络恐怖袭击可以使国内外恐怖分子的破坏行动得逞，而恐怖分子自己却不会受到任何伤害。对于网上的匿名操作，则很难辨明其究竟是某个国家政府所为，还是出自某个恐怖分子，抑或来自一些玩电脑的孩子。

---

〔1〕兰迪：“国际恐怖主义犯罪的历史溯源与现状描摹”，载《广西警官高等专科学校学报》2016 年第 1 期。

〔2〕［美］西奥多·哥伦比斯：《权利与正义》，白希译，华夏出版社 1990 年版，第 476 页。

第三章　我国暴恐犯罪的历史演进

在我国悠久的历史长河中，刺杀式犯罪一直伴随着政权的更迭而存在。这种犯罪形式较为单一，多以刺杀、绑架政府首脑或其家人的方式，作为达到其政治目的或宣扬其政治主张的手段或途径。这些刺杀行为往往目标明确，主要指向政要和权贵；手段也非常简单，往往只用一把匕首，突发性强、威慑力大，有攻心夺志的奇效。据此，有学者认为这种犯罪方式属于暴恐犯罪的一种，更是将“荆轲刺秦”作为我国暴恐犯罪的最早案例。持这种观点的学者是看到了刺杀式犯罪与现代的暴恐犯罪在行为方式、目的主张等核心要素上都有其相似之处。按照这一观点，我国古代有名的如曹沫、专诸、要离、豫让、聂政、荆轲等刺客都可以说是“暴恐犯罪人”。我们认为，我国古代这种刺杀式的准“暴恐犯罪”是一种古代民众为了某种政治目的而采取的极端的、献身式的行为，但是这种行为并不针对平民，也不以造成社会动乱、民众恐慌为目的。

到了近现代时期，极端思想支持下的暴恐犯罪开始在我国出现，民族极端主义、宗教极端主义不断腐蚀着我国民众的思想，暴恐犯罪也随之升级。而这类暴恐犯罪最主要还是出现在我国的新疆地区，它从 20 世纪 80、90 年代开始出现并不断发展，在 21 世纪的第二个十年成为严重影响新疆乃至全国社会稳定的主要威胁。在本部分，我们将重点对这一时期我国新疆暴恐犯罪的形成、发展和演变进行分析、介绍。

第一节 我国新疆暴恐犯罪的历史背景

一、我国历代政府对新疆的管理历程

公元前202年，西汉王朝建立。公元前59年，汉武帝任命郑吉为首任西域（即古时新疆地区）都护，汉朝实现了对西域的统一与管理。东汉王朝在此后200年间不断与匈奴争夺新疆地区的统治权，分别设立曾都尉、都护、长史等官职对新疆地区进行管理。曹魏政权秉承汉制，继续对西域进行统治。此后，魏晋时期，各个地方政权也都相继对西域进行过统治。而后，隋朝在西域设郡。至公元640年，唐朝在天山东部各地设置西州、庭州的同时，为便于统一管辖，于交河置安西都护府，留兵镇之。为了强化对西域地区的管辖，659年，安西都护府升级为安西大都护府。到了702年，唐朝在原安西都督府下辖的金山都护府的基础上，成立了北庭都护府。924年，辽朝攻克浮图城、高昌、回鹘，新疆地区成为辽朝藩属。1130年，西辽于额敏城设府并派遣“镇守官”进行治理。1295年，元朝政府设立北庭和曲先塔林两个都元帅府镇守天山南北各地。1404年，哈密王安克帖木儿受明朝册封为忠顺王，哈密归顺明朝，并于1406年设哈密卫。哈密卫的设置使得此地直接在明朝政府的控制之下，从而延续了汉、唐、元朝以来，中原中央政府对西域各地的管辖。此后，清乾隆皇帝于1759年陆续平定了大、小和卓的宗教叛乱，统一了天山南北，重新实现了中央政府对新疆的完全统治，其中天山以北为乌苏雅里台将军管辖，天山以南为伊犁将军管辖。

由此可见，新疆自汉代开始即正式成为我国版图的一部分。在我国统一多民族国家的长期演进中，新疆各族人民与其他各族人民共同开拓我国的广阔疆土，缔造多元一体的中华民族文化。

即使有如此一宗宗证据的有力证明，还是有人不断歪曲历史，

试图将新疆地区从我国的版图中分裂出去。这也成为了我国新疆地区民族分裂主义思想的主要内容，也是我国新疆地区暴恐犯罪的主要主张。

二、“双泛”思想在新疆的兴起与传播

“三股势力”（即宗教极端势力、民族分裂势力、暴力恐怖势力）对我国新疆的和谐与稳定产生了巨大的威胁，严重威胁着我国的国家安全。他们以“泛突厥主义”和“泛伊斯兰主义”为理论基础，并以此为根据提出了破坏民族团结、分裂祖国的主张，妄图分裂新疆、独立建国。可以说，“双泛”思想是侵蚀新疆民众思想的最早版本，此后经过“三股势力”的包装、粉饰，形成了系统、完整的伊斯兰极端主义、民族分裂主义思想，最终成为了我国新疆地区暴恐犯罪的思想根源。

（一）“泛突厥主义”和“泛伊斯兰主义”的产生

“突厥族”这个名词一直被“东突”分裂势力挂在嘴边，那么他们认为的“突厥”到底是不是一个“民族”，需要我们对历史上的突厥部落有一个必要的了解。

突厥是我国历史上的一个部落，最初受柔然统治，于公元552年建立突厥汗国。582年西突厥汗国独立，突厥汗国分裂为东突厥和西突厥。东突厥在630年为回纥所灭，西突厥在657年为唐朝所灭。东、西突厥被灭以后，塞尔柱和奥斯曼两部举族西迁，从中亚迁移到了小亚细亚。塞尔柱突厥于1000年前后迁移到锡尔河下游，信奉伊斯兰教，于1037年建立塞尔柱帝国，直到1308年最后一个塞尔柱王朝罗姆苏丹国为蒙古军队所灭。奥斯曼突厥也逐步西迁，于13世纪取代了塞尔柱突厥的地位，建立了奥斯曼帝国。1453年，奥斯曼帝国攻克君士坦丁堡并改名为伊斯坦布尔。16世纪，奥斯曼帝国达到顶峰时期，成为了一个横跨欧、亚、非洲，人口3000万的大帝

国。18世纪，奥斯曼帝国开始衰落，欧洲列强瓜分奥斯曼帝国，一部分欧洲的领土脱离出来并建立了民族国家。1923年，土耳其共和国成立，奥斯曼帝国解体。由此可见，突厥只是古代的一个部落联盟或部族，过去由突厥人统治的民族在今天已经分属多个国家，而突厥并没有发展成为一个民族。

"泛突厥主义"起源于19世纪末的沙俄，提出者是伊斯麦尔·加斯·普林斯基。伊斯麦尔·加斯·普林斯基在莫斯科学习期间受到了"泛斯拉夫主义"的影响。"泛斯拉夫主义"是指，"有意识地将寻求种族血亲和文化同源引向对斯拉夫民族的集体认同，既是对19世纪中东欧和巴尔干地区民族意识不断成熟和民族国家逐渐形成的客观历史进程的反应，也是斯拉夫人民政治心理发展的需要"[1]。于是他以此为蓝本，设计出了"泛突厥主义"。早期的"泛突厥主义"旨在联合所有的"突厥人"，包括俄国、奥斯曼（联同巴尔干半岛）、伊朗和阿富汗等的"突厥人"，以加强"突厥穆斯林"之间的联系，共同反对沙皇俄国的统治。[2]

"泛突厥主义"思想在沙俄形成之后，随即传入了当时的奥斯曼帝国。1908年，奥斯曼帝国爆发立宪革命，青年土耳其党夺取政权。青年土耳其党在权力巩固以后迅速右转，开始背弃原先争取民主自由、实现民族平等的政治承诺，转而采取极权统治的方式，以"泛突厥主义"作为帝国的最高意识形态，在教育、文化、行政和外交等重要领域全面、公开推行"泛突厥主义"政策。[3]此后，各种泛突厥组织如雨后春笋一样出现，影响较大的有：1908年12月成立的

---

〔1〕 姚勤华等："俄国泛斯拉夫主义研究"，载《上海社会科学院学术季刊》2000年第2期。

〔2〕 王希恩主编：《20世纪的中国民族问题》，中国社会科学出版社2012年版，第582页。

〔3〕 敏敬："'凯末尔主义'与'泛突厥主义'关系探析"，载《世界民族》2006年第6期。

“土耳其协会”、1911 年 8 月成立的“突厥祖国协会”、1912 年 3 月成立的“土耳其之家”。

“泛突厥主义”就是民族极端主义的一种。在文化观念上，“泛突厥主义”鼓吹“文化共同论”，把历史上突厥语系的民族创造出的不同文化抽象成“突厥民族文化”；在历史观念上，“泛突厥主义”又把突厥语系民族所建立的国家描述成自己辉煌的建国史。土耳其的“十六帝国”观就是很好的例子，土耳其认为其历史脉络可以如此追溯：匈奴、西匈奴、欧洲匈奴帝国、白匈奴、蓝突厥帝国、阿瓦尔王国、哈扎尔王国、回鹘、喀喇汗国、伽色尼王国、塞尔柱帝国、花剌子模、金帐汗国、帖木儿帝国、莫卧尔帝国、奥斯曼帝国。“泛突厥主义”者们由“语言共性”“文化共性”“历史共性”臆造出一个“没有祖国的民族统一体”，使各个国家的“突厥人”联合起来，最终建立起一个统一的“突厥国家”，以图再创奥斯曼帝国的辉煌。

“泛伊斯兰主义”思潮出现于 19 世纪中后期，提出者是哲马鲁丁·阿富汗尼。1857 年，哲马鲁丁·阿富汗尼在前往麦加朝觐期间建立了泛伊斯兰组织“媪姆·古拉”。他主张全世界不分民族，共同建立一个伊斯兰国家，拥戴一位哈里发，以抵御西方国家的进攻，并主张进行经济和宗教的改革，使伊斯兰教得到复兴。应该说哲马鲁丁·阿富汗尼的主张有其进步性，这种主张反映了伊斯兰国家人民反对西方殖民主义的侵略，要求社会进步的愿望。但是在中国，“泛伊斯兰主义”与“泛突厥主义”相结合，成为分裂势力的思想武器。

（二）“泛突厥主义”和“泛伊斯兰主义”在新疆的传播

一战结束后，奥斯曼帝国宣告解体，新成立的土耳其共和国在凯末尔的领导下支持以泛突厥思想来增强国民的凝聚力。但是，新生的土耳其共和国仍然没有停止利用“双泛”思想对我国新疆地区的渗透。其主要是利用民间行为来传播“双泛”思想的，包括以下途径：

第一，通过人民群众的正常宗教活动进行传播，主要是面向出国朝圣和去清真寺做礼拜的群众。不少群众在出国朝圣途中就潜移默化地受到了“双泛”思想的影响，回国时带回来的问题读物，尤其是与新疆维吾尔文有一定互通性的土耳其文（当时土耳其文尚未完成拉丁化）读物最容易在新疆传播。也有人在外出经商、朝觐、留学的过程中深受“双泛”思想的影响，成为“双泛”思想在新疆宣传的代理人，如艾沙·麦斯武德、穆罕默德·伊敏等。

第二，通过创办学校向少年儿童灌输“双泛”思想。1914 年 3 月，土耳其人艾买提·卡马尔来到我国新疆，他带领多名土耳其教员到新疆阿图什以办学名义传播“泛突厥主义”思想。[1]他教学生以奥斯曼土耳其苏丹为领袖，以哈里发为精神之父，且只教唱土耳其歌曲。[2]1915 年，麦斯武德和几个土耳其人在新疆伊犁、喀什创办学校，至 20 世纪 20 年代，麦斯武德已创办 8 所学校，拥有 2000 多名学生。这些土耳其语学校的创办，使“双泛”思想得到了较大范围的传播，为之后“东突厥斯坦伊斯兰国”的出现提供了理论、人才和一定的群众基础。

三、“三股势力”的历次政治尝试

（一）“东突厥斯坦伊斯兰共和国”的建立

1928 年 7 月 7 日，杨增新被其属下樊耀南刺杀，结束了其在新疆 17 年的统治。但是由于樊耀南无实力，随后就被杨增新的部下金树仁推翻，金树仁任新疆省代主席，并于 1929 年得到南京政府正式任命。金树仁上台后声称要以杨增新为师，但是他的能力对于局势错综复杂的新疆来说显得十分不足。面对层出不穷的社会矛盾，金树仁

---

〔1〕 王淑梅：“泛突厥主义的历史考察”，载《世界民族》2000 年第 2 期。

〔2〕 王希恩主编：《20 世纪的中国民族问题》，中国社会科学出版社 2012 年版，第 582 页。

的选择是整顿军队，扩充军力。扩充军队需要更多的武器和军费，这使得新疆脆弱的经济雪上加霜。1931 年，新疆爆发了反对金树仁反动统治的农民起义，但是起义的领导权被一群“双泛”主义组织窃取。这些组织主要是于喀什成立的“青年喀什噶尔党”和于和田成立的“民族革命委员会”。这两个组织大肆宣传“泛突厥主义”和“泛伊斯兰主义”，鼓吹“圣战”，号召“反共、反汉和反回”。

1933 年 2 月 20 日，“民族革命委员会”宣布成立“和田临时政府”并向喀什出发，与在喀什的“青年喀什噶尔党”合并。经过一系列的运作，于 1933 年 11 月 12 日宣布成立“东突厥斯坦伊斯兰共和国”。这个反动组织和 2020 年覆灭的“IS”相类似，都是恐怖主义组织的高级形式，即有了“国家”的外观。他们自以为成立了“国家”，自然就需要“政府”。这个“政府”邀请和加尼牙孜任“总统”，沙比提大毛拉为“总理”，穆罕默德·伊敏则为“民族革命委员会”的最高领导，掌握实际权力。他们公布了在全疆实行伊斯兰教法的“宪法”，用以取代中华民国的各项法律制度；以蓝底白色星月旗为“国旗”；邀请土耳其人为军事教官，并派人前往阿富汗、印度、伊朗等国家意图为其所承认；还在和田和喀什发行“东突厥斯坦伊斯兰共和国”的钞票等，采取众多行为妄图分裂中国。面对这个疯狂的分裂组织，最高兴的就是土耳其政府，得到了当时土耳其媒体的大肆鼓吹，阿富汗政府也对其表示了同情；德国和日本也派代表与其进行了接触，但是并没有承认这个分裂“政权”。

1933 年 4 月 12 日，新疆发生了“四·一二”政变，金树仁政权被推翻，不久盛世才上台。盛世才上台后面临的是入疆的甘肃军阀马仲英的威胁。1931 年马仲英在与马步芳争夺张掖期间，于肃州会见了哈密特使尧乐博斯，此时作战形势不利于马仲英，于是他同意了尧乐博斯的邀请进入新疆。当时全国的局势同样不容乐观，日本帝国主义发动战争，国民政府无力顾及新疆，因此，盛世才向苏联请求援助。

为维护自己国家的利益，苏联随即向盛世才政府进行了援助。但是需要注意的是，在援助盛世才之前，苏联曾经也对“东突厥斯坦伊斯兰共和国”提供过军事援助。因为起初苏联内部领导人认为这是场“民族解放斗争”，于是派员与该组织头目接触并提供了武器援助。但是随着事件的发展，苏联逐渐对该组织产生了警觉。原因有二：其一，中亚广泛存在的“巴斯马奇运动”。“巴斯马奇”就是“土匪”的意思，主要参与人员是讲突厥语的穆斯林，指导思想也是“双泛”主义。这项反抗沙俄统治的运动在还是沙俄统治的1916年就出现了，但是直到1921年苏俄新政权的建立这项运动仍未平息，逐渐演变为政治叛乱，直到20世纪20年代末才逐渐平息。其二，该组织私下与德国、日本法西斯势力的勾结，受到苏联方面的反感。出于对自己国家的安全着想，苏联不得不放弃对该组织的援助。

1934年1月，在苏联的帮助下，盛世才的军队在北疆击败马仲英，迫使其退往南疆。2月，在退往南疆的途中，马仲英决定进攻喀什。喀什的分裂武装一触即溃，于当月6日被马仲英占领，分裂政权解散。随后，“总统”和加尼牙孜倒向盛世才的省政府，并在苏联的压力之下签署解散“东突厥斯坦伊斯兰共和国”的协议。为表忠心，和加尼牙孜派人逮捕了沙比提大毛拉，沙比提大毛拉被押解前往迪化，同年4月被枪决。伊敏逃至和田后妄图重整旗鼓，但其在和田的势力被马仲英的残部消灭，后逃至印度取道阿富汗留在土耳其，于1964年死亡。

虽然“东突厥斯坦伊斯兰共和国”最终被多方势力联合剿灭，但是其贻害无穷。其一，严重破坏了新疆的民族团结稳定。每个民族都应有实现本民族繁荣富强的愿望，但是在“双泛主义”的毒害下，一些民族将本民族的繁荣、富强和进步建立在对其他民族的压

迫、排斥和仇杀之上，使反对封建势力的起义运动变为了罪恶的民族分裂运动。其二，使持“双泛主义”为指导思想的“三股势力”完成了从理论到实践的转变。其三，使得之后的“三区革命”中混入了为数不少的宗教极端主义分子、民族分裂主义分子和种族主义分子，这不仅使“三区革命”蒙上了一层分裂国家的阴影，也为中华人民共和国成立后以及改革开放后层出不穷的恐怖主义事件提供了理论、实践和精神上的支持。

（二）“三区革命”前期的分裂图谋

1944 年，新疆的伊犁、塔城和阿山（今阿勒泰）三个地区发生了“三区革命”（当时称为“伊宁事件”）。但是，革命前期由于苏联错误的对外民族政策以及部分“双泛”分子窃取了革命的领导权，使得“三区革命”前期出现了寄生的分裂政权。然而，随着世界局势的变化，中国共产党和“三区革命”内部健康力量通过不懈努力，最终将革命从“三股势力”的手中拯救了出来。

1. 前期的“三区革命”。1933 年，盛世才在接管新疆之后，实行了亲苏联的一系列政策，并与中国共产党建立起了统一战线。但 1942 年苏德战争爆发后，盛世才看到苏联在二战中的不利形势，认为苏联不可能取得战争的胜利，便背弃了亲苏、亲共的立场，选择投靠国民党，实行反苏、反共的政策。苏联立即中断了对新疆的政治、经济和人才的援助，并着手筹建革命组织和培养新疆的革命力量。在此之前，苏联已有计划地在新疆境外建立了一些以“民族复兴小组”命名的革命组织。随后，“民族复兴小组”被更名为“民族独立小组”或“民族解放小组”。之所以如此，是因为苏联长期以来一直将新疆各族人民反抗军阀与剥削压迫的斗争定位为“推翻汉人殖民统治的民族解放运动”。[1]这样就把新疆定义为了殖民地。

〔1〕 厉声：“三区革命运动中的‘二次革命’及其背景”，载《石河子大学学报（哲学社会科学版）》2011 年第 2 期。

在这种错误定性的指导下，苏联在三区革命前期支持并扶持了保守派的艾力汗·吐烈。

1944年4月，在苏联驻伊宁领事馆的帮助下，“伊宁解放组织”在伊宁县城（今伊宁市）成立，艾力汗·吐烈任主席。但这个组织龙蛇混杂，其中既有反抗盛世才和国民党统治的人，又有“泛伊斯兰主义”和“泛突厥主义”的信奉者。1944年8月，同样在苏联的帮助下，伊犁发生了“巩哈暴动”，打响了三区革命的第一枪。同年11月12日在伊宁，以“伊宁解放组织”为基础的“东突厥斯坦共和国临时政府”成立。这个寄生在三区革命运动之中的分裂政权不仅在名称上同1933年成立的“东突厥斯坦伊斯兰共和国”相近，而且在日期上也是同一天即11月12日，这足以凸显两者之间的承继性。1945年1月5日，该分裂政权发表了9条宣言。这9条宣言虽然有一定的进步性，但是其中的部分内容有明显的“分裂”“独立”的意图。比如第1条、第2条和第6条声明：①在“东土耳其斯坦”领土上，彻底根除中国的专制统治。②在“东土耳其斯坦”境内各族人民一律平等的基础上建立一个真正自由独立的国家。③同全世界各民主国家，尤其是“东土耳其斯坦”的邻邦苏联建立友好关系，同时也促进和中国在政治、经济方面的联系。[1]宣言的内容严重危害了中国和疆内各族人民的利益，违背了三区革命运动的初衷。

2. “二次革命”使三区革命转危为安。1946年5月25日，三区政府举行全体委员会议，决定签署《和平条款》，“东突厥斯坦共和国政府”解体，三区政权变成了我国新疆地区的地方政权，艾力汗·吐烈也随之失去了合法地位，以他为代表的“三股势力”被驱逐出三区政权，他们利用人民起义来分裂新疆的目的破产了。同年7月1日，在新疆省联合政府成立大会上，三区方面的代表阿合买提江等人发布

〔1〕 新疆三区革命史编纂委员会编：《新疆三区革命大事记》，新疆人民出版社1994年版，第51～52页。

了《告新疆各族人民书》，其中就承认了三个专区受省联合政府管辖。7月18日，新疆省联合政府第二次会议通过《新疆省政府施政纲领》，其主旨是："在中央政府领导下，保障全省和平，拥护国家统一，实行民主政治，加强民族团结，共同努力，完成三民主义新新疆的建设。"这表明在省政府层面三区放弃了分裂主义的立场。

驱逐艾力汗·吐烈，取消"东突厥斯坦共和国"分裂政权，只是三区"二次革命"的初步胜利。此时的三区内独立思潮仍然存在，许多地区仍然悬挂绿色的"东突厥斯坦共和国"国旗，政府部门中宗教氛围浓厚。所以，以阿合买提江和阿巴索夫为首的革命派主要在政治和意识形态领域开展工作，自觉地将反对"泛伊斯兰主义""泛突厥主义"和维护民族团结与祖国统一作为三区政府的首要任务。

在中国共产党的领导下，三区政府的工作逐渐走上了正轨，三区领导层也在许多重要场合公开表达出拥护国家统一和民族团结的立场。1947年1月3日，按中共中央的建议，三区的"人民革命党"与迪化（今乌鲁木齐）的"新疆共产主义者同盟"合并，成立了统一的"民主革命党"，该党推选阿不都克里木·阿巴索夫为主席，并第一次将反对"双泛"写在自己的旗帜上。该党的章程中规定其任务是："以辩证唯物主义与历史唯物主义武装自己"，"为避免使群众特别是青年和中年知识分子成为'泛伊斯兰主义''泛突厥主义'、大民族主义或狭隘民族主义者，而向他们进行党的教育，用党的理论政策武装他们。"[1] 1949年8月20日，三区的中央机关报《民主报》（汉文）发表文章指出：三区革命"初期分不清谁是敌人，谁是朋友，结果出现了不应有的现象，粗暴地对待和自己一样受压迫的汉族人民"；"各民族之间产生民族矛盾、敌视汉族人民

[1] 厉声："三区革命运动中的'二次革命'及其背景"，载《石河子大学学报（哲学社会科学版）》2011年第2期。

的错误观点，其产生的主要原因是统治阶级执行的反动的民族压迫政策的结果，致使其他民族人民中大多数人认识不到汉族统治阶级不能代表汉民族，汉族统治者也是汉族人民最凶恶的敌人这一道理”；“当前我们应该旗帜鲜明地反对各种狭隘的民族主义，与在各民族之间制造民族矛盾的人进行无情的斗争”。[1]

此时的三区革命运动中的分裂因素才算被彻底清除，但是该运动前期和1933年成立的“东突厥斯坦伊斯兰共和国”成了后来的“三股势力”的精神支柱。

（三）共和国时期伊敏遥控实施的武装暴乱

中华人民共和国成立后，伊敏和艾莎逃往国外，他们一方面积极组建分裂组织，另一方面加入国际“泛突厥主义”势力进行政治宣传，以求得国际社会的支持，同时并没有放松对国内分裂组织的支配。1954年，伊敏、艾莎在土耳其加入了“土耳其斯坦民族统一委员会”，这是一个国际“泛突厥主义”组织，两人在其中担任要职，主管对我国新疆的分裂活动。1959年，借助“西藏叛乱”之际，两人制定公布了“国旗”“国徽”，并声称“我们的祖国是突厥斯坦，我们的民族是突厥，我们的宗教是伊斯兰”。

国内频繁的暴恐分裂活动与这些组织的宣传遥相呼应。1949年前，伊敏逃至叶城时就指示当地的分裂分子要积蓄力量，准备实施暴乱重建分裂政权。1954年，阿·依米提与帕提丁共同策划了和田、墨玉、洛浦三县的“和田暴乱”；1956年，吉力里哈日又策划了在英吉沙的暴乱。这些主要犯罪人员都是受阿不都依米提大毛拉的指挥与策划的。阿不都依米提大毛拉的目的是重建“东突厥斯坦伊斯兰共和国”，而阿不都依米提大毛拉又是秉承在境外的伊敏的旨意。所有暴乱的目的都是要推翻中国共产党和人民政府，妄图恢复建立

---

〔1〕新疆三区革命史编纂委员会编：《新疆三区革命大事记》，新疆人民出版社1994年版，第311页。

昔日的“东突厥斯坦伊斯兰共和国”分裂政权，进而分裂新疆。他们不仅使用武力进行分裂活动，还出版相关读物在思想上对新疆人民进行蒙蔽，散发歪曲历史的地下出版物来欺骗群众，如“七个生活”“东突厥斯坦历史”“维吾尔史”及“宗教宣言”等。

第二节　我国新疆暴恐犯罪的历史演变

自中华人民共和国成立以来，我们新疆地区的总体社会局势仍然是稳固的，但基于历史、国际等多方面原因，局部地区危害社会稳定的暴乱、暴恐事件频频发生。尤其是在20世纪80、90年代后，暴恐犯罪进入高发、频发期，严重影响了新疆地区的经济发展与长治久安。

进入20世纪90年代后，以1990年4月5日的阿克陶巴仁乡事件为标志，新疆地区的暴恐犯罪开始频频发生。正是在这一事件后，新疆“三股势力”开始学习国际恐怖组织的经验与做法，通过开展爆炸、刺杀等方式进行活动。因此，学者们也将1990年作为新疆暴恐犯罪发生的“元年”。也有人提出，应当将1980年的阿克苏“4·9”事件作为研究新疆暴恐历史的起点，将1980年作为新疆暴恐犯罪的继承期，认定这一时期的活动是继承了20世纪50、60年代新疆暴力事件的“暴恐犯罪”。我们认为，这一时期的活动其实并没有逸出武装叛乱、暴力骚乱的界限，仍没有暴恐犯罪的核心特征，所以应当还属于武装暴乱的范畴。

对于1990年后新疆暴恐犯罪的历史阶段，不同的学者往往也有不同的划分，有学者主张应当划分为1990年~2001年的兴起期；2002年~2007年的相对沉寂期以及2008年~2014年的再度爆发期三个阶段。同时也有学者认为这种划分过于粗略，对此进行了细化，划分为六个阶段。我们认为，根据每一时期新疆暴恐犯罪在手段、攻击对象、发生频率等方面的特征，将其划分为以下四个阶段较为妥帖，即初步兴起期（1990年~1995年）、迅速增长期（1996年~2001年）、相对沉寂期（2002年~2007年）、再度爆发期（2008年~2014年），如图3-1所示：

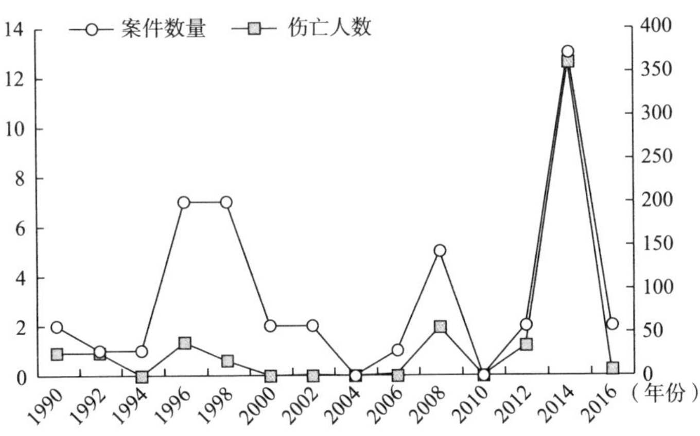

图3-1　1990年后新疆暴恐犯罪的四个阶段

一、初步兴起期（1990年至1995年）

1990年后，以1990年4月阿克陶巴仁乡事件为重要转折点，"三股势力"谋求政治目标的方式正式从之前以武装暴乱为主转变为暴力恐怖犯罪。自该案件之后，新疆从20世纪80年代后半段的社会基本稳定期转入了暴恐犯罪的频发期，这不仅体现在暴恐犯罪案件的数量迅速增多，也体现在暴恐犯罪的形式丰富，手段多样化，更体现在暴恐犯罪开始呈现组织化，规模化，并与境外势力相勾结。有学者将这一阶段新疆发生所有暴恐犯罪案件的基本情况总结如下：

表 3－1　1990 年到 1995 年新疆发生的暴恐案件

时间	地点	基本经过	结果	特殊之处
1990. 4. 5	阿克陶巴仁乡	暴恐分子纠集骨干冲击巴仁乡政府，劫持人质，拦截袭击武警部队，抢夺枪支。4 月 5 日晚向乡政府大院投掷手榴弹并开枪扫射	武警战士、民兵 8 人被杀害，18 名武警战士受伤。头目则丁玉素甫在内 6 名暴恐分子被当场击毙	宣扬“圣战”“消灭异教徒”，妄图成立“东突厥斯坦共和国”
1990	叶城伯西热克乡	“伊斯兰改革者党突击队”建立了训练基地。先后办了 3 期训练班，共培训了 60 余名恐怖分子。训练内容主要有：宗教极端主义和恐怖主义理论，爆炸、暗杀等恐怖活动的技能，体能训练等	训练班学员数参与了 1991 年至 1993 年发生在新疆各地的爆炸、暗杀、抢劫等重大恐怖活动	
1991. 2. 28	库车	“东突”组织在库车县客运站录像厅制造一起爆炸	1 人死亡，13 人受伤	在库车一商场安放炸弹，但未引爆
1992. 2. 5	乌鲁木齐	恐怖组织在乌鲁木齐 52 路、30 路公交车上制造 2 起爆炸案	3 人死亡，23 人受伤，两辆公交车被炸毁	恐怖组织在居民楼及影剧院安放炸弹，但被排除
1993. 6. 17	喀什	6 月 17 日至 9 月 5 日，“东突”组织相继在商场、集贸市场、饭店、文化场所等地制造了 10 起爆炸案	2 人死亡、36 人受伤。6 月 17 日喀什市地区农机公司办公楼爆炸造成大楼坍塌	

续表

时间	地点	基本经过	结果	特殊之处
1993.8.24	叶城	“东突”分子将喀什叶城县政协常委、大清真寺主持阿不力孜大毛拉刺成重伤		首例刺杀宗教爱国人士案件
1994.7.18	阿克苏	“东突厥伊斯兰正义党”以政府机关、重要桥梁为目标，制造6起爆炸案		
1995.7.7	和田	冲击、打砸和田地委、行署及公安机关		

这一时期新疆共发生了暴恐犯罪案件8起，共造成了14人死亡，90人受伤。这一时期暴恐犯罪具有如下几个特点：

第一，行为方式仍以爆炸为主，刺杀开始出现。这一时期，新疆的暴恐犯罪还是继承了之前武装暴乱的主要形式，仍是以爆炸为主的破坏和杀伤行动。在此期间发生了库车“2·28”汽车站录像厅爆炸案，乌鲁木齐“2·5”公交车爆炸案，喀什“6·17”系列爆炸案等几起重大的案件。

第二，暴恐犯罪团体的组织化建设初步开始。在以上的这几起爆炸案中，暴恐犯罪带有显著的组织化特点，其中“2·28”“2·5”两案的暴恐分子均来自同时期叶城伯西热克乡“暴恐训练营”。这一时期，“伊斯兰改革者党突击队”在新疆建立了专门的训练基地并先后办了3期训练班，共培训了60余名恐怖分子。该训练基地训练内容主要有：宗教极端主义和恐怖主义理论，爆炸、暗杀等恐怖活动的技能，体能训练等。可见这一时期的暴恐组织已经初步形成了一套较为完整的训练体系。该训练基地的学员多数参与了1991年至1993年发生在新疆各地的爆炸、暗杀、抢劫等重大恐怖活动。

第三，暴恐组织开始重视宗教极端主义的作用。这一特点可以从两个事例中得以显现，一是叶城伯西热克乡训练基地的训练内容已经正式包含了对成员宗教极端主义和恐怖主义理论的培养。这一方面可以“鼓励”组织成员的暴恐行动，另一方面也可以煽动社会的宗教狂热，继而吸引更多成员的加入。另一个例子就是作为第一次暴恐犯罪高潮起点的阿克陶巴仁乡“东突”暴乱案。此案发生时，当地的宗教极端思想已经十分浓厚。在该案发生的一个多月前，巴仁乡已开始有极端分子强迫信教群众捐款捐物。“东突厥斯坦伊斯兰党”头目则丁·玉素甫就是凭此才能购买、制造长刀、炸药、手榴弹等物品。极端分子在穆斯林斋月期间禁止群众正常经营，不许妇女上街，并在暴乱开始前后喊出了“圣战”口号。正是基于这一原因，才将此案列为新疆分裂分子暴恐犯罪的转型点。

第四，暴恐组织初步开始了国际化进程。还是以1990年“伊斯兰改革者党突击队”在叶城伯西热克乡建立暴恐训练基地为例，这种建立训练营对组织成员进行组织化管理、训练的方式明显来自于国外组织的经验。在苏联进攻阿富汗期间，有众多的反苏组织在阿富汗东南部以及巴基斯坦境内建立训练基地，后来的“塔利班”、“基地”组织也都曾在此建立过训练基地。可见在这一时期，我国的“三股势力”已经在若有若无地与境外组织进行联系，并尝试向其学习。

第五，暴恐犯罪的攻击目标开始扩张。这一时期，叶城发生了“8·24”阿不力孜大毛拉被刺案，此案标志着在新疆长久存在的“三股势力”已经一改之前仅仅攻击党政军机构、汉族群众的先例，开始进攻本地区的宗教领袖。这是极端分子第一次以地区宗教领袖为伤害对象，给之后数起类似案件做了鲜明“示范”。

二、迅速增长期（1996年至2001年）

经过几年的发展，从1996年开始，新疆的暴恐案件无论是从数量、规模还是手段上都有了大幅度的升级。这一时期的暴恐犯罪案件一方面继承了前一时期暴恐犯罪的一些“经验”，另一方面又展现出了一些新特征。有学者对这一时期新疆暴恐犯罪案件的基本情况进行了总结：

表 3－2 1996 年到 2001 年新疆发生的暴恐案件

时间	地点	基本经过	结果	特殊之处
1996.2.10	温宿县包孜墩乡	多名暴恐分子假扮警察携带武器抢劫多户牧民，逃跑中袭击杀害 2 名边防武警	3 人死亡，抢走枪支子弹若干	
1996.3.22	新和	2 名恐怖分子蒙面持枪闯入阿克苏地区新和伊协副主席、清真寺副主持阿克木司地克阿吉家中，将其枪杀	1 人死亡	
1996.4.29	库车县阿拉哈格乡	10 余名全副武装的恐怖分子分别闯入库车县阿拉哈格乡库纳斯村全国政协委员、自治区人大代表卡吾力·托卡和当地的 3 名维吾尔族基层干部家中，采取爆炸、枪击、刀刺等手段，制造了血腥的恐怖事件	4 人死亡，3 人重伤。9 名暴恐分子 1 人被击毙，8 人自爆身亡	出现统一配备武器、服装的暗杀破坏组织
1996.5.12	喀什	“东突”组织 4 名恐怖分子袭击了去清真寺做礼拜的全国伊斯兰教协会常委、新疆政协副主席、喀什伊协主席阿荣汗阿吉及其儿子	2 人重伤	

续表

时间	地点	基本经过	结果	特殊之处
1996.7.15	沙雅	沙雅塔里木监狱在押犯人成立暴恐组织，杀害押解武警战士，抢夺枪支暴狱出逃	杀害武警战士、公安民警、汉族群众16人	
1996.8.27	叶城县江格勒斯乡	6名恐怖分子身着迷彩服，乘车到叶城县江格勒斯乡政府，割断电话线，杀死副乡长和1名值班警察；闯入该乡一村，将3名治安员和1名水管员绑架到10公里外的戈壁滩上杀害	6人死亡	
1996.10.23	莎车	暴力分子闯入莎车县依盖尔其镇7村已承包土地的汉族农民家中，将3名汉族群众刀刺斧砍20多处致死	3人死亡	
1997.2.5	伊犁	暴恐分子有组织地聚集在伊宁主要街道，聚众闹事，打砸抢烧，袭击汉族群众	7名无辜汉族群众被残杀，198名群众、公安干警、武警官兵被打伤，其中重伤64人，多人失踪	打出“建立伊斯兰王国”口号，宣扬“用古兰经做武器，同异教徒作斗争”

续表

时间	地点	基本经过	结果	特殊之处
1997. 2. 25	乌鲁木齐	“东突”恐怖分子在乌鲁木齐市制造2路、10路、44路公共汽车爆炸案	3辆公共汽车被炸毁，9人丧生、68名乘客严重受伤	
1997. 3. 23	阿克苏	以吐尔逊吐地为首的恐怖分子闯入阿克苏地区金银川垦区负责人艾买尔江家中，将艾夫妇杀害	2人死亡	
1997. 6. 4	和田墨玉	4名恐怖分子闯入和田地区墨玉县恰其克乡荒地村干部买买提肉孜·买买提家，对买连捅11刀致其死亡	1人死亡	
1997. 7. 3	阿瓦提县	以吐尔逊吐地为首的恐怖分子闯入阿瓦提县拜什力克乡村干部吐尔地尼牙孜家中，将吐夫妇2人杀害	2人死亡	
1997. 11. 6	拜城	以买买提吐尔逊为首的恐怖组织，枪杀全国和新疆伊协委员、拜城县清真寺主持尤努斯·斯迪克大毛拉于去清真寺做礼拜的途中	1人死亡	

续表

时间	地点	基本经过	结果	特殊之处
1998. 1. 27	叶城	以买买提·吐尔逊为首的恐怖组织枪杀去清真寺做礼拜的叶城县政协常委、县大清真寺主持阿不力孜阿吉	1 人死亡	
1998. 2		境外“东突厥斯坦伊斯兰运动”头目艾山·买合苏木派遣数十名恐怖分子入境。他们入境后，即在新疆和内地一些地方建立了 10 多处训练基地，培训了 15 期恐怖分子，共 150 多人		此外还有大量零散的、3 至 5 人组成的训练点。一些训练点同时也是武器弹药和爆炸装置的制造窝点
1998. 2	喀什	1 月 30 日至 2 月 8 日，“东突解放组织”的成员在喀什市制造了 23 起系列投毒案	致 4 人中毒、1 人死亡，数以千计的牲畜死亡或中毒	
1998. 2. 22	喀什	2 月 22 日至 3 月 30 日，“东突”恐怖组织在喀什地区城县连续制造了 6 起系列爆炸案	致 3 人受伤，天然气输送管道被炸坏并引起大火，造成直接经济损失 100 多万元	

续表

时间	地点	基本经过	结果	特殊之处
1998.4.6	霍尔果斯	在霍尔果斯口岸，我海关与边检部门在羊毛集装箱中查货枪支弹药若干。罪犯受境外“东突国委员会”和“东突解放组织”的指派行动	查获军用手枪6支、折叠冲锋枪1支、子弹19 000余发，手雷90余枚	犯罪分子此前已17次偷运武器弹药入境。
1998.4.7	叶城	叶城县公安局负责人木托拉家住房窗台，叶城县政协副主席、喀什行署副专员住宅门等连续发生8起爆炸	8人受伤	
1998.5.23	乌鲁木齐	“东突解放组织”在乌鲁木齐华都商厦、大西门、河滩路布料批发市场、红山木材市场、乌鲁木齐旅社、贸城等繁华场所投放了40多枚化学自燃纵火装置，制造了15起纵火案	及时发现扑灭，未造成较大损害	纵火人员经过境外训练
1999.2.10	乌鲁木齐	乌市公安局干警木拉提·肉斯坦木在抓捕暴恐分子时遭拒捕枪杀	1名干警牺牲	

续表

时间	地点	基本经过	结果	特殊之处
1999. 8. 23	泽普县波斯喀木乡	以牙生买买提为首的10余名恐怖分子闯入喀什地区泽普县波斯喀木乡派出所指导员胡达拜尔迪·托乎提家中，将胡及其儿子杀害，又纵火将胡妻烧伤	2人死亡，1人重伤	
1999. 10. 11	和田	3名恐怖分子在和田市棉麻公司棉花收购站棉花堆中安放3枚定时爆炸引燃装置，其中1枚装置爆炸引起棉垛起火，烧毁棉花约2吨。另2枚爆炸装置被及时排除。		
1999. 10. 24	泽普县赛力乡	恐怖分子携枪支、大刀、爆炸燃烧装置，袭击了泽普县赛力乡公安派出所。暴恐分子包围派出所，连续投掷燃烧瓶和爆炸装置、开枪射击	1名联防队员和1名留置审查的犯罪嫌疑人被枪杀，1名警察和1名联防队员受伤，派出所10间房屋、1辆吉普车和3辆摩托车烧毁	

续表

时间	地点	基本经过	结果	特殊之处
1999. 11. 8	阿瓦提县	吐鲁洪·阿合尼亚孜侦查发现暴恐分子抢劫群众财物，购买枪支弹药准备进行破坏活动，被两名暴徒伏击，身中40余刀壮烈牺牲	1名干警牺牲	
1999. 12. 30	泽普	泽普县波斯喀木乡查获一恐怖分子的地下制爆窝点	缴获电钻、电焊机等制爆工具和图纸以及已制成手雷等	
2000. 1. 4	墨玉	喀尔赛乡儿都库都克村14名暴徒利用做“乃玛孜”为借口，趁干警不备，突然袭击，抢走枪支3支，胁迫人质5名		
2000. 2. 25	莎车	警方在莎车县卡琼乡3村抓获7名恐怖分子，并在恐怖分子家中发现一地道和地下室	在地道内缴获手雷38枚，电雷管22枚，爆炸装置18个，炸药17公斤，拉火管20多个	
2001. 2. 3	疏附	一伙恐怖分子闯入疏附县法院干部买买提江·亚库甫家中，对买连捅38刀，将其杀害	1人死亡	

续表

时间	地点	基本经过	结果	特殊之处
2001.8	库车	警方在搜查乌尊乡色根苏盖提村一恐怖分子家时，发现一处制造武器弹药设备的地道	缴获爆炸装置61枚	
2002.5.17	皮山	一名暴力恐怖分子闯进皮山县阔什塔格乡中心小学，手持铡刀，在学校内砍杀	1人牺牲，多人受伤	

通过对以上暴恐案件的分析，我们可以发现这一时期暴恐犯罪具有如下特征：

第一，暴恐犯罪手段迅速丰富，逐步走向“多样化”。在前一时期，暴恐犯罪的行为方式除了爆炸之外，还有其他方式，但爆炸仍占绝对地位。而在这一时期，“三股势力”已经开始变得无所不用其极，爆炸、砍杀、抢劫、绑架、投毒等多种犯罪方式都开始出现。有学者对这一时期暴恐犯罪的行为方式进行过粗略的统计，在这短短的几年时间内，就出现了8种犯罪方式。

第二，武器来源更加多样化。这一时期，新疆暴恐犯罪的武器主要通过两种渠道获得。一是从境外直接运往新疆地区。1998年4月6日在霍尔果斯口岸，武警和边检部门在过境货物中发现了夹带的诸如冲锋枪、无声手枪、各类子弹、炸药、雷管等在内的武器装备。通过讯问得知，“1998年2月中旬到4月6日，境外的‘东突’恐怖组织一共组织了15次运送武器入境”〔1〕。二是在新疆地区自制武器。这一时期，“三股势力”在疆内建立的训练基地开始升级，成为了可以自制武器弹药的准“军事基地”。1999年，“东突厥斯坦伊斯兰运动”派遣入境的暴恐分子在和田地区7个县市建立数十处秘密训练、制爆窝点，制造了大量武器弹药。“仅被警方缴获的手雷就有4500多枚，各种枪98支以及制枪制爆的工具等。”〔2〕2000年前后查出的泽普县波斯喀木乡、莎车县卡琼乡、库车县乌尊乡色根苏盖提村等制爆窝点也说明了疆内暴恐分子在与疆外分裂势力勾连的同时，在不断地进行武装准备。这一时期新疆破获的制爆窝点案件数量众多，暴恐分子制爆设备和技术超乎想象。在泽普县波斯喀木乡

〔1〕参见人民网：“东突恐怖势力罪行纪实”，http://www.people.com.cn/GB/paper81/7608/727895.html，最后访问时间：2018年1月13日。

〔2〕参见人民网：“东突恐怖势力罪行纪实”，http://www.people.com.cn/GB/paper81/7608/727895.html，最后访问时间：2018年1月13日。

“12·30”案件中“缴获了电钻、电焊机等制爆工具，制爆图纸以及已制成手雷”[1]，暴恐分子技术相当成熟；在莎车县卡琼乡抓获暴恐分子时，发现了暴恐分子藏匿爆炸物的地道，“缴获手雷38枚，电雷管22枚，爆炸装置18个，炸药17公斤，拉火管20多个”。[2]仅1999年一年，和田地区“总共缴获的手雷是5000余枚”。[3]暴恐分子不仅制爆水平成熟，规模也相当巨大。

第三，暴恐犯罪攻击对象不断扩大且不再加以区分。1995年，新疆地区开始出现针对宗教人士的刺杀行为，在这一阶段，刺杀行为开始大量出现，而且不单单是宗教人士，党政机关中的维吾尔族人也成为了他们攻击的重点目标。他们认为这些人是支持汉族人和中国共产党的，是他们的“叛徒”。另外，这一时期，新疆的暴恐分子已经开始进行各种“无差别杀人”行动，在公众场合的投毒、纵火、砍杀等事件开始显现。

第四，暴恐犯罪的国际化程度继续加深。这种“国际化”主要体现在以下三个方面：一是来自境外的“东突”分子不断在疆内建立训练营，并开始指导疆内人员制造武器弹药；二是境外人员开始不断从境外向疆内运输弹药物资等；三是境外人员开始直接指挥疆内人员实施暴恐犯罪，之前几乎从未出现过这样的情况。

除了以上几个特征之外，这一时期，暴恐组织的组织性也在不断升级，出现了暴恐人员统一服装、统一武器等现象，这说明这一

---

〔1〕参见人民网：“国务院新闻办公室发文〈‘东突’恐怖势力难脱罪责〉”，http://www.people.com.cn/GB/shizheng/3586/20020121/652705.html，最后访问时间：2018年1月10日。

〔2〕参见人民网：“国务院新闻办公室发文〈‘东突’恐怖势力难脱罪责〉”，http://www.people.com.cn/GB/shizheng/3586/20020121/652705.html，最后访问时间：2018年1月10日。

〔3〕参见人民网：“东突恐怖势力罪行纪实”，http://www.people.com.cn/GB/paper81/7608/727895.html，最后访问时间：2018年1月13日。

时期暴恐组织的势力也在不断发展。

三、相对沉寂期（2002年至2007年）

从2002年开始新疆暴恐犯罪进入潜伏期，一是由于疆内打击力度的加大，使暴恐犯罪活动猖獗情势得到遏制，尤其2001年底针对恐怖活动犯罪的《刑法修正案（三）》成为了打击暴恐犯罪的有力武器；二是由于“9·11”事件后国际反恐浪潮给予“东突”势力压力。2002年9月联合国将“东伊运”组织列为恐怖组织，直接压制了“东突”暴恐活动。

这一时期，虽然新疆地区直接的暴恐犯罪数量迅速减少，但疆内暴恐分子依旧活跃，2006年阿克陶帕米尔高原暴恐训练营案就是代表。此外，另一种形式的分裂活动在暴恐犯罪潜伏期迅速发展，即以“世界维吾尔代表大会”（简称“世维会”）为首的国际性质的非武力的民族分裂活动。另外，这段时间暴恐犯罪的沉寂并不代表着新疆“三股势力”的活动已经减少。这一时期，他们在某种程度上改变了策略，变直接的暴力恐怖犯罪为用宗教极端主义、民族分裂主义的思想来煽动宗教狂热、民族仇恨以及社会对立。换句话说，他们在这一时期采取的是一种“曲线暴恐”的路线，即通过对民众思想的腐蚀来寻求民众的广泛支持，最终寻求整个民族的“反抗”。此后，2009年“7·5”乌鲁木齐打砸抢烧事件的发生就是一个很好的例证。

四、再度爆发期（2008年至2014年）

2008年，正值我国举办北京奥运会。为了破坏奥运会在我国的顺利举办，损毁我国在国际社会的形象，同时博得世界关注，实现“新疆独立”之目的，暴恐分子连续制造暴恐案件，“3·7”飞机爆炸未遂案、喀什“8·4”袭击武警案、库车“8·10”爆炸案、疏勒“8·12”袭击检查站案、伽师“8·27”袭击案皆是在这样的背景之下发生的。这标志着新疆地区的暴恐犯罪形势开始重新严峻起来，重新进入到了一个爆发期。而2009年的“7·5”案件正式标志着“东突”势力暴恐犯罪行动已经完全卷土重来了。“7·5”案件是在以热比娅为首的“世维会”一手策划下，采用打砸抢烧杀等极端暴力手段实施的，性质恶劣，是1980年以来新疆伤亡人数最多、财产损失最严重、破坏程度最大、影响最坏的一起暴恐犯罪事件。这也是“境内外‘三股势力’在境外长期准备、境内长期潜伏之后，企图不惜一切代价‘干几件大事’，制造所谓‘轰动效应’”。[1]有学者对这一阶段新疆暴恐犯罪案件基本情况的总结如下：

对于这一时期新疆的暴恐犯罪，我们认为其具有以下特点：

1. 指导思想的“结构重组”。“三股势力”在新疆地区经过几十年的深耕，对当地民众思想的影响已经渗入相当一部分民众的心中，其思想的传播渠道也已经相当“完善”。煽动民众进行暴恐犯罪的指导思想已经从1990年之前单纯的民族分裂主义增加为民族分裂主义、宗教极端主义、暴力恐怖主义三者的结合。其中宗教极端主义思想从1990年后开始不断在新疆渗透，目前已经成为新疆暴恐组织的一面大旗。“圣战”“杀死异教徒”“建立哈里发国家”等思想甚至在某种程度上已经高于民族分裂的思想。

2. 犯罪手段极端化。受极端思想影响，新疆暴恐犯罪手段和方式越来越直接，除暴乱骚乱手段、爆炸手段、袭警方式外，出现了设计袭击，持刀直接砍杀等手段残忍的新方式。

---

〔1〕“努尔·白克力在自治区干部大会上的讲话”，载天山网，http://news.ts.cn/content/2008－09/11/content_3023007.htm，最后访问时间：2018年1月13日。

表 3-3　2008 年新疆发生的重大暴恐犯罪案件

时间	地点	基本经过	结果	特殊之处
2008. 3. 7	乌鲁木齐	一年轻女性以易拉罐为掩护，携带易燃液体登机，妄图引燃		
2008. 8. 4	喀什	2008 年 8 月 4 日上午 8 时许，喀什市边防支队集体出早操，行至怡金宾馆前时，突遭 2 名犯罪嫌疑人驾车碾压袭击，后暴恐分子又引爆自制爆炸装置	17 人牺牲，15 人受伤	
2008. 8. 10	库车	8 月 10 日库车县政府办公楼、公安局和武警哨所发生连环自杀式袭击	8 人死亡 4 人受伤，包括 7 名武装分子和 1 名保安丧生，2 名警察和平民受伤	
2008. 8. 12	疏勒	亚曼牙乡公路检查站检查人员被多人持刀袭击	3 人死亡，1 人受伤	
2008. 8. 27	伽师	公安民警和工作人员在克孜勒博依乡调查案件，遭藏匿于玉米地中的数名犯罪嫌疑人持刀袭击	2 人死亡，5 人受伤	

续表

时间	地点	基本经过	结果	特殊之处
2009. 7. 5	乌鲁木齐	暴徒在乌鲁木齐各主要街道聚众闹事，打砸抢烧，肆意残害各族群众	197 人死亡，1700 多人受伤；砸烧各类车辆 627 辆；633 户房屋受损，总面积达 21 353m²；受损店面 291 家；被烧毁的房屋 29 户，总面积达 13 769m²	境外遥控煽动，境内组织实施
2011. 7. 18	和田	12 时许，18 名暴徒冲入纳尔巴格派出所，手持斧头、砍刀、匕首、汽油燃烧瓶和爆炸装置，打、砸、烧、杀并劫持人质	1 名武警、1 名联防队员，2 名人质在内 4 人被害，6 人受伤；击毙暴徒 14 人，抓获 4 人	恐怖分子在派出所楼顶悬挂“真主至上，以真主名义开始”字样的黑色“圣战”旗帜
2011. 7. 30	喀什	2 名暴恐分子在喀什美食街路口劫持一辆正在等候红绿灯的单排座卡车，杀害 1 名司机后车冲向人群，并下车持刀砍杀路边群众	6 名无辜群众死亡，28 名群众受伤；1 名暴恐分子在与群众搏斗中死亡，1 名被抓获	暴恐分子供认团伙头目曾出逃巴基斯坦加入“东伊运”，接受制枪制爆学习后潜回
2011. 7. 31	喀什	一伙暴力恐怖分子袭击什香榭街一餐厅，杀害店主和1 名服务员，并实施纵火。民警、消防官兵赶赴现场救火时，暴徒冲出餐厅砍杀周围群众	6 人死亡，12 人受伤；当场击毙暴恐分子 4 人，1 人在送往医院后死亡；3 名民警受伤	

续表

时间	地点	基本经过	结果	特殊之处
2011. 12. 28	皮山	皮山南部山区，一暴力恐怖团伙劫持2名人质，公安民警处置过程中，暴徒拒捕行凶	1名干警牺牲，1名干警受伤，2名人质获救；击毙暴徒7人，击伤抓捕4人	暴恐团伙欲外逃参加“圣战”
2012. 2. 28	叶城	阿布都克热木·马木提召集恐怖组织成员于叶城县幸福路步行街，持刀、斧疯狂砍杀无辜群众。	群众13人死亡，16人受伤；暴徒1人被抓获，7人击毙；1名联防队员牺牲，4名民警受伤	外交部发言人指出该事件与“世维会”相关
2013. 6. 29	和田	和田飞往乌鲁木齐的GS7554航班上有6名歹徒暴力劫持飞机，被机组人员和乘客制服	飞机返航和田机场并安全着陆；6名暴徒被公安机关抓获；安全员、乘务员、乘客8人受伤	暴徒预谋劫机出境参加“圣战”
2013. 4. 23	巴楚色力亚镇	3名社区工作人员到居民家中走访发现多名可疑人员和管制刀具，向上级报告后被藏匿于屋内暴徒控制；派出所民警和社区干部接报分头前往处置，遭屋内外暴徒袭杀；此前被控人员也被杀害，暴徒点燃房屋焚烧；随后赶到的民警击毙暴徒	民警、社区工作人员15人死亡（维吾尔族10人，汉族3人，蒙古族2人），2人受伤（维吾尔族）；击毙暴徒6人，抓获8人	暴徒多次从事非法宗教活动，收听、观看暴恐音视频，组织进行暴力恐怖训练，制造爆炸物、刀具等犯罪工具，策划实施暴恐活动

续表

时间	地点	基本经过	结果	特殊之处
2013. 6. 26	鄯善	多名暴徒先后袭击鲁克沁镇派出所、特巡警中队、镇政和民工工地，放火焚烧警车，持刀砍杀民警与群众	24 人遇害（其中维吾尔族 6 人），包括公安民警 2 人；21 名民警和群众受伤。击毙暴徒 11 人，击伤并抓获 4 人	暴徒多次进行宗教极端活动，收听暴恐音频，形成团伙。该团伙为犯案筹措资金，购买作案工具，多次踩点
2013. 11. 16	巴楚	阿布拉·艾海提等 9 名暴徒持刀斧袭击色力布亚镇派出所	2 名协警牺牲，2 名民警受伤；暴徒 9 人全部被当场击毙	
2013. 12. 15	疏附	公安局民警在萨依巴格乡展开常规入户调查时，发现有大量人员非法聚集。民警对屋内人员进行询问时，有人鼓噪对抗，并突然用砍刀等袭击，使用自制爆炸物袭击增援的公安联防人员	2 名民警牺牲，击毙暴徒 14 人，抓获 2 人	以艾山·司马义为首的 20 人规模暴恐团伙。该团伙多次集体观看暴恐视频，宣扬极端思想，制造爆炸装置、枪支
2013. 12. 30	莎车	9 名暴恐分子持砍刀袭击莎车公安局，投掷爆炸装置，纵火焚烧警车	击毙 8 人，抓获 1 人；缴获爆炸装置 25 枚、管制砍刀 9 把	以吾斯曼·巴拉提为首的 9 名暴恐分子组成暴恐团伙，观看暴恐视频，宣扬宗教极端思想

续表

时间	地点	基本经过	结果	特殊之处
2014. 1. 24	新和	暴徒驾驶3辆摩托车在菜市场门口警方相遇，警方开枪，暴徒向警方投掷爆炸物	击毙暴徒6人，抓获5人，6名暴徒爆炸中死亡；1名公安民警受轻伤	暴徒多次进行非法宗教活动、宣扬宗教极端思想，形成了17人暴恐团伙，在租住房内进行制爆活动
2014. 2. 14	乌什	暴徒用汽车和摩托载着液化天然气瓶，靠近一个公园门口的几辆警车，袭击正准备巡逻的警察	2名群众2名民警受伤，5辆执勤车损毁；击毙暴徒8人，抓获1人；3名暴徒在实施犯罪时自爆死亡；现场缴获数十枚爆燃装置及砍刀、车辆等工具	13人陆续纠集，收听、观看暴恐音视频，进行体能训练，结成暴恐团伙，购买作案车辆，制造爆燃装置、砍刀，多次试爆，预谋伺机袭击公安巡逻车辆
2014. 4. 30	乌鲁木齐	2名暴徒在乌鲁木齐市火车南站出站口接人处持刀砍杀群众，同时引爆爆炸装置	1名群众死亡，79人受伤；2名暴徒自爆身亡	由“东伊运”成员伊斯玛依力·玉素普在境外策划；两名暴徒长期受宗教极端思想影响，参与宗教极端活动
2014. 5. 8	阿克苏	在对一嫌疑车辆盘查时，暴徒突然持刀袭击民警，并向巡逻车投掷爆燃装置	1名协警重伤；击毙暴徒1人，抓获1人	

续表

时间	地点	基本经过	结果	特殊之处
2014.5.22	乌鲁木齐	沙区文化宫早市，暴徒驾驶2辆无牌照汽车冲破防护隔离铁栏，冲撞碾压人群，引爆爆炸装置	39名群众遇难，94人受伤；暴徒4人自爆身亡，1人于当日在巴州抓获	5名暴徒长期受宗教极端思想影响，参加非法宗教活动，收听、收看暴力恐怖音视频，组成团伙购买制爆原料制作爆炸装置
2014.6.15	和田	3名暴徒冲入一棋牌室，取出藏匿在身上的刀斧、匕首砍杀群众，当地群众与武装力量一起将暴徒制服	4名群众受伤；暴徒1人被抓，2人重伤死亡	
2014.6.20	墨玉	芒来乡一哨所受暴徒袭击，2名岗哨民兵被刺，3名民兵被暴徒放火烧死	5人死亡	
2014.6.21	叶城	一伙暴徒驾驶车辆冲撞喀什地区叶城县公安局办公大楼，并引爆爆炸装置	3名民警受轻伤；13名暴徒被击毙	
2014.7.27	和田	和田公安机关根据群众举报围堵暴恐团伙，万余名群众闻讯后加入搜捕。8月1日于普恰克其乡一玉米地发现暴徒踪迹。围捕过程中暴徒向民警和群众投掷爆炸装置	击毙暴徒9人，抓获1人，公安民警和群众无一伤亡	

续表

时间	地点	基本经过	结果	特殊之处
2014.7.28	莎车	一伙暴徒持刀斧袭击艾力西湖镇政府、派出所，并有部分暴徒窜至荒地镇，打砸焚烧过往车辆，砍杀无辜群众	群众37人死亡，13人受伤，31辆车被打砸，其中6辆被烧；击毙暴徒59人，抓捕涉案人员215人	努拉买提·萨吾提与境外“东伊运”组织勾连，组织人员收听、收看暴恐音视频，形成团伙
2014.7.30	喀什	喀什市艾提尕尔清真寺居玛·塔伊尔大毛拉主持完晨礼后被杀；3名暴徒拒捕，民警击毙2人，抓获1人	1人死亡；2名暴徒被击毙，抓获1人	3名暴徒受宗教极端思想影响，预谋通过“干大事”提高影响力
2014.9.21	轮台	阳霞镇一少数民族群众为主的农贸市场、阳霞镇派出所、铁热克巴扎乡派出所、轮台县城一商铺门口等处相继遭到爆炸装置袭击。	6名群众死亡，54名群众受伤；击毙和自爆身亡暴徒40名，抓获2名；2名民警和2名协警牺牲	首犯买买提·吐尔逊2003年中专学校毕业后，产生极端思想，在承包工程中聚集发展成员，形成暴恐团伙
2014.11.28	莎车	一伙暴徒驾车在莎车县美食街投掷爆燃装置并砍杀群众	4人死亡，14人受伤；击毙暴徒11人	
2015.1.12	疏勒	县城一商业区群众发现可疑人员携带爆炸装置，警方出警，该暴徒持斧袭警并欲引爆爆炸装置时被击毙。处置过程中，又先后有5名暴徒欲引爆爆炸装置被击毙	6名暴徒被击毙，群众警察无人员伤亡	

续表

时间	地点	基本经过	结果	特殊之处
2015. 9. 18	拜城	一伙暴徒袭击了拜城县海拔 2600 多米一山区偏远煤矿，并设伏袭击前往处置的民警，后暴徒逃窜至深山负隅顽抗	11 名各族无辜群众死亡，18 人受伤；3 名民警、2 名协警牺牲	境外极端组织指挥，境内实施；团伙成员收听、收看宗教极端音视频；案发前后该团伙多次与境外极端组织成员勾连，报告作案过程和逃跑经历，请求“战术”指导
2016. 9. 10	皮山	皮山公安局在抓捕一制爆团伙时，遭暴恐分子持炸弹袭击	1 名民警牺牲，多人受伤	
2016. 12. 28	墨玉	4 名暴徒驾车冲入墨玉县县委大院，引爆自制爆燃装置	1 人死亡，3 人轻伤；击毙暴恐分子 4 人	
2017. 2. 14	皮山	3 名暴徒在皮山县城某小区内持刀砍杀群众	5 人死亡，5 人受伤，击毙暴恐分子 3 人	

在极端思想影响下，“圣战”性质的袭击方式虽然表面看起来越来越直接，仔细分析却能发现，暴恐分子的犯罪选择有着丰富的思考。这体现在暴恐分子预谋犯罪手法，选择犯罪地点、时间上。喀什“7·31”事件中，暴徒“冲入喀什市香榭街一餐厅，杀害店主和1名服务员，并实施纵火。公安民警、消防官兵赶赴现场救火时，这伙暴徒冲出餐厅，肆意砍杀周围无辜群众”[1]；巴楚“4·23”案中，暴徒埋伏袭杀接报出警的民警和社区干部，并利用汽油烧死了被困人员，手段残忍至极；莎车“7·28”案件中，暴徒“在巴楚—莎车公路上设置多处路障，分别在10个地点拦截打砸焚烧过往车辆，杀害无辜群众”[2]；在拜城“9·18”案件中，暴徒先袭击煤矿，并在路上设伏袭击前来处置的民警。

除犯罪手段预谋设计越发巧妙外，暴恐分子在犯罪地点、时间上的选择也多有考虑，不仅要造成重大杀伤，还要有重要政治影响。“7·5”事件选择在周日放假期间，煽动聚集地点选择在人民广场；“4·30”事件选择在黄金周开始前的火车站，且是习总书记在疆考察期间；“5·22”选择人群密集的早市，且是亚信峰会时期；拜城“9·18”事件选择在放假期间，地点选择在留守工人较少的偏远的私营煤矿。

3. 组织形式分散化。2009年后，新疆暴恐犯罪除手段愈来愈极端外，案件发生也越来越分散，全疆各地均有出现。案件分散发生其背后原因也同20世纪90年代相似。20世纪90年代为大量的分裂思想，而这一时段为大范围传播的暴恐思想、极端思想。团伙化犯罪仍旧是新疆暴恐犯罪的组织特点，不同的是组织方法、形成方式

---

〔1〕“新疆喀什发生两起袭击民众暴力恐怖案件”，载新浪网，http://news.sina.com.cn/c/2011-08-01/022022909760.shtml，最后访问时间：2018年1月13日。

〔2〕“张春贤主持会议通报莎车县严重暴力恐怖袭击案件情况”，载新华网，http://www.xinhuanet.com/politics/2014-08/03/c_1111909909.htm，最后访问时间：2018年1月13日。

有所变化。

从以上的案件中可以发现，几乎所有的案件都是团伙犯罪，少则2、3人，多可至“7·5”事件中的数千人，多数情况则为一二十人的小团伙；这些团伙的形成，以暴恐音视频为纽带者较多。这些团伙没有统一的领导，相互之间也不串通联系，大有“游击战”的意味。暴恐音视频在这其中起到核心的建设作用，只要有一人组织煽动就可以形成一定规模的团体。这些团伙发展迅速，实施恐怖活动同样迅速。分散化的发展方式可以迅速吸纳成员，进行极端洗脑；各个团伙独立发展，没有领导问题掣肘，可以迅速达成合意，实施暴恐犯罪。这些案件中暴恐分子从形成团伙到实施犯罪，往往不到半年时间，低成本而高效。

4. 组织成员多样化。暴恐犯罪成员构成多样化主要源于以下方面：①组织形态家庭化。如巴楚“4·23”案中，参与袭击的暴徒多数具有亲属关系；乌鲁木齐“4·30”爆炸案中暴恐团伙人员亦有亲属关系。[1]亲属之间通过互相煽动影响、洗脑发展成员的方式需特别关注。②参与人员年轻化。此阶段暴恐分子同样具有年轻化特点，与前述20世纪80年代初不同，此时参与的年轻分子不再以学生为主，而是以社会青年为主。同时，煽动年轻人参加暴恐犯罪的思想不再为民族分裂或民族独立，而变为宗教极端主义。和田“6·15”案中，进入棋牌室施暴的3名暴徒刚刚成年，1名19岁，2名18岁，缺乏基本宗教知识，受其他同伙煽动产生“圣战”的思想。和田“7·30”居玛·塔伊尔大毛拉被杀案中参与暴徒亦只有20岁上下。有资料显示，2014年“新疆各级公安机关在5月25日凌晨实施的零点抓捕行动中，共抓获了200余名犯罪嫌疑人，基本以80后、

〔1〕“宗教极端思想把人推向深渊”，载天山网，http://news.ts.cn/content/2014-12/08/content_10800320.htm，最后访问时间：2018年1月13日。

90后为主体”。[1]③参与成员女性数量上升。如乌鲁木齐“7·5”案中有女性煽动并参与实施打砸抢烧犯罪；轮台“9·21”案中，女性暴恐分子热孜亚热合曼参与并实施爆炸。

5. 国际国内一体化。从1990年开始，新疆的暴恐活动背后就有着浓厚的国际色彩，到了21世纪的第二个十年，这种情况已经非常严重。我们认为此时新疆的暴恐势力已经完全成为国际国内一体化。通过以上这些案例，我们可以发现新疆暴恐犯罪的境内外联系可以从以下几个方面体现：

第一，境外指挥新疆暴恐犯罪行动。2015年拜城“9·18”案件就是这一特征的典型。在本案发生前，以木沙·托乎尼亚孜、买买提·艾沙为首的暴恐团伙先后6次与境外恐怖势力联系，受境外恐怖势力指挥，该团伙实施了暴恐犯罪。犯罪后，该团伙逃窜期间又3次与境外恐怖势力联系，报告作案经过和逃跑方式，听从境外恐怖势力指挥，请求“战术”指导。境外恐怖势力在下达命令的同时还要求该团伙分子宣誓效忠，“圣战”到底。

第二，境外训练疆内的暴恐人员。2011年喀什“7·30”事件中，被抓获暴恐分子供认“该团伙头目曾出逃巴基斯坦参加‘东伊运’恐怖组织，并接受制枪制爆学习培训，后潜入境内”[2]。

第三，通过境外宣传“助力”疆内暴恐。此处的“助力”包括两方面：一方面是为疆内的暴恐犯罪做合理化宣传，通过将暴恐犯罪捏造为“维吾尔族”反抗政府“压迫”的“正义”行动等来合理化他们的行动，并寻求国际支持；另一方面就是捏造各种新闻来煽动民众的仇恨意识，并发起暴恐犯罪。2009年“7·5”事件就是境

[1] “新疆多起暴恐案件均有青少年加入 洗脑一月即犯罪”，载人民网，http://politics.people.com.cn/n/2014/0826/c1001-25541433.html，最后访问时间：2018年1月13日。

[2] “‘突厥斯坦伊斯兰党’称对新疆7月恐袭负责”，载环球网，http://mil.huanqiu.com/paper/2011-09/1996298.html，最后访问时间：2018年1月13日。

外以热比娅为首的“世维会”借同年6月下旬广东韶关玩具厂员工斗殴事件，挑起、煽动打砸抢烧的暴力犯罪——广东韶关“6·26”玩具厂事件发生后，“世维会”到处搜集信息，假借多个其他地区普通事件新闻图片混淆视听，炮制了“内地老板剥削、侮辱、歧视维吾尔族”的谎言，宣传所谓“民族压迫”，挑拨民族关系。[1]煽动疆内极端分子于7月5日进行聚集闹事。

第四，境外传入极端思想腐蚀民众。我们通常将境外作为宗教极端主义与民族分裂主义的源头。如今境外对我国的思想宣传是十分频繁且多样的。莎车的“7·28”事件就是努拉买提·萨吾提与境外“东伊运”组织勾连，在境内宣传极端思想形成的团伙作案。

〔1〕“‘世维会’用假信息、假视频、假照片煽动民族仇恨”，载中央人民政府网，http://www.gov.cn/jrzg/2009-08/05/content_1384021.htm，最后访问时间：2018年1月13日。

第四章　我国暴恐犯罪的现状及特点

第一节　我国暴恐犯罪的现状

很多时候听到“暴恐”两个字，人们第一时间想到的就是新疆，好像我国的恐怖犯罪只存在于新疆一样。不可否认，新疆是我国暴恐犯罪的高发地，但如果将“新疆”与“暴恐”这两个名词划等号，这是不符合我国暴恐犯罪的现状的。在如今的中国，很多区域都存在暴恐犯罪的影子，它们隐匿于普通人群之中，交叉在普通犯罪之内，不管是发达城市还是落后城市都有它们的痕迹，并没有所谓的绝对安全或绝对危险的区域。我们认为，可以将我国暴恐犯罪的形势分为以下三个等级区域。

一、暴恐威胁严重地区

在我国新疆，暴恐犯罪的突出表现就是“东突”恐怖主义分子的兴风作浪。20 世纪 90 年代以来，“东突”恐怖主义的发展经历了再度兴起、相对沉寂与新一轮高发期三个阶段。第一阶段，从 1990 年 4 月新疆阿克陶县巴仁乡发生暴乱到 2001 年“9 · 11”事件，是“东突”恐怖活动兴起时期，也是本土滋生的“东突”恐怖主义外溢并与“基地”组织开始合流的时期。这一时期成立的其他“东突”组织还包括“东突厥斯坦解放组织”“世界维吾尔青年大会”

"东突厥斯坦新闻信息中心"等。它们在这一时期制造了大量恐怖事件。根据2002年国务院新闻办发表的《"东突"恐怖势力难脱罪责》白皮书的不完全统计，从1990年至2001年，境内外"东突"恐怖势力在新疆境内制造了至少200余起暴力恐怖事件，造成各族群众、基层干部、宗教人士等162人丧生，440多人受伤。这一时期警方共打掉民族分裂暴恐组织团伙503个，依法处置6328人。

第二阶段，从"9·11"事件到2007年，"东突"恐怖组织遭到沉重打击，进入沉寂期。一是由于"9·11"事件后国际反恐力度加大，二是由于中国在上合组织框架内强化了与俄罗斯和中亚国家的反恐合作，为逃避打击，"东突"恐怖组织不得不进行策略调整，采取所谓的文武并用"两条腿走路"策略——一方面强调文煽，"三股势力"利用各项社会发展中的问题极力煽动民族对立，撕裂政府与群众的关系，潜移默化地传播"双泛"思想；另一方面强调武扰，鼓吹"圣战"，实施暴恐犯罪，制造恐怖气氛。

第三阶段，2008年以来是"东突"恐怖组织由外而内渗透、策划、实施恐怖活动的高峰期。2009年7月5日，在"世维会"的煽动下，境内"东突"势力在乌鲁木齐制造了"7·5"严重暴力恐怖事件，造成197人死亡，1700多人受伤。2010年以来，在国际恐怖主义卷土重来的背景下，境内外"东突"组织相互勾结，在境内更是频频制造大量恐怖事件，"东突"恐怖活动由此进入了一个常态化时期。

当前受国际国内各种复杂因素影响，暴恐运动"境外有种子，境内有土壤，网上有市场"的态势还没有从根本上扭转，我国依然面临着严峻而现实的反恐考验。在一段时间内，新疆暴恐案件时有发生。2001年到2010年，10年间新疆公安机关侦破和打掉暴力恐怖组织团伙579个，依法处置涉案人员7890人。其中2006年至2010年侦破和打掉的暴力恐怖组织团伙就有448个，抓获涉案人员

5922人。公安机关2009年破获暴力组织团伙案件122起，2010年侦破暴力恐怖组织团伙案134起，2011年、2012年侦破暴力恐怖组织团伙案100起以上，2013年、2014年侦破暴力恐怖组织团伙案200起以上。上述情况表明，较之前些年，暴力恐怖活动频率不但没有降低，而且危害在加深，伤亡人员特别是无辜群众不断增多。2014年新疆形势更加严峻，处于暴力恐怖活动的活跃期、反分裂斗争的激烈期、干预治疗的阵痛期的“三期叠加”状况没有改变，仍以较高频率发生暴力恐怖袭击案件。较大的暴恐案件有“5·22”乌鲁木齐早市暴恐袭击案、“7·28”莎车暴恐袭击案、“9·21”巴州轮台暴恐袭击案。而且，北京“10·28”、云南昆明“3·01”等一些案件表明暴力恐怖势力的活动范围开始向内地延伸。

二、暴恐威胁较大地区

（一）广西、广东地区

1. 广西地区。广西地区边境线长，绝大多数边境线没有天然屏障阻隔，而且缺乏阻隔设施，通往境外的小道数量较多；再加之出境后容易通往东南亚、西亚等伊斯兰国家和地区，如此特殊的地理位置使得广西成为暴恐分子非法出入境的重点地区。广西遭受暴力恐怖袭击的现实威胁巨大，反恐斗争面临严重挑战。

随着国际恐怖主义新一轮的快速发展，广东、浙江等地区对暴恐分子打击力度加大，而乌鲁木齐至南宁直通快车的开通，使广西出现新疆籍流动人员增多的情况，各种可预见和难以预见的风险均有增多。暴恐分子将广西作为偷渡出境的重要渠道，而随着广西打击暴恐力度加大、非法出境难度加大，暴恐分子会采取极端方式就地“圣战”，带来的社会危害和现实威胁将更加严峻和难以防控。

由于境外势力的不断渗透，新疆地区“地下讲经班”的蔓延，广西的新疆藉人员偷渡案件呈爆发式增长，涉恐形势复杂严峻。目前广西的反恐工作处于持续高压态势，但暴恐活动的现实危害仍持续攀升。2015 年上半年，广西共侦破新疆籍关注对象偷渡案件 40 多起，抓获关注对象 200 多人，“蛇头”近 50 人，解救被裹挟未成年人 58 人。具体而言，广西涉恐活动的特点表现在以下几方面：

第一，暴恐分子对抗行为加剧。当前，随着打击恐怖主义活动的力度不断加大，涉恐分子与广西安全机构之间的直接对抗进一步加剧，逐步向暴恐活动演变，主要表现为一旦偷渡活动失败立即就地发动“圣战”。据公安部门统计，至 2015 年上半年，通过不断加强对重点人群的社会管控与情报收集，已有超过 1000 多名涉暴恐分子被广西公安、边防等查控、逮捕。

第二，暴恐分子行动更加隐蔽。涉恐分子将广西视为偷渡出境的首选通道。但由于近几年广西对涉恐分子采取高压态势，涉恐人员在实施偷渡之前，为避免被安全机构打击，经常选择在周边省份停留，待偷渡活动的准备工作完毕之后再集中乘坐大巴直达偷渡地点与蛇头接触，并实施偷渡。这种“空降式偷渡”的活动，既要求安全部门的反恐情报工作快速准确，又要求安全部门的一线人员能够极其迅速地展开反偷渡行动，从而为广西反恐工作带来极大困难。

第三，通信方式更加先进。涉恐分子利用即时通信软件和阿拉伯语进行联络，境外恐怖分子更是利用这些即时通信软件对国内的涉恐人员进行遥控，以协助他们进行偷渡。网络的匿名性和高移动性令侦查工作更加困难；而且，由于我国缺乏足够的阿拉伯语专家，在进行情报收集和分析的过程中不得不借助其他安全机构的力量，极大地增加了侦查工作的工作量，同时也降低了反恐工作的工作效率。

2. 广东地区。2014 年震惊全国的“5·6”广州火车站暴恐袭击事件，使人们意识到暴恐活动已经不仅仅存在于我国西北地区，其对全国的威胁愈发凸显。广东省特别是广州市处在两个前沿地带，当前面临着三个方面恐怖主义威胁：

第一，“东突”等恐怖主义势力向外延伸对广州造成威胁。目前，“东突”恐怖组织攻击目标的趋势是向新疆以外地区延伸。天安门金水桥恐怖袭击事件发生后，“东突厥斯坦伊斯兰党”组织发言人阿卜杜拉·曼苏尔在互联网上发布视频宣称，发生在天安门的暴恐事件是“圣战行动”，该组织将在中国更多地点发动袭击。这显示“东突”组织正谋求对新疆以外的中国政治经济中心进行恐怖袭击，扩大其影响。这种恐怖活动的攻击武器侧重于就地取材，以刀具和自制爆炸装置为主。而广州存在大量穆斯林人口，他们中一部分存在或传播着伊斯兰教的极端宗教思想，可能诱发宗教极端型恐怖活动。

第二，涉外人员与国际恐怖分子的威胁。广州不仅是国内的重要城市，而且是一座国际性大都市，这使得广州面临涉外恐怖主义的威胁。广州的地理位置造就了其交通的便利性，拥有 8 个对外口岸，白云国际机场是国内三大枢纽机场之一，已开通航线 110 条以上，连接国内外 100 多个城市，其中直达非洲国家的航班每周有 19 班次。这些经济、地缘条件促使近年来外国人赴广州人数呈上涨趋势，同比增长 12.5%，临住人员约 381 万人次，在境内长期居住的外籍人员十几万人。这些外籍人员有部分是来自恐怖主义敏感地区的人员，其中不乏一些国际恐怖分子。这些人员是广州面临的重要的“存在型”恐怖主义威胁，一旦他们制造恐怖袭击，将非常专业并造成很大危害。

第三，广州被挑选作为恐怖袭击实施地点的高风险性。广州的经济实力和社会水平具有相当的国内影响力和国际影响力，并且地位特殊、区位优势明显、人口集中、媒体发达、信息传播速度极快，一旦遭受恐怖袭击，相比其他普通城市，其危害会更广，影响会更大。这种情况使得广州恐怖袭击的发生的可能性系数相对内地其他城市要更高，无论是国内的恐怖组织还是境外的恐怖组织，都容易挑选广州作为终端地点制造恐怖袭击事件，以产生较大的社会和政治影响。

（二）云南、四川地区

1. 云南地区。对我国来说，云南是一个比较偏远的内地，也远离新疆，但如果从整个南亚和西亚来看，云南实际上是处在我国反恐前沿的。但是，从云南公安部门近几次遭遇的惨案中所反映出来的新闻信息来看，云南地区的视角还局限于国内，而没有向西看、向西南看，没有充分认识到自己处在反恐的前沿阵地位置。

恐怖分子作案不分国家、地区，哪里有短板，就在哪里下手。国内的一些分裂势力早已经在其他国家参与当地的作案，以此来训练人员，积累暴恐经验，而不是仅仅只选择在国内作案。同样，其他国家的恐怖分子也可能在中国作案，不能因为现在还没发现有外国籍恐怖分子到中国来参与作案就盲目乐观。事实上，通过为中国的恐怖分子提供秘密训练基地、提供作案地点等，外国籍恐怖分子早已参与中国境内的恐怖活动。

在紧贴云南的缅甸，近年来的宗教骚乱主要就是伊斯兰教与佛教的冲突，导致至少三个城市沦为废墟，死伤众多，场面惨不忍睹。特别是腊戌骚乱后，当时传言很快就要在果敢自治区和佤邦的邦康爆发骚乱。对此，果敢自治区和佤邦都加强了戒备，清理了许多缅甸内地来的无业人员以及地下伊斯兰教会人士，才使骚乱没有蔓延到果敢和邦康。泰国南部的穆斯林分裂势力也空前活跃，并有了自己的武装，目的就是要求泰国南部的穆斯林聚集区独立，其恐怖活动也在向北边的曼谷以及泰老边境蔓延。从骚乱的途径来看，昆明的这次惨案，正符合从缅甸沿海向中国蔓延这一趋势。如果看清楚了南亚国家的宗教骚乱和冲突的方向，昆明这次惨案的发生也就不能单纯地认为是恐怖分子随意选择的一个地点了。

从地缘上看，缅甸和泰国实际上处在对极端恐怖主义分裂势力斗争的前沿，而我国是后方，支持这两个国家打击他们内部的穆斯

林分裂势力，实际上也是在巩固我们自己的安全。因此，云南不仅要加强自身的防卫，更要加强与缅甸、泰国、老挝、柬埔寨、越南等国的合作力度，支持这些国家打击他们内部的宗教极端分裂势力，做到情报共享，共同铲除窝藏在不同国家的极端恐怖组织。具体来说，在边防管理上，我们应该从目前的中缅边境警务合作机制向反恐合作机制转型；在执法内容上，目前由中国、老挝、缅甸、泰国组成的四国湄公河联合执法组织，除打击贩毒、跨国犯罪，保卫河道安全这些主要工作内容外，还应加入反恐任务；在执法区域上，从目前单纯的湄公河护航转换到四国边境联合反恐合作，将四国联合执法队伍升格为类似“上海合作组织”的“湄公河组织”，以应对四国都面临的日益严峻的恐怖分裂活动。

总之，云南面临的暴力恐怖活动，类似昆明“3·01”袭击事件绝不会是最后一次。而单靠中国自己，又无法解决潜藏在邻国的暴恐势力窝点和秘密训练基地，所以需要多国联动，情报共享，并建立统一的、快速有效的组织。

2. 四川地区。四川省是一个多民族的大家庭，省内有我国第二大藏区（甘孜藏族自治州和阿坝藏族羌族自治州）、我国最大的彝区（凉山彝族自治州）和唯一的羌族自治县（北川羌族自治县）。2014年四川省拥有常住人口8140.2万人，其中55个少数民族（彝族、藏族、羌族等）的人口约490.8万人。多年来，虽没发生重大暴恐事件，但“小恐事件”从未终止，断断续续、时有发生。而2012年10月17日泸州市发生的“围攻交警事件”等群体性事件，2017年1月4日攀枝花市发生的“枪击市长书记案”等突发事件，对警察反恐，特别是警察预防犯罪，包括预防恐怖犯罪的警事警务，提出了许多新的课题。[1]

---

[1] 李明：“基于‘防线反恐’的云川藏思考”，载《净月学刊》2017年第3期。

近年来，美国等西方国家打“西藏牌”，在舆论和民间活动上大造声势，为“达赖集团”多层次、多方位、多方式的分裂活动提供资金和舆论上的支持，甚至美国参、众两院自20世纪90年代以来还年年通过“西藏决议”，专设一个“处理西藏问题”的“特别协调员”，强行干涉我国的西藏问题。印度某些反华政治团体为了达到霸占我国藏南争议领土的目的，也在仰仗“达赖权威”，支持西藏分裂分子把四川甘孜藏族自治州、阿坝藏族羌族自治州的一部分划入“西藏独立国”的疆域。这些破坏活动严重影响到了四川藏区的和谐稳定，特别是在“3·14”拉萨打砸抢烧暴力活动中，四川的藏区也发生了小规模的暴力事件。[1]这些现象都充分说明了藏区的暴力活动是有预谋的，在维护藏区稳定问题上我们与“达赖分裂集团”和国外敌对势力的斗争，其实质不是信教与否、自治与否的问题，而是稳定藏区，还是搞乱藏区；是维护祖国统一，还是分裂祖国；是捍卫国家主权完整，还是勾结外国敌对势力插手中国内政的问题。因此，四川藏区的问题值得我国予以警惕。

(三) 陕西、宁夏地区

1. 陕西地区。国际、国内反恐怖战场已连为一体，陕西省有成为攻击目标的现实危险。随着极端组织“伊斯兰国”等国际恐怖势力在中东战场溃败及战略转移，全球面临极端主义分子“回流圣战”的严峻形势，而与我国毗邻的东南亚已成为“IS”恐怖组织发展的重灾区，并呈现一体化发展趋势。正如2015年以前，东南亚作为中国籍“圣战”成员偷渡前往中东战场的中转地，下一步，东南亚依然是对我国威胁巨大的“东伊运”等恐怖势力人员从陆路或水路偷渡入境的中转地。我国遭受“回流”破坏的形势也日益严峻——随着疆内严打暴恐活动专项行动的持续开展和“宗教去极端化”工作

---

〔1〕 袁鸿：“境外敌对势力利用宗教对当前四川地区社会稳定产生的负面影响及对策”，载《四川省社会主义学院学报》2009年第4期。

的深入推进，受到挤压来到内地蛰伏和“回流”后藏匿在内地的极端人员会越来越多；作为新疆宗教极端人员和分裂势力“伊吉拉特”活动和“回流”的中转地陕西省，在我国的反恐怖斗争“棋盘”上具有特殊的“区位”特点，极易成为极端人员选择袭击的目标城市。

从近年来陕西省发生的涉恐案件和处置的涉恐线索人员数量看，陕西省的反恐怖斗争形势不容乐观。2012 年 4 月，发生在西安市的“吾 × ×”等人抢劫杀人焚尸案，疑与暴力恐怖活动有关；2012 年 6 月，西安市抓获新疆和田一暴恐团伙逃犯，在其反抗拒捕时，特警队员开枪将其击伤抓获；2014 年 5 月 11 日，西安发生了某高校疑似制爆试爆的暴恐团伙案件，该团伙漏网骨干成员也曾策划在公交上砍杀无辜群众。

2014 年“3 · 01”昆明火车站暴恐案当天，作案的 5 名暴徒从红河州个旧市沙甸镇租乘一辆面包车，用时 4 小时，行驶 250 公里长途奔袭到昆明火车站实施砍杀。由此看来，陕西省周边地区涉恐人员活动对该省构成的潜在隐患及形势不容乐观。一是曾有多个渠道反馈，昆明“3 · 01”暴恐团伙成员按照原计划选择了包括西安市在内的多个城市作案，只是因为 2014 年 2 月 28 日该团伙三名成员在红河州当地购买刀具时被抓获，其余成员害怕被发现而提前在昆明火车站作案。二是 2014 年 6 月份，河南省南阳市打掉一个已发展到制爆试爆阶段的暴恐团伙，该团伙曾派成员到西安市火车站等处踩点。三是近年来，陕西省的宝鸡、咸阳、杨凌等地抓获各类涉极端涉恐人员多名。四是宗教极端团伙案件在西安市时有发生。2014 年 5 月 30 日，西安市打掉一宗教极端团伙，抓获非法学经的新疆籍小孩 16 名；2017 年 9 月 12 日，在西安市抓获的卡 × × 等人将几名新疆籍小孩经兰州市、西安市送至陕西某市一非法清真寺，交给一甘肃临夏回族“野阿訇”进行非法教经活动。

2. 宁夏地区。宁夏位于我国西北东部，西部、北部与内蒙古接壤，南部与甘肃相连。因背靠中亚、西亚，宁夏被纳入“一带一路”总体规划并定位为丝绸之路经济带的战略支点。中亚是当前恐怖分子回流的主要地点，中亚国家安全形势复杂，而且都深受恐怖势力侵扰，中亚的“乌兹别克斯坦伊斯兰运动”恐怖组织与我国的“东伊运”恐怖组织也长期存有联系。宁夏的地理位置与战略位置决定了其很可能成为“三股势力”的最新目标点。

除此之外，宁夏还是我国所有省份中信仰伊斯兰教人数最多的省份之一，占比达到全省人口的40%，人数达到250万，仅次于我国新疆地区。随着近几年宗教极端势力的渗透，宁夏也出现了多起发布、观看暴恐音视频的案件，而且有增多的趋势，“泛清真化”现象也比较严重。这种趋势与现象虽然当前还不能对地区稳定造成较大的影响，但如果放任不管，以后势必会成为威胁社会稳定和国家安全的隐患。

（四）西藏、内蒙古地区

1. 西藏地区。“三股势力”是当前西藏政治稳定面临的突出问题。中华人民共和国成立后，在西方帝国主义的挑动和支持下，西藏少数上层统治集团为维护农奴制，保持他们的既得利益，反对民主改革，开始了把西藏从中国分裂出去的活动，并于1959年3月10日在拉萨全面发动叛乱。那时起，“三股势力”对西藏政治稳定的破坏就没有停止过。而今在西方敌对势力的支持下，“三股势力”对西藏政治稳定的威胁不可能在短期内得以消除，西藏地区为维护稳定与“三股势力”的斗争将是长期的。震惊中外的拉萨“3·14”打砸抢烧事件充分显示出“三股势力”的能量及其对西藏社会政治稳定的危害程度，对西藏乃至整个国家的政治安全都构成严峻挑战。[1]西藏“三股势力”主要包括：

---

〔1〕 孟力：“‘三股势力’与西藏社会政治稳定”，载《胜利油田党校学报》2010年第4期。

（1）民族分裂主义。所谓民族分裂主义，是指某些民族的极端势力在一个主权独立和领土完整的多民族国家内要求建立独立国家的主张。民族分裂主义者主要通过政治诉求、暴力活动，甚至武力对抗手段来达到其政治目的。1959年3月10日，西藏上层统治集团发动叛乱，叛乱头目噶伦索康、柳霞、夏苏等人于3月17日夜间挟持达赖喇嘛前往叛乱根据地山南，叛乱失败后逃亡印度。逃亡印度的达赖喇嘛在国外反华势力和西藏分裂主义分子的支持、怂恿下改变了曾表示过的爱国态度，纠集境外的“藏独”分子组成“达赖集团”，并于20世纪60年代初在印度达兰萨拉成立了“西藏流亡政府”，企图以所谓“合法身份”在国际上进行分裂活动。此时的达赖喇嘛实际上已成为“藏独”势力的政治头目，而非宗教的精神领袖。50年来，“达赖集团”打着“民族自决”“民族独立”的旗号，实施分裂国家的活动从未间断。

（2）宗教极端主义。宗教极端主义对西藏政治稳定具有很深的影响。宗教具有族群认同功能，所谓族群认同是指族群成员之间由于在思想、情感、行为、语言、习惯上有共同之处，而相互感到亲切，并因此而形成群体之凝聚力。族群认同是人类最基本的一种社会性归属意识和归属需求。某种宗教通过向族群成员提供共同信仰对象、共同教义信条、共同礼仪典章、共同教规戒律、共同宗教语言、共同价值取向乃至共同生活方式，将他们聚合成一个紧密而稳定的社会文化共同体，并与以其他宗教为标志的文化共同体相区别。

从理论和实践来看，宗教极端主义对政治安全的危害，主要表现在它在一定条件下危及国家的主权和领土完整、破坏国家现有的政治体系、经济体系和社会体系，干扰国家的可持续发展。具体到我国西藏地区，首先，“达赖集团”打着宗教旗号，借助藏民长期信奉藏传佛教所形成的强烈的族群认同感，蛊惑西藏群众，并越来越多地表现出暴力恐怖倾向，多次采用暴力恐怖手段试图强行分离，直接威胁到我国的主权和领土完整。其次，宗教极端主义与民族分裂主义恶性互动，使分裂西藏而引发的恐怖主义事件愈演愈烈，给当地人民生命财产安全和社会安定带来严重威胁，严重扰乱了国家和西藏地方正常的政治、经济和社会秩序。最后，“达赖集团”利用西藏历史上形成的宗教底蕴及达赖在藏传佛教中的影响，与境外敌对势力相互勾结，致力于将西藏从中国分裂出去，妄图恢复西藏政教合一的旧秩序，恢复农奴主特权制度，而背后的敌对势力则欲乘机达到颠覆中国共产党政权的阴谋。

在大多数人信教的西藏，藏传佛教对西藏人民的影响是根深蒂固的，达赖喇嘛在藏传佛教中所处的精神领袖地位在信徒心中影响很大。“达赖集团”这一极端的民族分裂势力，正是利用达赖喇嘛在藏传佛教中的地位，利用信教群众朴素的民族情感和宗教情感，打着宗教的旗号，蒙蔽和欺骗群众，大肆鼓吹民族分裂主义思想，挑拨民族关系，煽动民族敌意，破坏民族团结，妄图破坏中华民族整体的向心力和凝聚力，进行分裂祖国的活动，破坏国家的统一，成为西藏社会政治不稳定的冲突根源。宗教极端主义与民族分裂主义相辅相成，互相促进，最终将行动落实到采取暴力恐怖手段以达到其分裂国家的政治目的，对西藏社会政治稳定的消极影响极为深刻。

（3）暴力恐怖主义。要求建立单一民族国家的民族分裂主义为发挥更大的能量，需要利用宗教极端主义所具有的狂热性和深刻的群体认同感，为实现其政治目的而使用暴力恐怖手段，这就是“三股势力”之间的逻辑关系。

第一，我们必须明晰西藏面临的恐怖主义问题。虽然一段时期以来达赖本人主张走“中间路线”来实现“藏独”，但在“达赖集团”内部，以“藏青会”“藏妇会”为代表的激进势力始终主张走武装暴力道路。尤其目前“流亡政府”的工作人员80%以上是“藏青会”成员，并把持了很多要职，曾担任第一届“藏青会”副主席

的桑东，就是现任“流亡政府”的首席噶伦。“藏青会”直接影响着“流亡政府”的运作和未来的发展方向，达赖集团的决策被深深地打上了“藏青会”的烙印。

“藏青会”成立于1970年，公开主张“西藏完全独立”。“藏青会”自成立起就全面进入“西藏流亡政府”，成为“达赖集团”权力核心。“藏青会”长期从事分裂祖国的活动，是一个以“民间组织”面目出现的恐怖活动主要实施者。“藏青会”前主席格桑平措就曾扬言，“只要是为了我们的事业，我们不惜使用任何手段，无论是暴力还是非暴力”。达赖的弟弟丹增曲杰说：“恐怖活动可以用最低成本获得最大效果。”达赖一位亲信人物在华盛顿布鲁金斯学会发表讲话说：“只需要少数几个绝望的个人和团体，就会造成大规模的不稳定。”

2008年3月15日，“藏青会”在印度达兰萨拉召开中执委会议，一致通过“立即组建游击队秘密入境开展武装斗争”的决议。“藏青会”还就人员、资金、武器购置等制定初步计划，并拟从中尼边境偷渡，秘密潜入境内。“藏青会”的头目称，为了彻底胜利，他们已经准备好再牺牲至少100名藏民。2008年1月“藏青会”正式宣布实施“西藏人民大起义运动”，并组成了以主席次旺仁增为首的分工明确的筹备小组筹集资金。“藏青会”连续举办包括游击战、爆破技术培训在内的各种培训班。2008年2月，“藏青会”等组织联合在印度达兰萨拉举行了“西藏人民大起义运动”人员招募活动并对负责人进行培训。[1]

“藏青会”自成立之日起就公开主张“西藏完全独立”，其宗旨就是“体现藏族青年的民族精神，实现西藏独立”，体现在“藏青

〔1〕中华人民共和国驻德意志邦联共和国大使馆：“‘藏青会’是彻头彻尾的恐怖主义组织”，载外交部网，http://www.fmprc.gov.cn/ce/cede/chn/zt/zgxz/xzdzqgsyrqzk/t423177.htm，最后访问时间：2008年4月9日。

会”章程第4条：为了实现“西藏独立”的目标，要广泛开展运动，不惜生命代价。为了达到其“藏独”目的，部分“藏青会”成员扬言“将永远使用暴力，要用武装斗争同汉人拼个你死我活”，他们进行军事人员培训，偷运枪械，派遣间谍入境，在印度、尼泊尔和中国交界的戈帕坦开设了向中国境内运送物资和武器的通道，建立了前沿联络站、情报站等机构。据香港《亚洲时报》报道，早在1989年，“藏青会”就出现恐怖主义论调。“当时的‘藏青会’主席才旦诺布接受采访时声称，‘藏青会’只考虑藏人的利益，将使用包括恐怖主义在内的任何手段结束共产党在西藏的统治”，“达赖死后，年轻的流亡藏人将拿起武器回去为独立而战”。才旦诺布还对比了车臣和波斯尼亚的武装行动。该报道称，“藏青会”主席次旺仁增不止一次地对西方媒体表示，没人保证藏人只会求助于非暴力行动。

“藏青会”暴力化倾向日益加剧。“藏青会”直接参与了1987年、1988年和1989年的拉萨骚乱事件，2008年3月在西藏及其他藏区发生的打砸抢烧严重暴力事件，以及冲击18个中国驻外使领馆的事件都是“藏青会”策划的。“3·14”拉萨打砸抢烧事件发生之后，西藏、四川、青海、甘肃等地公安机关根据僧人和群众的举报线索，从所涉及寺庙殿外的僧舍中缴获了一批进攻性武器，这些进攻性武器包括各类枪支、子弹、炸药、手榴弹、土制牛角炸弹、导火索、管制刀具，充分暴露出“达赖集团”的恐怖主义本质。此外，“藏青会”还与国际上的恐怖组织有往来。他们的负责人多次表示：“武装斗争和使用暴力是西藏获得完全独立的必由之路”，“恐怖活动可以获得广泛的影响，吸引国际社会对西藏问题的关注”。为此，他们在达兰萨拉建立武装训练基地，组建“西藏自由战士协会”进行武装破坏活动。[1]

---

〔1〕 中华网：“达赖直接授意成立美报：‘藏青会’滑向恐怖主义”，载东方军事网，http://mil.eastday.com/m/20080419/u1a3540170.html，最后访问时间：2008年4月19日。

第二，我们必须明白西藏政治稳定面临的恐怖主义威胁将是长期的。民族主义是恐怖主义最持久的根源之一，也是恐怖主义最强有力与致命的根源之一，民族分裂型恐怖主义不但是最普遍的恐怖活动类型，而且也是危害最为严重的恐怖活动类型之一，西藏所面临的恐怖主义威胁就属于此类。这是因为“藏青会”的领导人及骨干成员大多是随达赖流亡印度时年纪尚小或是在境外出生的第二代藏人。他们的共同特点是对西藏历史无知而又在父辈的煽动下具有浓厚的民族主义情绪，他们的狂热性不是基于宗教信仰，而是一种莫名的“民族情结”。所以，西藏面临的恐怖主义威胁属于民族分裂型恐怖主义，即根源于对本民族领地、语言、宗教、文化、心理、生活习俗与生活方式等的认同，旨在追求本民族的独立（完全自治）而引发的恐怖主义活动。值得注意的是，“藏独”分子近年来加强了同“疆独”分子的联系，在分裂行径越来越不得人心、反分裂日益深入民心的大背景下，“藏独”“疆独”两股分裂势力如果联手必然强化暴力恐怖手段。因此，西藏面临的恐怖主义威胁将是长期的，必须高度重视、深入研究，要将严密防范与主动打击相结合。

当前西藏的政治稳定问题已经成为整个国家安全面临的一个突出问题，西藏不稳定则中国不稳定，研究西藏在社会政治稳定方面面临的突出问题，维护西藏的社会政治稳定，就是维护国家主权和领土完整、维护民族团结和各民族共同繁荣。据日本《朝日新闻》2016 年 5 月 18 日披露，美国“国家民主基金会”迄今为止向至少 103 个反华团体提供了约 9652 万美元的资金援助，其中包括“藏青会”“世维会”等被中方明确定性为恐怖组织的团体。该基金会大半资金由美国政府提供。由此可见，西藏当前的恐怖主义形势并不十分乐观。

2. 内蒙古地区。内蒙古自治区位于中华人民共和国的北部边疆，是我国第三大省区。其东、南、西部依次与黑龙江、吉林、辽宁、河北、山西、陕西、宁夏和甘肃8省区毗邻，跨越三北（东北、华北、西北），靠近京津；北部同蒙古国和俄罗斯联邦接壤，国境线长4200千米。从它的地理位置我们就可以看出，内蒙古自治区其实是处于当前我国恐怖形势严峻地区的中间地带。

在党中央、国务院的正确领导和亲切关怀下，在各省市区的大力支持下，内蒙古自治区党委、政府和全区各族人民高举民族大团结旗帜，坚决捍卫国家主权、安全和领土完整，始终保持了民族团结、经济发展、社会和谐、边疆安宁的大好局面。但是，同其他民族地区一样，内蒙古处在体制转轨、社会转型的特殊历史时期。随着改革的进一步深入和经济、社会结构的深刻调整，各种社会矛盾和问题不断凸显，各类社会治安事件、群体性事件、民族宗教事件以及境内外的敌对势力、民族分裂势力等潜在威胁存在。因民族关系与民族差异，特别是由于宗教信仰、社会习俗、生活习惯、民族的均衡发展问题而不断引发社会安全问题。还有境内外敌对势力、民族分裂势力的破坏与渗透活动所引起的社会安全隐患，特别要警惕在内蒙古发生类似于新疆与西藏的骚乱，警惕诸如“泛蒙古主义”“藏独”“蒙独”等外部势力的渗透破坏与挑拨离间。〔1〕

历史上，蒙古民族曾一度全民信仰藏传佛教。中华人民共和国成立之初，内蒙古有800多座藏传佛教寺庙和5万多名喇嘛。许多寺庙喇嘛、僧众人数众多，占有大量生产资料，甚至对信教群众进行搜刮剥削，严重制约了牧区的经济发展和人口增长。内蒙古从实际出发，稳步实施了以推动政教分离、废除寺庙封建剥削为重点的一系列宗教改革，提倡喇嘛参加生产劳动，鼓励喇嘛入学还俗和娶妻生子，鼓励有一定专长的喇嘛到学校、机关或医疗单位工作，对寺庙的土地等财产采取赎买政策，改变了一些喇嘛不劳而获的思想，

〔1〕李树林、莎日娜：“内蒙古非传统安全问题及其应对”，载《内蒙古师范大学学报（哲学社会科学版）》2011年第2期。

解放了牧区生产力，搞活了牧区经济，保障了宗教信仰自由，实现了宗教与社会主义的融合发展。这一改革的成功，为内蒙古处理好宗教问题、长期保持团结稳定和繁荣发展的局面奠定了社会基础。

在新的历史时期，内蒙古秉持宗教与社会主义相适应的发展方向，大胆剔除影响和破坏社会和谐稳定的干扰因素，坚决反对宗教极端主义，抵御境外势力利用宗教进行渗透，坚决维护祖国统一和民族团结；深入挖掘宗教本身的惩恶向善、育民教化、信仰导引的积极因素，充分发挥宗教界人士和信教群众在促进经济社会发展中的积极作用，较好地推动了宗教与社会主流价值观念相融合，使宗教成为社会主义现代化建设事业的重要组成部分，为地区宗教和谐健康发展和社会繁荣进步提供了坚实的保障。〔1〕

虽然内蒙古当前形势处于向好的阶段，但不能就以此认为内蒙古绝对安全。2017 年的数据显示，仅 2017 年的上半年内蒙古就破获了 3 起传播暴恐音视频的案件。〔2〕对于这种苗头，我们不能松懈，毕竟内蒙古的地理位置十分敏感，历史上也出现过不少分裂组织。比如“内蒙古人民党”“世界蒙古人联合会”“布里亚特联谊会”“南蒙古复兴运动协调总会”等。内蒙古当前的暴恐形势主要体现在宗教极端势力和宗教渗透方面：

第一，宗教极端势力。暴力恐怖活动和宗教极端势力近年来在内蒙古不断发展壮大。造成壮大的因素多种多样，一是内蒙古特殊的区位和民族结构，使得“疆独”和境外宗教极端势力在内蒙古有生存空间，蒙古族青年中受到极端思想蛊惑的人数逐年上升；二是互联网技术的广泛运用和移动终端的普及，使得接受极端思想教育

---

〔1〕“内蒙古自治区 70 年发展的突出贡献”，载内蒙古自治区人民政府网，http://www.nmg.gov.cn/bgt/gzdt/201707/t20170724_630936.html，最后访问时间：2018 年 8 月 1 日。

〔2〕中国信息安全编辑部：“2017 上半年‘暴恐音视频’案件汇编”，载《中国信息安全》2017 年第 9 期。

以及进行制爆试爆学习的渠道不断增加，且相关非法活动的情绪煽动、组织、指挥更加隐蔽便捷；三是内蒙古地处边疆，有4200多公里的边界线，其为获得武器、实施暴恐活动提供了便捷的通道；当然也不能忽视部分蒙古族群众文化程度较低，比较迷信，分辨是非能力较弱，容易受到暴恐极端势力的蛊惑和煽动。

暴力恐怖活动和宗教极端势力与“涉蒙”民族分裂活动是相互渗透，互相影响的。三者有着天然的联系，常常需要互相利用来实现各自的目的，主要表现为三者的相互勾结，比如“南蒙统一”最为重要的手段就是把藏传佛教定位为其“国教”，不仅是为了利用宗教拉拢群众，也是为了以宗教活动为媒介与其他反华、分裂势力进行深入的勾结和交流；暴力恐怖活动，是利用民族问题和宗教问题掩盖其不可告人的阴谋和违反法律、践踏人权的罪行；“涉蒙”民族分裂主义为暴力恐怖主义的生存和发展提供了空间和载体，因为要想达到分裂的目的，“涉蒙”分裂势力必须煽动本民族对包括汉族在内的其他民族和共产党领导下的各级政府以及社会主义制度产生排斥、敌对甚至是憎恨的情绪，这些情绪在特定的环境下成为了诱发暴力恐怖活动的导火索。这些都需要通过长期宣扬极端民族主义和宗教极端主义思想，培养本民族人民的意识形态和思维方式来实现。

第二，宗教渗透。内蒙古的少数民族众多，宗教众多，主要有6种，分别是佛教（藏传佛教和汉佛教）、道教、伊斯兰教、天主教、基督教和东正教。这6种宗教均有专门的宗教协会，接受政府宗教事务部门的领导。无论从哪方面去考虑，我们都不能忽视内蒙古的宗教渗透问题。首先，宗教渗透和传播的政治意图明显。其次，渗透和传播的精准度很高。总而言之，宗教对内蒙古的渗透主要集中在农村牧区，然后向城镇不断辐射；对于受众群体来说，宗教渗透或者以“世界末日”“消灾祛病”等理由吸引民众，或者以所谓的

“真、善、美”和社会中一些丑恶现象的对比增加认同度，或者赤裸裸地以胁迫、欺骗、控制等手段进行，导致受众群体在一些地方和城市不断壮大。再次，渗透十分隐蔽。其首先体现在渗透渠道的隐蔽性上。笔者从有关部门了解到，过去主要的宗教渗透渠道是从欧美地区借道蒙古国到达内蒙古，或者从欧洲出发借道香港特别行政区，到北京、上海再到内蒙古。现在的宗教渗透主要来自韩国，除原有渠道外，还有借道俄罗斯从东北地区、满洲里入境到达内蒙古的渠道。另外，在渗透主体方面也呈现出多元化的趋势，有的以经贸活动为掩护进行宗教渗透；有的以境外NGO组织或媒体、自由职业者等身份进入，并开展渗透活动。除此之外，在渗透方式上也极其隐蔽。有的在牧区逐家逐户进行渗透；有的以家庭、小组为单元进行小范围的聚集活动；还有的是通过互联网、非法卫星电视信号、散发宣传手册的形式进行传播。最后，宗教渗透的危害不断显现。境外的宗教渗透通过煽动民族主义情绪，批判指责党的宗教政策，刻意将党的领导和社会主义制度与宗教信仰进行对抗性宣传，产生越来越严重的负面效应。有的极端主义者被控制了思想和行动，公然煽动和实行恐怖主义活动，其残忍程度令人发指。

尽管当前我国北部边疆呈现出安定、祥和的局面，但内蒙古与新疆、西藏一样同为我国的少数民族自治区，同时是边疆地区，且存在着重要的跨界民族，民族问题的处理情况以及民族关系的发展情况极易被“三股势力”和西方反华势力利用，成为分裂国家和制造社会动荡的工具。所以，要高度警惕在西亚、中亚和北非出现的“泛伊斯兰主义”和“泛突厥主义”的蔓延，要警惕“三股势力”在我国新疆、西藏地区所制造的各种事端及其变形，防止西方敌对势力利用“蒙古问题”“新疆问题”“西藏问题”等干涉中国内政；要防止西方敌对势力利用民族、宗教、人权等问题挑拨我国的民族关系，或进行潜移默化的影响，以达到“西化”“分化”中国的图谋；要防止极少数人的民族主义情结复发、膨胀，不断走向极端民族主义，进而引发民族冲突。在我国“一带一路”的战略背景下，内蒙古等边境地区的稳定至关重要。

三、其他地区现状

除了以上恐怖威胁较大的省份和城市，还有一些省份、城市是我国不得不注意的。这些地区或者少数民族众多，或者是我国的政治、经济重地，所以必须对这些省份和城市的暴恐形势有所了解，如黑龙江省。黑龙江省是我国位置最北、最东的省份，北部和东部与俄罗斯相邻，边境线长 3045 千米，是亚洲与太平洋地区陆路通往俄罗斯远东和欧洲大陆的重要通道；西部与南部分别与内蒙古自治区和吉林省相邻，东部近日本海。近年来，以黑龙江省为代表的东北地区的恐怖形势不容乐观。根据 2017 年 GTD 的数据分析，黑龙江省在我国虽然不属于暴恐活动严重和新兴地区，但也发生过恐怖袭击事件，加之其地理位置的便利性，不得不予以防备。

此外，海南省由于其地理位置的特殊性，近两年也值得我们关注。例如，海南省三亚市有两个人员密集的村落——回新村和回辉村，据反映，这里存在非传统安全隐患。梳理三亚市回新村和回辉村目前存在的问题，主要有四个：一是两村是人员密集区域，在冬天尤其是春节期间，外来人口以百万计；二是两村是博鳌论坛举办地，也是著名的旅游胜地和休养之地，但近年来人员成分日益复杂且监管失范，极易发生影响巨大的不测事件；三是当地出海口众多，相同的宗教信仰成为接应媒介，使这里成了新疆“三股势力”潜出回流的重要通道；四是当地不稳定因素日益增多，有宗教极端主义渗透、有教派纠纷、有群体性事件频发，曾有非法组织和非法宗教学校猖獗现象等，都成为威胁当地团结稳定的因素和隐患。

第二节 我国暴恐犯罪的特点

暴恐犯罪的严重危害性激起全球反恐研究。我国同样是深受暴力恐怖主义荼毒的国家，预防暴恐犯罪是总体国家安全观视阈下的重大研究课题。在犯罪学领域，研究犯罪的特点和规律对于预防犯罪有重要的价值。掌握暴恐犯罪的特点，有利于我们掌握暴恐犯罪的规律，为精准、有效地防范暴恐犯罪提供指导。

一、基于 GTD 数据的中国暴恐犯罪总体特点分析

（一）暴恐犯罪的整体发展趋势：呈山峰状起伏

根据 GTD 记录，1988 年到 2016 年间中国发生的恐怖主义事件共 247 起。如图 4－1 所示，我国暴恐犯罪的数量呈山峰状起伏，分别在 1996 年、2001 年、2008 年、2014 年出现较大的峰值。1996 年发生的暴恐犯罪数量最多，1997 年到 2000 年间暴恐犯罪数量骤降，2001 年又出现小高峰，并且之后的峰值呈上升趋势。

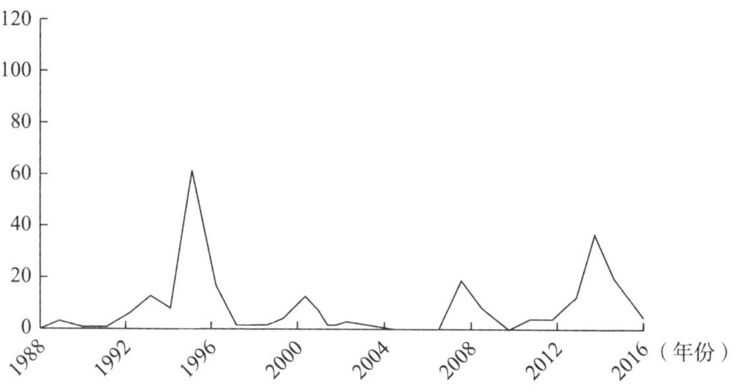

图 4－1 我国暴恐犯罪的数量（1988 年～2016 年）

我们通过查询 1996 年、2001 年、2008 年以及 2014 年的相关资

料发现，从20世纪90年代初开始，在境外极端主义、分裂主义和恐怖主义的影响下，境内外的“东突”势力逐渐走向联合，并以暴力手段大肆实施分裂破坏活动。据不完全统计，1990年到2001年间，“东突”恐怖势力在新疆实施了200多起暴力恐怖主义活动。2001年5月，“突厥斯坦伊斯兰党”在阿富汗马扎里沙里夫成立，该恐怖组织以“乌伊运”为基础，纠集了乌兹别克斯坦和吉尔吉斯斯坦的非法武装力量、塔利班残余、部分“东突”组织而成，新名称的意图在于团结最广泛的突厥语民族的穆斯林，实现整个中亚地区和我国新疆地区的伊斯兰化，并实施了大量的暴力恐怖主义活动。

2001年美国“9·11”事件之后，全球掀起反恐高潮，恐怖主义势力得到了压制。2008年8月中国举行奥运会之前，境内发生了一系列暴力恐怖袭击事件，自6月份开始，一个自称“突厥斯坦伊斯兰党”的代表在互联网上接连发布视频，声称在中国发生的暴力事件系该组织所为，并威胁攻击奥运会。2003年伊拉克战争爆发后，中东地区战火不断，恐怖主义势力趁机发展，2013年成立“伊斯兰国”。2013年、2014年国际恐怖主义、极端主义活动十分猖獗，在全球制造了许多恐怖袭击事件。自2013年开始，我国新疆的“东突”暴恐活动密集，并且“东突”分子的恐怖黑手开始伸向境内大城市。综上，一方面，我国的暴恐犯罪受到国际恐怖势力的影响，国际恐怖主义的“黑手”伸向了国内，对新疆地区的影响尤为严重；另一方面，恐怖主义势力是社会稳定的“搅局者”，尤其是趁着国家举办重大活动时兴风作浪，制造破坏活动。

（二）暴恐犯罪的地理特点：新疆是暴恐犯罪的重灾区

根据GTD中记载的数据，除去未知的情况，在1988年到2016年间，我国大约有28个省份和地区发生过暴力恐怖主义事件，几乎遍布全国。其中新疆地区最为严重，约占全部暴恐犯罪总数的32.4%；北京、广东（广州）、上海等经济比较发达的地区也发生过

多次暴恐犯罪；其他省份和地区也时有暴恐犯罪发生，且有逐渐向内陆和东部沿海省份扩展的趋势。

同时，从犯罪主体也可以看出，新疆是暴恐犯罪最严重的地区。如表4－1所示，我国实施暴恐犯罪最多的是新疆的恐怖主义组织，如“维吾尔分裂主义者”“东突厥斯坦伊斯兰运动”“穆斯林分裂分子”。

表4－1　我国暴恐犯罪的主体（1988年～2016年）

犯罪主体	数量	百分比（%）
“维吾尔分裂主义者”	85	34.4
“东突厥斯坦伊斯兰运动”	10	4.1
“穆斯林分裂分子”	4	1.6
“藏独分子”	3	1.2
“克钦独立军”	2	0.8
工人	2	0.8
暴徒	1	0.4
未知	140	56.7
总计	247	100

目前，“东突”组织是影响新疆地区稳定最严重的一个恐怖组织，是“东突厥斯坦维吾尔族民族分裂恐怖分子”的总称。其宗旨是以恐怖主义手段分裂中国，在新疆进行独立运动，企图建立一个政教合一的政治实体——“东突厥斯坦伊斯兰国”。“东突”组织在20世纪后期开始通过联合境外的伊斯兰势力，成立了“东突厥斯坦国”，并在境外反华势力的支持下，朝着国际化趋势发展，企图寻求国际帮助，将新疆问题国际化，达到分裂中国的邪恶目的。另外，“东突”组织也在不断地暴力恐怖化，在暴力“建国”的方针指导下，在我国新疆和其他城市制造了许多爆炸、纵火、暗杀、打砸抢

等恐怖主义活动。

此外，“克钦独立军”是缅甸最大的民族自治武装之一，其与缅甸政府之间的武装冲突不断，战火有时蔓延至我国云南边境地区，严重扰乱了边民的生活、生产，甚至威胁边民的生命安全。“藏独”分子是分裂西藏、宣扬西藏独立的恐怖主义分子，近年来也受到境外反华势力的支持和鼓动，曾经策划、组织、实施了1987年和1989年的拉萨骚乱、2008年“3·14”打砸抢烧严重暴力事件。境外的恐怖主义思想传入境内，境内外恐怖主义势力相互勾结成立恐怖主义组织，在我国大搞分裂运动，严重危害了我国的国家安全和社会稳定。

还有一些民众与政府的冲突造成的群体事件和一些极端暴徒为报复社会而制造的恐怖事件，如在杭州、厦门、长沙、成都等城市发生的数起公交车纵火案等。这些个人极端犯罪多发生在内陆或沿海的大城市。一方面，大城市的工商业较为发达，但贫富差距大，存在一定的社会矛盾；另一方面，大城市人口众多，人群密集的公共场所较多，一旦发生暴力恐怖袭击会造成较大的社会恐慌，是极端主义和恐怖主义分子经常攻击的目标。

（三）犯罪手段与武器的特点：暴力与杀伤性的结合

根据表4-2中的数据显示，在我国暴恐犯罪案件中，最常用的袭击方式是轰炸、爆炸，超过全部恐怖袭击方式的半数以上。

表4-2　我国暴恐犯罪的袭击方式（1988年~2016年）

袭击类型	数量	百分比（%）
轰炸、爆炸	165	64.9
武装袭击	45	17.7
暗杀	13	5.1
劫机	13	5.1
基础设施攻击	9	7.2

轰炸、爆炸主要是利用一些火器、燃烧器等制成爆炸性装置，如炸弹、手榴弹等。之所以爆炸是最常用的恐怖袭击方式，一方面是因为它杀伤力够大；另一方面是因为它最便于犯罪分子安全撤离，炸弹可以在爆炸前安置好，甚至可以定时引爆。其次常见的是武装袭击，通过对被害人使用枪支、易燃物或锐器（刀等）造成人身伤害或直接致死，不包括使用拳头、石头、棍棒，或其他手持式（非致命性）武器的攻击。暗杀通常是对特定人进行的，如高级军官、政府官员、知名人士等，不包括攻击目标群体的非特定成员。劫机包括劫持航空器、火车、公交车、船只等。劫机与劫持人质（绑架）有所不同，劫机的目标主要是车辆，无论是否有人在其中。而劫持人质主要是为了控制人质进行要挟，实现其不法目的。基础设施袭击，是对基础设施进行破坏，例如，破坏宗教建筑物、铁路轨道、油气管道、水利设施、电路等。在大多数恐怖主义袭击活动中，恐怖主义分子并非只使用一种袭击手段和武器，通常会多种手段和武器共同使用。

二、基于 GTD 数据的中国暴恐犯罪具体特点分析

（一）年轻化与女性化

1. 恐怖分子年轻化。“东突”等“疆独”组织的成员构成近几年出现了年轻化趋势。截至 2015 年，已查获分布在新疆十个地、州内十多所高校的 300 多名大学生参加了恐怖分裂组织，而伊犁地区目前在押犯有恐怖活动罪的犯人约 1500 余名，年龄在 18 岁～20 岁之间的占大多数。[1]其实，公安部早在 2003 年发布第一批恐怖主义组织及其成员名单时就指出：“东突厥斯坦解放组织”是“东突”势力中最具危害性的恐怖组织之一，“该组织主要通过在中亚招募 30 岁

〔1〕储斌、陈丹宁：“论恐怖分子年轻化的历史、现状与成因”，载《云南警官学院学报》2016 年第 4 期。

以下的新疆维吾尔族人，及吸纳从新疆外逃的刑事犯罪分子、暴力恐怖分子，并对他们进行宗教、军事、体能等方面的培训，从事恐怖活动”[1]。

此外，策划煽动种种闹剧和分裂活动的“世界维吾尔青年代表大会”（又叫“国际维吾尔青年联盟”）从名称上即将自己定义为青年组织，“是一伙从中国新疆出境的维吾尔人和旅居境外的中国新疆人后裔联手成立的，是一个旨在将新疆从中国分裂出去的恐怖组织”，其人员构成以境内外的维吾尔族青年为主。从 2012 年 4 月 5 日公安部公布的第三批恐怖分子名单来看，他们中的大多数人在从事恐怖活动或成为恐怖分子时普遍比较年轻。“东伊运”主要骨干阿布都克尤木·库尔班 21 岁时，即前往南亚加入“东伊运”恐怖活动组织，接受暴力恐怖训练；麦麦提依明·努尔麦麦提 26 岁时两次纠集他人购买制爆物品，秘密制作爆炸装置，27 岁时在南亚参加“东伊运”恐怖活动组织，并接受恐怖培训；吐送江·艾比布拉 27 岁时前往南亚加入“东伊运”恐怖活动组织，并接受恐怖训练；努尔麦麦提·热西提也是 27 岁时前往南亚参加“东伊运”恐怖活动组织，并接受训练。[2]

从公安部公布的前三批恐怖分子名单中可以看出，年轻的恐怖分子已经逐渐成为恐怖组织和恐怖活动中的主体，他们参与在恐怖活动的各个阶段，年轻化已成为暴力恐怖活动的趋势。

2. 恐怖分子女性化。2008 年之前，暴恐犯罪活动中很少看到女性的身影。2008 年以后，暴恐犯罪活动中开始出现越来越多的女性恐怖分子。在 2014 年 5 月“严打暴恐”专项行动前，监狱在押的涉

---

〔1〕“资料：第一批认定的‘东突’恐怖组织、恐怖分子名单”，载中国网，http://www.china.com.cn/policy/txt/2012－04/06/content_25074246.htm，最后访问时间：2012 年 4 月 6 日。

〔2〕储斌、陈丹宁：“论恐怖分子年轻化的历史、现状与成因”，载《云南警官学院学报》2016 年第 4 期。

危、涉恐女犯不足300人，严打行动后至2015年7月底，监狱在押的涉危、涉恐女犯已升至1300余人。从近几年发生的暴力恐怖案件可以看出，女性参加暴力恐怖活动的人数在急速增加：2008年的“3·07”预谋炸机案、“8·10”库车连环爆炸案；2013年的“10·28”北京金水桥暴力恐怖袭击案；2014年的“1·24”新和爆炸案，“3·01”昆明暴力袭击案以及“7·28”的莎车案都有女性暴恐人员的参与。其中，“10·28”北京金水桥暴力恐怖袭击案的8名涉案人员中就有4名女性，占到一半；2014年的“1·24”新和爆炸案和“3·01”昆明暴力袭击案中均有两名女性参与。从这些案例中可以看出，恐怖分子女性化已成为恐怖主义发展的趋势。

（二）网络化与国际化

1. 恐怖主义的网络化。互联网是这个时代最伟大的发明之一，它的横空出世和狂飙突进式的发展，改变了人类世界的空间轴、时间轴和思想维度，并日益将分散的世界联结为超越时空限制和能够即时联络的地球村落。中国自接入互联网20多年来，已经成长为一个互联网大国，整个社会对互联网产生了日益深入的依赖。据中国互联网络信息中心2015年发布的《第35次中国互联网络发展状况统计报告》披露，截至2014年12月，中国网民规模达6.49亿，53.1%的网民明确表示自己难以离开网络，众多网民的信息获取、商品交易、交流沟通、生活娱乐越来越依赖网络提供的多样化服务。〔1〕但网络同时也是一把双刃剑，它在为人们提供帮助的同时也成为一些不法分子利用的工具，例如，在恐怖主义中其使恐怖分子得以在现实之外开辟新的战场，即网络恐怖主义。

第一，宗教极端思想传播网络化。近年来，网络上流行“网络恐怖主义”“电子圣战”“数字圣战”等新词。这些新词说明了宗教

〔1〕 朱碧波、罗云丽：“论我国边疆暴力恐怖活动发展的五大趋势”，载《云南行政学院学报》2016年第2期。

极端势力的渗透与媒体网络有着密不可分的关系。我国对国内极端主义的视频和文本控制得比较严格，但是国际互联网的开放性使得不法分子利用翻墙软件打破国家网络防火墙，从而接触了境外的极端网络，收发极端主义思想。正是这些“翻墙”得来的视频，使宗教极端主义势力逐渐形成。此外，宗教极端势力在境外设置网络服务器，利用手机、互联网、移动终端等传播宗教极端主义思想。这个伎俩使得不法分子侥幸逃离我国政府的监管。[1]近几年我国对地下讲经、传教的活动进行了清理，使得很大一部分宣传宗教极端思想的不法分子开始从网络中寻找渠道。网络相对于现实具有隐蔽性，所以很容易逃过政府的监管；另外网络的国际连接性也使得宣传更加高效，这些网络独有的优势为恐怖组织宣传宗教极端思想带来了新的契机。中国目前也是深受其害，随着这两年互联网的普及以及宗教极端势力向疆外流动，宗教极端思想与民族分裂思想开始在疆外省份蔓延传播。

第二，组织、策划、指挥恐怖袭击网络化。早先以关键领域的网络设施为攻击目标的网络恐怖主义受技术能力的限制开始“退而求其次”，转而利用网络为实施爆炸、暗杀、劫持等传统恐怖活动提供技术支持。以关键领域的网络设施为攻击目标的对象型恐怖主义开始转向以网络技术为犯罪工具的工具型恐怖主义。其主要表现为：通过网络搜索、收集情报信息，依靠社交网站或社交软件策划恐怖活动，传授制作爆炸装置、危险物品等犯罪方法。例如，在2008年的孟买恐怖袭击事件中，涉案恐怖分子就曾利用谷歌地图了解孟买的街道、建筑等布局情况；在2004年的马德里恐怖爆炸事件和2006年的莫斯科切尔基佐夫市场恐怖爆炸事件中，涉案恐怖分子都是通过互联网学习如何制作和引爆炸弹的。

〔1〕 刘利：“新时期民族地区防止宗教极端势力渗透研究”，载《陕西行政学院学报》2017年第2期。

网络社会化程度的提高使网络不再是难以企及的稀缺资源，技术的革新更是使其具有其他工具难以比拟的安全性、隐蔽性和便捷性，对恐怖分子而言，网络技术的普及和应用可谓“如虎添翼”。[1]恐怖分子看到了网络空间作为战略资源的重要性，开始自己组建网站或借助社交平台积极介入网络空间活动。如今网络空间中的暴恐音视频已经十分常见，普通人只要检索密码就可以观看恐怖组织的近期计划、各类型的制暴方法以及近期的攻击计划等等。

俄罗斯联邦安全局局长博尔特尼科夫称，“伊斯兰国”等恐怖组织还积极扩大与黑客集团的联系，组织“网络部队”，其网络攻击的技术水平不断提高，攻击的复杂程度也不断加大，世界正面临来自恐怖分子的更多网络攻击。6 月 25 日，美国俄亥俄州、马里兰州和纽约的政府网站被恐怖组织黑客“DZ”攻击；8 月 16 日，世界大学生运动会反恐调查局称 3 个网站遭“伊斯兰国”入侵；11 月 8 日，黑客“DZ”攻击加拿大萨斯喀彻温省阿尔伯特王子市的警局网站，并发布支持“伊斯兰国”的消息。据俄方估计，当前国际恐怖组织很可能把网络攻击的目标从国家信息资源转向关键基础设施，企图制造技术性事故和生态灾难。《欧洲时报》援引国际非政府组织“绿色和平”向法国提交的一份报告指出，法国 19 个核电站存在安全漏洞，面临恐袭威胁，一旦恐怖分子对关键基础设施发动攻击，后果不堪设想。

第三，资金流通网络化。如果说恐怖组织是一架运作精良的机器，那么资金就是驱动恐怖组织展开暴力恐怖活动的发动机。巨额的资金是维持恐怖组织的运转和开展暴力恐怖活动的前提。恐怖组织赖以生存的诸多环节，包括招募人员、培训人员、购买武器装备、策划恐怖活动、拉拢庇护恐怖主义的政权等，都离不开巨额的资金。

〔1〕 吴永辉：“网络恐怖主义的演变、发展与治理”，载《重庆邮电大学学报（社会科学版）》2018 年第 2 期。

美国调查人员称，“伊斯兰国”通过 eBay 建立全球金融网络，向在美国有意成为恐怖分子的人非法转移资金。自“9·11”恐怖袭击事件发生以来，以美国为首的多个国家多年来一直专注于阻止恐怖组织利用正规国际银行系统向准恐怖分子转移资金。新兴货币——比特币成为恐怖分子重点关注的对象，2018 年以来破获的多起资助恐怖分子的案件，都是通过不记名的比特币予以实现的。

2. 恐怖形势的国际化。第一，人员流动国际化。“9·11”事件后，中国籍武装开始被纳入国际视线。在 2001 年的阿富汗战争中，以美国为首的反恐联盟发现“东伊运”与“塔利班”关系密切。美国国会研究服务局的报告指出，在抓获并关押在关塔那摩的 22 名中国籍武装分子中，除了 5 名是在错误的时间错误的地点被抓获（被“赏金猎人”在巴基斯坦绑架）、10 名是在接受训练后意图回流新疆开展恐怖活动之外，其他 7 名是国际恐怖组织——“基地”组织的成员。[1]

为此，国际社会认为，曾一度在中国境内活跃的恐怖分子，其恐袭对象不再单指中国，开始向国际蔓延。在这一形势下，作为负责任大国，中国继续对境内恐怖主义进行防范和打击，同时开始在全球反恐怖斗争中发挥建设性作用。例如，我国积极推动联合国和主要国家将严重危害全球安全稳定的“东伊运”列入恐怖组织名单。2002 年联合国安理会、美国先后将“东伊运”列入恐怖组织名单，并进行相应制裁。但是，以美国为首的反恐联盟采用双重标准，将主要精力置于其认为危害美欧国家利益因而“更”具危害性的“基地”组织、“伊斯兰国”，忽视对中国籍武装分子的打击。例如，2004 年美国以“东伊运”不具备“组织化发动袭击的能力”为理由，将它从其恐怖组织名单中删除。虽然上海合作组织等地区组织加大了对中

[1] Kan, S. A, “US-China Counterterrorism Cooperation: Issues for U. S. Policy”, CRS Report for Congress, Vol. 2006, No. 6.

国籍参战者的打击力度（例如，2006 年以来，哈萨克斯坦、乌兹别克斯坦等国向我国引渡、遣返了多名参战人员），中国也加大了对涉嫌极端主义和恐怖主义公民的出入境管控，但仍未有效阻止中国籍参战者的蔓延态势。原因有二：一方面，20 世纪末，通过参加阿富汗战争以及违法朝觐（例如“伊吉拉特”），中国籍参战者在国外已经形成相当规模的存量。另一方面，21 世纪以来，个别国家对中国籍武装分子的支持以及“东伊运”的招募吸引，导致了一定程度的增量。例如，2014 年前后，中国籍武装分子由我国西南部云南、广西等边境地区非法出境，过境东南亚国家前往土耳其，被“东伊运”招募训练后，参加恐怖袭击活动。可以看出，在这一阶段，中国籍参战者开始增加并向国际蔓延。

恐怖分子从分裂新疆的跨境流动，到向国际社会的区域型蔓延，再到加入国际恐怖组织，成为外国恐怖作战人员，开展“全球圣战”，经历了一定的发展过程，既有其内部驱力，也有外来引力，归纳起来有五点：一是宗教极端主义浪潮在全球的兴起以及大型国际恐怖组织的成立，为包括中国籍在内的各国恐怖作战人员的分裂活动提供了思想指引和现实追求。二是中国开展的“严打”专项行动极大压缩了恐怖分子在境内开展暴恐活动的空间，其逐渐将视线转向境外。有学者认为，由于他们无法在中国境内得手，遂将“作战重点”转移至境外，专门针对中国海外目标进行破坏。三是国外个别国家和组织对中国籍参战者持同情乃至支持态度，使其能够在境外获得金钱等资助，具有一定的活动能力。例如，土耳其某官员曾表态，“‘东突厥斯坦’不仅仅是‘突厥民族’的家，也是‘突厥民族’历史、文明和文化的摇篮……‘东突厥斯坦’的‘殉道者’也是我们的‘殉道者’”。土耳其积极为中国籍参战者办理签证，并帮助其顺利出境。四是在“基地”组织、“伊斯兰国”等大型国际恐怖组织的招募下，中国籍参战者积极加入上述组织，试图使“新疆问题国际化”，鼓动国际恐怖组织向中国发动袭击。例如，2017 年“伊斯兰国”发布针对中国的第一个视频，声称要让中国“血流成河”。五是中国籍武装分子在参与国际恐怖活动的过程中，对“哈里发”有了“更深入”的理解，使得他们有了“更宏大的目标”，即不是仅在我国新疆，而是要在全球范围内建立宗教国家。

这一点，可从两方面得到验证：一方面，“东突厥斯坦伊斯兰运动”更名为“突厥斯坦伊斯兰党”，将“东”字去掉，即不再单指分裂新疆，而是要在包括我国新疆地区的整个中亚甚至全球范围内建立“哈里发”；另一方面，在“突厥斯坦伊斯兰党”发布的视频中，越来越多地采用“全球吉哈德”的话语体系和叙事风格。可见，其目的不再单纯指向新疆。在上述原因的相互作用下，中国籍参战者不再仅满足于分裂新疆，而是加速向国际蔓延，投身到“全球圣战”恐怖活动之中。[1]

第二，资金支持国际化。资金链条是恐怖组织得以运转的重要因素，恐怖组织在招募人员、购买武器以及日常生活开销方面都需要大量的资金，中国的“东突”恐怖组织也不例外。根据中国人民银行自 2004 年以来发布的年度《中国反洗钱报告》，2012 年前，全国检察机关和人民法院从未依据《刑法》第 120 条之一的“资助恐怖活动罪”办理过刑事案件。但是自 2012 年以来，以“资助恐怖活动罪”办理的刑事案件逐年增多，特别是 2014 年以来，全国检察机关、人民法院依据“资助恐怖活动罪”或“帮助恐怖活动罪”办理的刑事案件陡增。其中，2012 年，全国检察机关批准逮捕涉嫌资助恐怖活动犯罪案件 2 件 10 人，提起公诉 2 件 3 人；2013 年，全国检察机关批准逮捕涉嫌资助恐怖活动犯罪案件 3 件 4 人，提起公诉 2 件 13 人，全国法院审结“资助恐怖活动罪”案件 1 起；2014 年，

〔1〕 郭永良：“外国恐怖作战人员的全球动向及其战略应对——以中国籍人员为例”，载《中国人民公安大学学报（社会科学版）》2018 年第 2 期。

全国检察机关批准逮捕涉嫌资助恐怖活动犯罪案件41件81人，提起公诉27件61人；2015年，全国检察机关批准逮捕涉嫌资助恐怖活动犯罪案件92件181人，提起公诉71件167人，全国法院审结“资助恐怖活动罪”案件55起，生效判决51人；2016年，全国检察机关批准逮捕涉嫌“帮助恐怖活动罪”案件141件355人，提起公诉134件313人，全国法院审结“帮助恐怖活动罪”案件147起，生效判决153人。自2012年以来，全国检察机关和人民法院依据《刑法》第120条之一“资助恐怖活动罪”或“帮助恐怖活动罪”批准逮捕案件279件631人，提起公诉236件557人，审结案件203起，生效判决204人。[1]由此可以看出，当前对恐怖组织的资金支持已经不在少数，加之我国的恐怖组织本就是受其他国家或地区的支持才得以成立，所以在资金的渠道方面必然与国际上的一些恐怖组织和国家具有联系。

第三，恐怖组织国际化。“东突”组织于2002年9月被联合国列为恐怖组织，其本就是“基地”在我国的一个分支，与世界上其他恐怖组织的联系也非常频繁。尤其是近些年通过网络的传播，越来越多的国内恐怖分子开始偷渡出境前往世界上的其他恐怖组织，他们一般在国外接受训练，然后被恐怖组织遣返回国实施恐怖活动。随着国外恐怖势力的介入，“东突”问题早已不仅仅是国内民族问题，而已经演变为一个国际问题。

（三）针对性与明确性

我国暴恐犯罪袭击的目标往往具有针对性和明确性。首先，暴恐犯罪分子为了制造较大的社会恐慌和影响，往往选择在人群密集的公共场所实施犯罪，如公共领域的交通、商业场所等，这也是普通民众和私人财产成为攻击目标的原因。其次，警察是恐怖主义袭

---

〔1〕兰立宏：“论恐怖主义招募融资犯罪的防控策略”，载《山东警察学院学报》2018年第2期。

击的主要目标之一，这主要是因为警察在反恐前线工作，与恐怖主义分子发生直接冲突，因此，容易成为恐怖主义分子攻击的目标。再次，政府、教育机构、军事机构、媒体、宗教机构等都是具有一定象征意义的目标，恐怖主义分子攻击这些地方一是出于政治目的，二是出于宗教和意识形态目的。[1]

（四）回流性与全国性

1. 恐怖分子的回流问题。恐怖分子在国际社会活动之后向本国回流，是一种常态。在苏联从阿富汗撤军、科索沃战争和2001年阿富汗反恐战争后，都曾出现恐怖分子的回流。2011年，“伊斯兰国”在叙利亚、伊拉克突起后，一方面聚合世界各地的恐怖分子，一方面也使得部分恐怖分子回流到美国、欧洲、东南亚等地。这些回流的恐怖分子可以被划分为三种形式：“休整”式回流，在叙利亚等地参加一段时间的暴力活动后，一部分武装分子包括不少的恐怖分子回流母国进行休整；“工作”式回流，一部分恐怖分子回流母国进行招募、筹集资金等活动；“拓展”式回流，国际恐怖主义势力为拓展组织网络而有组织地推动一些人员回流。[2]

根据近几年的报道，中国籍武装分子一度非法出境从东南亚中转前往中东，与东南亚恐怖组织联系密切。在当前东南亚武装分子集中回流的大趋势下，我国势必也会出现回流问题，他们会以菲律宾南部为基地，从陆路和海路两个路线进行回流。而且随着国际战场的溃败，这种趋势会越来越明显。除了本国的恐怖分子会出现回流趋势，我国也要谨防其他国家的恐怖分子偷渡“回流”到我国。新疆由于近几年边防管控严密难以偷渡，而我国南方边境的广西、

---

〔1〕 叶小琴、康倩飞：“我国暴恐犯罪的特点与预防：基于GTD数据库的统计分析”，载《犯罪研究》2018年第1期。

〔2〕 张金平：“警惕国际恐怖分子回流潮”，载《中国国防报》2016年5月13日，第22版。

云南由于地理位置的特殊性，成为了偷渡的最佳选择。偷渡路线一般是经过越南、柬埔寨、老挝、泰国、菲律宾等国，最后从马来西亚等一些国家前往中东地区进入叙利亚参加“圣战”。这条偷渡路线在回流的过程中就顺理成章地成为了回流路线，而且经过几年的经验，已经被构建和使用得十分娴熟了。[1]

2. 恐怖活动的全国化趋势。第一，人员流动全国化。新疆地区反恐的全面升级，使得恐怖分子感受到了巨大的压力，他们一方面不断寻找新疆网格化反恐的漏洞，另一方面又不断开辟暴力恐怖活动的新场域，导致暴力恐怖活动的范围和攻击目标又发生了重大变化。其中体现得最为明显的是，暴力恐怖活动的范围已经开始出现外溢的态势，并出现了边疆恐怖活动向全国恐怖活动发展的潜在趋势。这是恐怖分子对我国防恐反恐体系深思熟虑、仔细权衡后的结果。

恐怖分子“不光是有讨价还价的能力，还是心理推测的专家”，“他们能够洞察人性的弱点和官僚制度的缺陷，尤其是懂得人类心灵深处的脆弱和痛苦之源”[2]，他们善于捕捉政府和强力部门的短板，并针对国家反恐格局的短板作出血腥性反击。当前活跃在我国境内外的恐怖分子在新疆反恐全面升级，暴力恐怖活动空间遭遇强力挤压的态势下，敏锐地捕捉到我国一些其他区域（包括核心大都市，东南沿海城市和内陆繁华都市）的反恐意识与反恐能力普遍不足的问题。在这些区域，暴力恐怖事件较少发生、民众反恐意识总体缺失、反恐力量比较薄弱，人口密度又相对较大，一旦发生暴力恐怖事件，将会比边疆暴力恐怖活动产生更大的社会损害和恐慌效应。在这样一种情形之下，传统活跃于边疆的恐怖分子调整恐怖主义活

---

〔1〕“高度警惕暴恐分子‘回流’危害我国家安全”，载微信公众号“安全研究”，http://mp.weixin.qq.com/s/V5XmikmNv4UciTykl9jkeg，最后访问时间：2017年10月27日。

〔2〕王逸舟等：《恐怖主义溯源》，社会科学文献出版社2010年版，第4页。

动范围，将暴力恐怖活动的目标转向反恐力量相对薄弱的其他区域就成了恐怖主义逻辑的必然演绎。

尤其以“10·28”北京金水桥暴力恐怖袭击案和“3·01”昆明暴力恐怖袭击案为标志性节点，昭示着暴力恐怖活动已经不再囿于新疆，而是开始攻击具有政治象征意义的首都城市，以及具有民族团结意义的省会城市。在不久的将来，暴力恐怖分子很有可能针对我国内陆区域防恐力量薄弱和反恐经验不足的特点，进一步策划暴力恐怖活动，从而使得边疆暴力恐怖活动向全国范围蔓延。

第二，极端主义思想渗透全国化。思想是一个人的最高内在指挥所，它虽然不会现实地实施恐怖活动，但对国家稳定的影响绝不亚于恐怖袭击。近几年来，极端主义思想的渗透已经从新疆境内发展到内陆的许多城市，尤其是在高校，新疆户籍的少数民族学生已经成为“三股势力”发展人员的主要目标。国家反恐怖工作部门调查发现，个别高校学生从事预谋暴恐活动、民族分裂活动，聚众参与宗教极端活动，宣誓成立宗教极端组织，预谋赴叙利亚参加“圣战”。境外“三股势力”向高校少数民族学生群体渗透图谋不减，大学生参与暴恐极端活动时有发生；少数高校学生受境外恐怖分子资助出境留学，暗中成立“伊吉拉特”团伙，与境外组织、恐怖分子勾连，意图出境参加“圣战”迹象凸显。据媒体报道，2012 年以来，中国公安部门查处高校学生涉恐案件、线索不断增多，甚至破获某大学学生暴恐团伙意图仿效“3·01”昆明暴力恐怖袭击案进行砍杀活动的案件；2015 年初，公安机关破获中央民族大学老师土某企图分裂国家团伙案件，该团伙吸纳 30 余名成员并开设敌对网站。

此外，高校内地下讲经、创建敌对网站、网上传播暴恐音视频、宣扬宗教极端思想日趋活跃。暴恐分子及“三股势力”极力向中国高校，特别是少数民族学生群体进行思想和活动渗透，企图在高校内培植力量、建立据点，策划实施恐怖活动，高校面临的恐怖威胁

正逐步上升。[1]高校的渗透是当前极端主义思想渗透向全国蔓延的一个突出表现，这种趋势如果不及早地遏制，必定会对我国的社会稳定造成威胁与危害。

第三，恐怖活动影响全国化。不同于之前反恐的地区主要集中在新疆，影响也主要集中在新疆的情况，近年来，恐怖主义活动所产生的影响已经向全国扩散，一方面是因为恐怖活动的实施地已经不局限于新疆，另一方面是因为新闻媒体的大肆播报。部分媒体自以为利用有噱头的新闻提高了自己的点击率、知名度，其实恐怖组织也想通过媒体扩大自己的影响力，二者不过是相互利用，一定程度上是恐怖组织利用媒体达到自己的目标。

2009年以前，新闻媒体中很少播报有关恐怖活动的相关新闻，人们对恐怖分子的理解仅仅局限于电影场景中，对我国的恐怖形势也不甚了解。经过这几年的媒体宣传，很多群众都对恐怖分子有了一定的了解，但由于媒体的刻意报道，很多民众对我国的暴恐形势不能正确理解，因此对新疆、对维吾尔族群众有了偏见，这种现象正是恐怖组织想要看到的。媒体的任意报道在使得恐怖活动影响全国化的同时，也使得恐怖组织一步步拥有了源源不断的人员基础。因此，对于这种现象与趋势，我国应加强对媒体群体的管理。

（五）与其他犯罪的交融性

为了保持恐怖组织的正常运转，恐怖分子极力通过各种方式展开恐怖活动融资，其融资手法既包括通过前台公司的合法商业活动进行资金筹措，也包括通过各种有组织的犯罪来进行融资，如毒品走私、军火走私、贩卖人口、伪造货币、绑架、诈骗等。

---

〔1〕李恒："高校反恐形势分析与防范对策"，载《中国刑警学院学报》2017年第3期。

第五章　我国暴恐犯罪的原因

第一节　暴恐犯罪原因分析的方法论

一、犯罪原因分析的方法论选择

任何一类犯罪，不论是产生还是发展变化，背后都会有其深层次的原因。探究犯罪背后的原因，为预防与打击犯罪提供思路，是犯罪学诞生以来的核心课题之一。对于犯罪原因的分析，现已产生了众多的解决思路，比如西方学者就往往追求用实证研究方法来探究单个因素与犯罪之间的联系，他们认为，"引起犯罪的'因素群'中的每一种因素在一定情况下都起着独立的作用，并且之间没有主次，也没有原因与条件之分……他们只重视每个因素与犯罪之间的孤立联系，而不研究各个要素之间的相互联系"〔1〕。

自犯罪学这门学科在西方产生以来，关于犯罪原因的分析就始终存在着两种路径，即分别从犯罪人的内因与外因两方面分析犯罪。由古至今，犯罪学研究者们有的强调犯罪人的内因在犯罪中的作用，有的则强调外因对犯罪的影响，由此也产生了两种截然不同的论断，即自由意志论与因果关系论。

---

〔1〕 王牧："犯罪原因论概述——兼论犯罪学的基本范畴"，载《吉林大学社会科学学报》1991 年第 4 期。

自由意志论主要试图探求犯罪人的内因对犯罪的发生所起的作用，主张犯罪人实施犯罪完全是其个人自由选择的结果，即个体的犯罪意识是实施犯罪的决定性因素，而环境因素是犯罪发生的边缘因素。自由意志论主要包括个体生理—心理因素决定论以及理性选择理论。广义的理性选择理论集合了贝卡里亚及边沁的古典犯罪学理论、罗纳德·克拉克及德里克·科尼什的狭义的理性选择理论。劳伦斯·科恩及马库斯·菲尔逊的日常活动理论，可谓自由意志论中最具代表性的观点之一，该理论认为，人之所以选择犯罪，主要是每个人理性选择的结果，人们奉行功利原则，寻求快乐，避免痛苦，追求用最小的代价获取最大的收益。就此理论分析，人们犯罪的主要原因一是刑罚在确定性、严厉性、对犯罪反应速度等方面的不足；二是非正式的社会控制效果较低，即社会对某一违法犯罪行为态度较为宽松，社会压力较小；三是犯罪成本较低，即阻止犯罪发生的各类预防机制效果不佳，如被害目标易受损害、社会安保较差等。这三类原因导致了行为人认为自己的犯罪行为带来的“收益”要远远大于这一犯罪行为的成本和其带来的刑罚后果，基于此种思考判断，犯罪行为最终发生。

而因果关系论则从个人所处的环境出发，力求阐明环境因素对于促使犯罪行为发生的作用，其主张导致犯罪人实施犯罪的决定性因素是犯罪人意识之外的种种环境因素，主要包括经济发展状况、文化背景等社会因素。犯罪人受制于因果法则，在环境因素的影响下实施犯罪。因果关系论主要包括个人环境决定论和社会环境决定论。社会环境决定论主张社会的不平等、贫富差距等社会问题是产生犯罪的根本原因，比如法国犯罪学者拉柯沙尼就说过：“社会环境是发育犯罪者之热。犯罪者是发酵母。”美国学者迪尔凯姆。默顿的失范/压力理论是社会环境决定论最具代表性的论断。默顿主张，每个社会的文化都会确立值得每一位社会成员追求的奋斗目标，同时也会确定每一位成员追求这一目标的规范手段，社会中的每一个人都应该通过规范的、合法的手段追求社会目标，不能僭越规范手段。而当个人感到自己无法通过规范手段追求社会目标，或者难度过大时，就会产生不平衡的状态，由此可能产生包括犯罪行为在内的各种失范行为。

纵观犯罪学的整个发展历史，众多的犯罪学家基于以上两种思维路径，从各种独特的视角提出了自己的犯罪原因理论，这些犯罪原因理论“都构成对犯罪形成的社会机制的一个独特视角的观察与分析，并且在它这个视角下已经将观察的对象透析得淋漓尽致、深刻之极”〔1〕。但是这些理论往往不能全面地分析犯罪，在解释犯罪的某些方面时会难以自圆其说——因果关系论并不能回答“为何社会中有人犯罪，有人却并未犯罪”的问题，且忽视了人的主观意志，将人类等同于处于环境中的动物；而自由意志论过于强调人的主体选择，却忽视了人的主观选择往往是在社会环境的影响下做出的。因此，以上两种论断都存在着先天的不足，我们要正确看待犯罪中的个体因素（内因）与环境因素（外因）的作用，认识到犯罪的发生是行为人的“内因与外因相互作用的结果，相互作用的双方是相互依存的，没有彼即没有此，没有此即没有彼”。

因此，可以看出，促使暴恐犯罪发生的原因要素主要分为两大类：一是暴恐犯罪分子所处的环境因素即自然环境与社会环境。其中自然环境指的是影响暴恐犯罪发生的地形、气候等自然因素，社会环境则主要指社会中的政治、经济、人口、历史等因素。二是暴恐犯罪分子的个体因素，主要包括暴恐犯罪分子的生理因素与心理因素。需要指出的是，对于导致暴恐犯罪发生的社会因素与个人因素，社会因素往往是间接的，但却是根源性、主导性的；个人因素

---

〔1〕 张小虎主编：《犯罪学》，中国人民大学出版社 2013 年版，第 103 页。

则是直接的、后果性的。因此，分析暴恐犯罪的原因，首先要确定原因分析的基本思路是综合研究暴恐犯罪背后的个人因素与社会因素，不能孤立地看待两者之间的关系。

我国的犯罪学学者很少探究内因、外因等单个因素与犯罪之间的关系，而是侧重于探究犯罪背后的所有因素，并且注重各个要素之间的相互联系，按照原因要素在系统内部的不同结构与不同层次形成犯罪原因的结构层次，也有学者将其称为“罪因结构”。就暴恐犯罪而言，其在我国产生且不断猖獗的背后有着复杂的原因要素，历史、民族、文化、社会、宗教、经济发展、冲突扩散、政策法规或国际援助等都可能对暴恐活动的发生与持续产生影响。因此，像西方学者那样主张任何单一因素为影响冲突的主要原因，或是作为预测未来冲突的依据，均可能过于简单化。因此，我们需要以犯罪原因的层次结构来对导致暴恐犯罪产生与变化的所有要素进行分析。

二、犯罪原因的结构层次选择

在确定了犯罪原因的基本分析思路之后，我们要确定暴恐犯罪原因的具体结构层次，即“罪因结构”。根据犯罪原因的不同要素在犯罪原因系统中的不同结构和层次，按照不同的标准，可以将犯罪原因划分为不同的结构层次。目前，我国犯罪学界对于犯罪原因的划分，主要有以下几类结构层次：一是按照犯罪原因在引起犯罪行为中所起作用的大小或者作用程度，将犯罪原因分为犯罪根源、犯罪原因、犯罪条件、犯罪相关因素。王牧教授在此基础之上又进行了更加细致的划分，即犯罪根源、犯罪基本原因、犯罪直接原因和条件、犯罪诱因和犯罪人的个性。[1]二是根据犯罪原因引起的犯罪的不同特征和犯罪原因的作用范围，将犯罪原因划分为犯罪现象原

〔1〕 王牧主编：《新犯罪学》，高等教育出版社2010年版，第145～146页。

因、犯罪类型原因和个别犯罪原因。三是按照犯罪原因的存在情况将犯罪原因要素划分为社会性原因与个体性原因。除此之外，还有其他的分类方法。分析以上几类结构层次，我们认为第一种分类方法更加适合暴恐犯罪的原因分析，可以对反恐、防恐起到重要的启示作用，做到标本兼治。

根据以上确定的相关标准，可以总结出在进行暴恐原因分析时应遵循的方法：把犯罪现象放在社会这个大背景之下，在社会作用犯罪产生这一总的决定因素的前提下，按照犯罪的社会因素与个人因素的思路探究暴恐犯罪背后的根源原因、犯罪原因（狭义）、犯罪条件与犯罪诱因。

第二节　暴恐犯罪的犯罪根源分析

一、犯罪根源的内涵

对于暴恐犯罪的犯罪根源，国内外的学界都提出了自己的看法，有的学者认为经济贫穷是暴恐犯罪的根本原因，而有的学者则认为文化因素是根本原因，另外，政治因素、心理因素、宗教因素等都被认为是暴恐犯罪的犯罪根源。这些学者在这一问题的研究上存在误区，原因之一是没有理清犯罪根源的含义。所谓犯罪根源，是具有“终极性”的犯罪原因，处于犯罪原因的最末端、最深层，就如同王牧教授所称的那样，“根源之后的认识是没有意义的，或者是没有必要的，也就是说根源之后就‘没有什么要认识的了’”[1]。因此，现如今，关于暴恐犯罪的犯罪根源的研究大多是关于犯罪原因的研究，只不过学者们提出的都是一些他们自认为较为重要的原因

〔1〕 王牧：“犯罪根源是理论逻辑上的一种指向——再论犯罪根源”，载《中国刑事法杂志》1998年第3期。

罢了。当然，正因为犯罪根源的终极性，当前的暴恐犯罪的犯罪根源也大抵是现阶段大多数犯罪的根源，而且学者关于犯罪根源的研究已经取得了相当的研究成果，因此，我们就这一问题仅进行简单介绍。

二、暴恐犯罪的根源是生产力与生产关系的矛盾

研究暴恐犯罪的犯罪根源，首先必须要对暴恐犯罪的产生和发展历程进行思考。众所周知，最新一次的恐怖主义浪潮属于宗教极端型恐怖主义，其背后的思想根基就是宗教极端主义。正是受到宗教极端主义思想的影响，在伊斯兰国家诞生了众多的恐怖组织。而宗教极端主义的产生又是因为伊斯兰复兴运动的影响。

近现代以来，伊斯兰复兴运动开始兴起，并在 20 世纪 70 年代进入高潮。这一时期，西方国家的实力迅速提升，西方的文化、思想、生活方式开始进入到伊斯兰世界，原本的伊斯兰价值受到了很大的冲击。正是在这种背景之下，伊斯兰界的人士开始提出要复兴伊斯兰文化，提倡用伊斯兰的方式振兴伊斯兰，尤其是在 20 世纪 70 年代伊朗建国之后，这一运动进入高潮。伊斯兰复兴运动表面上看是用伊斯兰文化抵制西方文化，本质上则是该地区的生产力与生产关系、经济基础与上层建筑之间的矛盾，因此，伊斯兰世界渴望通过“建国”等方式来改造本地区的上层建筑，最终促进生产力的发展。

就我国的实际情况而言，我国的暴恐活动不仅具有宗教极端的性质，还有民族分裂的特征。而其民族分裂性的本质上也是生产力与生产关系、经济基础与上层建筑的矛盾导致的。与宗教极端主义思想类似，我国民族分裂主义思想的核心内容就是“泛突厥主义”与“泛伊斯兰主义”，而“双泛”思想同样是在西方国家国力日强，而本“民族”实力仍然孱弱的背景之下产生的。

综上可知，我国暴恐犯罪的犯罪根源同样可以说是生产力与生产关系、经济基础与上层建筑之间的矛盾。“三股势力”频频以新疆地区经济落后为借口进行资源招募，正说明了这一点。因此，大力发展经济，改变生产关系中不适应生产力的部分、上层建筑中不适应经济基础的部分方为解决我国暴恐犯罪的治本之策。

第三节　暴恐犯罪的宏观原因分析

一、思想文化要素

关于我国的暴力恐怖活动，习近平总书记在考察新疆过程中曾提出：“暴力恐怖活动根子是民族分裂主义，思想基础是宗教极端。”[1]一般认为，这三者之间的关系为：民族分裂是目标，宗教极端是旗帜，暴力恐怖是手段，而民族分裂主义既是暴恐犯罪的目标，同时也是我国暴恐犯罪背后的重要思想基础。由此可见，我国的暴恐犯罪背后的思想原因包含着两部分内容：宗教极端主义以及民族分裂主义。

在不同国家、地区，暴力恐怖活动背后的思想动因并不一致，有的仅受宗教极端主义或民族分裂主义其中一个因素的影响，也有的则是受众多因素的共同影响。我国作为一个多民族的国家，宗教极端主义与民族分裂主义这两种思想相互交织，不断融合，一并影响着我国暴恐活动。因此，要探究我国暴恐犯罪背后的思想原因，决不能将宗教因素与民族因素割裂开来进行分析，而必须将两者作为一个有机体来探究。我国“三股势力”宗教性与民族性相融合的特点最明显地体现在其政治目标上，即我国“三股势力”的最终目标就是要谋求在我国新疆地区建立一个以维吾尔族为主要群体的伊斯兰国家，也就是所谓的“东突厥斯坦伊斯兰共和国”。“东突厥斯

---

[1] 新疆日报评论员：“正本清源　正信正行”，载《新疆日报》2015年6月10日。

坦”代表着其民族性，而“伊斯兰”则代表着其宗教旗号。综上，我们将通过对我国暴恐犯罪背后的宗教极端主义与民族分裂主义思想的介绍来揭示这两者与我国暴恐犯罪之间的内在联系。

（一）宗教极端主义

1. 宗教极端主义的概念。宗教极端主义作为一个复合词，其概念界定与恐怖主义一样，并无一个统一的认定。金宜久教授认为极端主义包括思想与行为两方面的内容，“既有思想观念，又有主张要求和行为活动”。其内容一是作为思想内核的“系统的、由偏激而致极点（极端）的思想观念”，二是由思想内核外化而成的以主张要求形式表现出来的说教式的极端主义以及将思想内核付诸行动的行动式的极端主义。在此基础上，金宜久教授进一步提出宗教极端主义应当是：“与宗教有关的、具有由偏激而致极点的主张要求，或以偏激的手段实现其主张要求的行为活动。”[1]马品彦教授认为宗教极端主义就是“一些利益集团打着宗教的旗号，对宗教进行歪曲和极端化的解释，煽动宗教狂热和极端思想主张，制造在不同世俗信教群体之间仇视和斗争，并采取极端手段，以求摧毁一切现存社会秩序和世俗国家”。[2]在贾宇教授主编的《中国反恐怖主义法教程》中并没有明确给出宗教极端主义的概念，而仅仅是对极端主义作了界定：“某种信仰体系或价值体系达到极端或绝对的程度，以至于完全不能容忍任何相异于这种信仰体系或价值体系的观点和态度的存在，对异己者、异见者采取完全的歧视、敌视、仇恨的态度，主张用暴力手段或者侵犯他人合法权利与自由的手段实现其主张、消灭不同的思想以及持不同思想的人群、组织或政治实体的思想主张。”[3]

由以上几个学者对宗教极端主义给出的不同的定义可以看出，

〔1〕 金宜久：“宗教极端主义的产生和特点”，载《中国宗教》2014年第6期。

〔2〕 马品彦：“宗教相济主义的本质与危害”，载《新疆社会科学》2008年第6期。

〔3〕 贾宁：《中国反恐怖主义法教程》，中国政法大学出版社2020年版，第96页。

虽然各个学者对于宗教极端主义有着不同的认识，但大都包含了以下几个核心要素：一是其目标是实现其政治目的；二是宗教极端主义不同于宗教，但其总是以宗教为旗号；三是其实现目标的手段通常是煽动狂热，制造对立。因此，可以说宗教极端主义就是“冠以宗教之名，在宗教名义之下”，背离正确的宗教原则与宗教价值极端化、狂热化的主张与行为。

2. 宗教极端主义的内容。根据金宜久教授的观点，宗教极端主义是在宗教的自我变革中异化、蜕变而成的，因此，可以说宗教极端主义会产生于任何宗教。伊斯兰教的“基地”组织、“伊斯兰国”、斯里兰卡的佛教极端主义、中世纪基督教的“十字军东征”皆为此例。此外，印度教、锡克教、犹太教、日本神道教等也存在着“各自宗教背景和宗教特点的极端主义”。而不同国家和地区的宗教极端主义因宗教、民族、经济发展状况、历史等各个因素的不同，其人员、组织状况、主张、活动方式也会有所不同。当前，我国暴恐活动主要是受伊斯兰极端主义的影响，因此，我们将主要介绍伊斯兰极端主义思想的内容及特点。

从近现代开始，伊斯兰教的复兴浪潮不断持续，伊斯兰原教旨主义就是最好的例证。而伊斯兰极端主义就是“极端化、狂热化、绝对化和非理性化”的伊斯兰原教旨主义。因为我国为多宗教国家，加之伊斯兰教在我国属于一个外来宗教，因此，我国伊斯兰教的发展受外来思想的影响比较大，这一特征在近代以来的新疆地区表现得尤为明显。我国暴恐犯罪背后的伊斯兰极端主义思想往往受到多种思想的影响，其中最主要的是沙特阿拉伯的瓦哈比主义〔1〕、埃及

〔1〕瓦哈比主义的性质至今在学界都存在着巨大争议，很多学者认为瓦哈比教派不过是正常的教派观点，并不是伊斯兰极端主义思想，也就不会是我国暴恐犯罪的思想元凶，但毫无疑问的是，我国的“三股势力”提出的主张大多都受到瓦哈比教派的影响或启发。

穆斯林兄弟会思想以及巴基斯坦伊斯兰教促进会思想等。

在对影响我国的这些伊斯兰极端主义思想进行梳理之后，我们可以发现，我国“三股势力”在对各个派别的伊斯兰极端主义思想吸收、归纳之后，大体形成了以下思路：首先通过挑起社会矛盾来对现行的社会秩序、社会制度进行抨击、否定；继而提出应当建立以伊斯兰教法为唯一社会规范的“真主独一”的，具有正当性、合理性、唯一性（包括符合伊斯兰教法的社会规范以及政治体制）的伊斯兰国家；最后提出建立以上愿景的方式就是通过“圣战”——这当然是伊斯兰极端主义者别有用心改造出的“圣战”。因此可以说，在我国，伊斯兰极端主义思想主要包含在以下几个方面：

（1）制造、煽动社会、民族、政治等众多矛盾，来摧毁现行的社会秩序与价值观念。近几十年来，由赛义德·库特布在狱中撰写的《在古兰的绿荫下》缩编而成的《路标》成为了伊斯兰极端主义势力的重要思想源泉。这本书传入我国之后，也出现了“一个以‘丁星’之名翻译的但无出版社、出版年月的译本”。这本书可以说是“用极端片面和非理性主义”来解释伊斯兰教的典型代表，对我国“三股势力”的观点形成起到了重要作用，也在我国的穆斯林群体中产生过一定的影响。以这一著作为基础，伊斯兰极端主义势力形成了制造群体间矛盾，反对现有社会秩序的一系列观点。

《路标》一书将当今时代中非伊斯兰的文化、政治制度、思想观念等人类数千年的智慧结晶，统称为“蒙昧”，认为“当今的时代等同于蒙昧时代”。而《古兰经》中所谓“蒙昧”是指伊斯兰教兴起前阿拉伯部落社会愚昧落后的状态。在其看来，“当今世界上的一切的非伊斯兰制度，包括资本主义制度、社会主义制度、民族主义制度等，都是‘蒙昧主义’制度”。[1]这恰恰反映了伊斯兰极端主义

〔1〕 金宜久主编：《当代宗教与极端主义》，中国社会科学出版社2008年版，第403页。

者所谓的目标、手段、方式不过是对伊斯兰教义的歪曲、篡改。基于这种“蒙昧主义”的理论，其提出要敢于“怀疑一切、否定一切”，并将其所指称的“伊斯兰教”作为“光明的方向”。

基于此，我国的“三股势力”提出了各种反对“非伊斯兰”的主张。一是在民众的生活方面，他们肆意干涉、诋毁维吾尔族的民族风俗习惯，提出舍弃民族服饰、穿蒙面罩袍、必须留大胡子、婚礼不能唱歌跳舞、葬礼不能哭等各种措施。二是在社会制度方面，他们提出拒绝使用户口本、身份证、结婚证等法定证件，拒绝使用人民币、拒绝学习汉语等主张，这本质上是对我国人口、婚姻、法律、金融秩序的践踏与破坏。正是基于以上否定所有“非伊斯兰”观念的影响，才导致“三股势力”及部分穆斯林对我国基本的社会制度、价值观念不断地仇视、践踏。

（2）鼓吹建立以伊斯兰教法为基础的“伊斯兰道路”，并建立伊斯兰国家。在对当今世界各种现行的“非伊斯兰”社会秩序、价值观念、文化风俗进行完全否定之后，“三股势力”为所有的穆斯林提供了一个“光明的、正确的前途与出路”，那就是发展自己的“伊斯兰道路”。他们所谓的“伊斯兰道路”就是在排除其他道路的基础上，以伊斯兰教法构建伊斯兰的社会制度与个人规范，并建立“伊斯兰国家”。为了论证这一道路的合理性，赛义德·库特布“将‘真主主权’与国家主权对立起来，并将伊斯兰教法视为‘真主主权’在人类社会生活领域的最高体现，认为统治者应当用‘教令’的方式来管理，并发动‘圣战’”。[1]

综合来说，“三股势力”的相关设想主要集中在以下两方面：一是在社会规范上，主张用伊斯兰教法完全取代国家法制，将其作为调整社会秩序的唯一规范。前文所述的主张穆斯林不得使用国家户

---

〔1〕金宜久主编：《当代宗教与极端主义》，中国社会科学出版社2008年版，第403、404页。

口簿、身份证，男女结婚不通过国家登记，而仅仅通过宗教人士主持等都是其主张用伊斯兰教法取代国家法律制度的直接表现。二是在国家形式上摧毁现行的社会主义制度，建立“伊斯兰国家”。在新疆企图建立伊斯兰国家的本质就是要将新疆从我国分裂出去。为了这一政治图谋，“三股势力”主张一方面要积极进行分裂国家的秘密行动，另一方面也要对我国新疆的党政军部门进行攻击，试图瓦解这些部门在新疆的管理。正是基于对“三股势力”构建的愿景的憧憬，那些深受伊斯兰极端主义影响的穆斯林死心塌地地投身到自认为值得奋斗终生，甚至献出生命的“事业”中去，而实现这一“事业”最有效的方式就是进行暴恐活动。

（3）大肆篡改、鼓吹、宣扬“圣战”理论来为其进行暴恐活动、制造社会恐慌提供“法理依据”。在为所有穆斯林提供了所谓的愿景的同时，“三股势力”提出了实现以上设想的具体方式，那就是进行暴恐活动。但是，暴恐活动多是通过砍杀、爆炸、冲撞等方式杀伤普通平民，这就要求伊斯兰极端主义者为这些反人性的行为寻求“合理化”“正当化”的“法理依据”。篡改“圣战”理论并鼓吹其正当性就成为了其主要的应对方式。

关于“圣战”一词，众多学者都认为其原本是一个中性词，并无褒贬之分。但在伊斯兰复兴运动的过程中，伊斯兰原教旨主义者开始对“圣战”一词肆意解释，试图将其作为复兴伊斯兰教的有力理论。因此，从伊斯兰原教旨主义中衍生而出的伊斯兰极端主义就自然而然地继承并强化了“圣战”的作用。可以说，在赛义德·库特布、瓦哈比主义以及本·拉登等影响下的“圣战”论对我国部分穆斯林群体产生了影响。概括来讲，伊斯兰极端主义势力的“圣战”观主要有以下几方面内容：

第一，在“圣战”的地位上，将这一行动视为实现目标的中心任务。伊本·泰米叶作为伊斯兰“圣战”理论的奠基人，“赋予了

‘圣战’前所未有的地位，认为它‘比伊斯兰教功修中的礼拜和朝觐还要重要，比在圣地麦加居住更值得嘉许’”。[1]此后，经过该理论的不断“发展”，“圣战”已经被伊斯兰极端主义者视为每个穆斯林必须履行的宗教功修。本·拉登也曾明确表示“这个宗教的中心是圣战”[2]。

正是基于以上各个伊斯兰极端主义的“圣战”理论，我国“三股势力”提出了相似的观点，如我国新疆的“东突厥斯坦伊斯兰解放党”在其“宣言”第8条中，明确提出“进行圣战是我们的任务”；其“基本纲领”第2条规定其现阶段的任务是“为真主和伊斯兰而敢于进行圣战”。[3]可见，我国的伊斯兰极端势力同样将“圣战”运用到对暴恐活动的理论支持中来。

第二，将“圣战”的发起者、形式等不断泛化，扩大“圣战”的适用范围。首先，在“圣战”的发起者、召唤者上，按照伊斯兰教义的规定，只有哈里发或者伊玛目有权利宣布进行“圣战”，但在伊斯兰极端主义下，似乎谁都可以发动“圣战”。最著名的例子就是本·拉登先后发布了《圣战宣言》与《圣战檄文》，宣布发动对美国等西方国家的“圣战”。其次，在“圣战”的形式上，一般来讲，伊斯兰教将自杀视为大罪，而伊斯兰极端主义者经常以圣战为借口使用自杀式攻击手段，自杀式人体炸弹、汽车炸弹等皆是如此。这种行为无疑是违背伊斯兰教义的。最后，在“圣战”的对象上，极端化的“圣战”下进行的暴恐犯罪往往直接袭击平民，儿童、妇女、老人皆不能幸免，这违反了伊斯兰教义反对杀戮平民以及“圣战”必须要有正义性的要求。

---

〔1〕 丁隆：“‘圣战世界’的暴力逻辑”，载《世界知识》2015年第10期。

〔2〕 王伟、王凌、龚佳编著：《隐身大亨本·拉登》，长春出版社1999年版，第51页。

〔3〕 金宜久：“对‘圣战’的简略考察”，载《世界宗教文化》2016年第4期。

第三，通过将“圣战”神圣化，诱惑、蒙骗信教群众进行暴恐活动。自从“圣战”理论诞生以来，这一行动就因其本身的宗教性、正义性，给信仰者浓厚的神圣感、满足感，它的这一特性也被伊斯兰极端主义者不断放大、拔高，以此来不断吸引信教群众。赛义德·库特布就曾宣称“伊斯兰不仅仅是一种把它的信仰通过宣讲方式传达给人们就满足的单纯信仰，而是一种体现在有组织的运动体之中的行动起来解放全人类的道路”，而这种方式就是“圣战”。另外，本·拉登也曾将宣布从事“圣战”认为是传播“真主的神谕”。而在我国新疆地区，“三股势力”在宣扬“圣战”的神圣性的同时，不断在新疆的穆斯林群体中推崇曾在境外参加过“圣战”的民众。根据有关调查显示，曾在叙利亚、伊拉克、阿富汗等中东、南亚地区参加过“圣战”的人在回到新疆之后，在民众之中就会有很大的影响力。

第四，通过渲染为“圣战”献身后的“美好归宿”，充分利用穆斯林群众愿意为信仰献身并想要逃离现实的心理。世界各地的伊斯兰极端主义势力为了吸引更多的信教群众为所谓的“圣战”而献身，不惜编造各种关于天堂的谎言，其中最有名、最让人匪夷所思的就是将天堂形容成有牛奶和蜂蜜的河流，河流岸边有72名处女排队等候他们。另外，真正进行“圣战”的最底层群体往往是社会上的失意者或者食不果腹者等，正因如此，他们往往会有强烈的逃避现实的心愿。正是基于以上两点心理，伊斯兰极端势力吸引了众多的穆斯林参与到“圣战”之中。

3. 宗教极端主义的特征。关于宗教极端主义的特征，不同的学者尚未形成完全一致的观点。究其原因，是不同的学者往往从不同的角度来看待宗教极端主义，比如金宜久教授就侧重于从宗教与宗教极端主义的区别的角度来总结，因此认为宗教极端主义有欺骗性与说教性的特点；而包括马品彦教授在内的许多学者则认为宗教极端主义具有暴力性。对这些观点进行简单归纳总结之后，笔者认为，宗教极端主义具有四大特征，即政治性、排他性、欺骗性、暴力性。

第一，政治性。宗教极端主义与宗教本身最大的区别就在于它已经超越了宗教的范畴，其主张不再仅限于个人信仰领域，而已经变成了完全的政治思想。正是基于这种区别，金宜久教授也将这一特征称为非宗教性。可以说，宗教极端主义的政治性表现在方方面面，它的目的、动机、思想主张、组织形式、行为规范、活动手法等都已经超越了宗教的范畴，显示出其背后的政治意图。比如伊斯兰极端主义势力的目的是建立“真主主权”的伊斯兰国家，他们将伊斯兰教法视为唯一的社会规范，认为“伊斯兰政权”才是唯一合法的政权形式等。由此可以说，宗教极端主义是“宗教的变态，是宗教名目下地地道道的政治”。[1]

另外，以伊斯兰极端主义为例，其之所以会有伊斯兰的名目，主要有以下几个原因：其一，伊斯兰极端主义产生于伊斯兰教，是从伊斯兰教的教派之中蜕变而成的，它虽然已经脱离了伊斯兰教的母体，形成了完全独立于伊斯兰教的主张，但它仍不可避免地天生就带着伊斯兰教的“基因”。当然，正是因为这种“基因”上的关联，才会使得民众混淆了伊斯兰教与伊斯兰极端主义。其二，伊斯兰极端主义者也乐于打着伊斯兰教的旗号，披着宗教的外衣进行活动，这样他们就可以利用民众的宗教信仰将他们吸收到自己的组织中来，从而不断扩大自己的力量，最终实现其个人的非法政治意图。

第二，欺骗性。宗教极端主义的欺骗性（也称虚伪性）表现在其以宗教为大旗，以“所信仰的神灵的启示、旨意和经典的教诲”为说辞，一方面吸引了众多的统一宗教的信仰者，增强了其势力，另一方面又为自己暴力的行为方式、非法的政治图谋提供了冠冕堂皇的理由。如前文所述，伊斯兰极端主义者对包括“圣战”“安拉

〔1〕 金宜久：“宗教极端主义的产生和特点”，载《中国宗教》2014 年第6 期。

唯一”在内的众多伊斯兰教义进行随意篡改，就是为了蒙骗、煽动具有朴素的宗教情感而缺乏宗教知识的信徒，以此来对抗政府、屠杀民众。可以说，他们就是要把政治目的宗教化，使“虔诚的宗教信徒难以识别……成为他们实现其政治目的的工具和牺牲品”。[1]

第三，极端排他性。关于这一特点，有的学者仅称为排他性，有的学者则认为该说法不妥。对此，马品彦教授认为世界上所有事物都有其排他性，“没有排他性该事物就会失去其本性，从而演变为另一个新事物。但一般事物在排他的同时，也具有包容性，即可以吸收融合其他事物的某些因素”。[2]笔者也赞同马品彦教授的这一观点。以伊斯兰极端主义为例，其极端排他性表现在文化、思想观念、行为方式等众多方面，甚至在伊斯兰教的不同教派之间也会有此斗争。在思想上，伊斯兰极端主义者一直宣扬“不要西方、不要东方、只要伊斯兰”，并鼓吹“伊斯兰至上”；在行为上，伊斯兰极端主义者不择手段，采取各种方式排除包括文化、人员、制度等方面在内的“异己”，阿富汗“塔利班”摧毁巴米扬大佛一事就证明了这一点；在政治制度上，伊斯兰极端主义者宣扬一切非伊斯兰的制度为“蒙昧主义”制度，要推翻世界上所有“人统治人”的制度，建立一个只崇拜真主的“天国”。

第四，暴力性。宗教极端主义是否具有暴力性，不同的学者有着不同的认识。持反对观点的人认为宗教极端主义在刚开始并没有暴力性的倾向，只是后来被别有用心之人利用，才掺杂了暴力恐怖主义的思想。但是这一观点显然否定了宗教极端主义思想本身给暴力恐怖主义起到的理论支撑作用。也就是说，从宗教极端主义的思想来看，其本身就充满着对“异教徒”“异端文化”“异端制度”的仇恨与敌意，继而才有了“圣战”。因此，暴力性也是它的核心要素。

---

〔1〕 马品彦：“宗教极端主义的本质与危害”，载《新疆社会科学》2008年第6期。
〔2〕 马品彦：“宗教极端主义的本质与危害”，载《新疆社会科学》2008年第6期。

我国的恐怖组织“东突厥斯坦伊斯兰党”就曾经提出要“打10年恐怖战，10年游击战，10年正规战”。[1]正是基于这一思想，该组织曾在1990年4月发动了阿克陶县巴仁乡恶性恐怖事件，暴恐分子纠集成员冲击巴仁乡乡政府，并袭击武警部队，此次事件造成了8人死亡，18人受伤。另外，据不完全统计，从2009年“7·5”事件至今，在我国新疆地区发生的暴恐活动已经造成将近400人死亡，其中绝大部分是平民。在“圣战”思想的影响下，汽车炸弹、人体炸弹等自杀式的袭击方式也越来越常见，造成的人员伤亡也随之攀升。

综上，通过对宗教极端主义的介绍，我们可以发现，宗教极端主义可谓是我国“三股势力”的精神支柱，是我国暴恐活动的重要思想体系之一。因此，我们必须要反对、防范、打击宗教极端主义，这是我国预防与打击暴恐犯罪的关键一步。

（二）民族分裂主义

1. 民族分裂主义的概念。与宗教极端主义相同，民族分裂主义同样是一个复合名词，它包含着“民族主义”与“分裂主义”两个基础概念。因此，我们要先对这两个基础概念做一了解。

第一，民族主义。有学者统计，目前，国内外对于“民族主义”的概念已经作出了至少200种解释。究其原因，一方面是因为对“民族主义”进行界定的一个重要前提是对“民族”有统一的认识，而目前学界对“民族”的内涵、性质、内容等核心要素仍未达成统一观点；另一方面是不同领域的学者往往倾向于从自己专业的角度对这一概念进行界定，历史学、社会学、国际关系学都有自己的倾向性。

基于这种现状，我们不敢妄自对“民族主义”进行概念界定，只能依据现有的研究成果，总结出学者们关于这一概念比较认同的

---

[1] 厉声主编：《中国新疆：历史与现状》，新疆人民出版社2003年版，第364页。

几个关键要素：其一，民族主义由行动与实践方面的民族主义和思想原则方面的民族主义两部分组成。即“民族主义既是行动或实践，又是理论或原则也即意识形态”。[1]其二，民族主义是一把双刃剑，一方面，它能够团结本民族，促进本民族的发展与进步，近代以来，民族国家的不断形成就是最好的证明；另一方面，它又天生地带着民族的狭隘性，不可避免地排斥、贬低其他民族，甚至可能会出现对其他民族的仇恨与屠杀。“泛突厥主义”“泛斯拉夫主义”即为此例。其三，目前，关于民族的解释，比较经典的是民族指“人们在历史上形成的一个具有共同语言、共同地域、共同经济生活以及表现于共同文化上的共同心理素质的稳定的共同体”。其四，民族有其政治属性与文化属性。按照这一角度，民族主义包括文化民族主义与政治民族主义，也可称为族裔（族群）民族主义与公民民族主义。

从以上关于民族主义的要素出发，我们可以发现，我国新疆“三股势力”所宣扬的民族分裂主义思想是文化（族裔）民族主义被极端排他化、狭隘化、政治化后的产物。

第二，分裂主义。分裂主义作为当今世界各国面临的重要挑战之一，已经被国际社会研究了很长时间，也取得了非常丰富的研究成果。当然，与民族主义一样，目前学界对分裂主义的概念也没有一个统一的界定。有的学者主要强调分裂主义的主体性与分离性。比如阿伦·布坎南就将分裂主义定义为：“国家的一部分人把国家的政治权威限制在自身群体及其控制之外的行为。”[2]而有的学者则强调分裂主义的目的性。如克劳福德将分裂主义定义为：“在未征得前主权国允许的情况下以武力或威胁使用武力的方式创建一个国家。”[3]

且不论以上两位学者的定义是否妥帖、全面，他们对分裂主义

[1] 庞中英：“民族主义与国际关系”，载《欧洲》1996年第1期。
[2] 杨恕：“分裂主义界定研究”，载《国际政治研究》2010年第3期。
[3] 杨恕：“分裂主义界定研究”，载《国际政治研究》2010年第3期。

的主体、分离性、目的性的关注是应当包含在分裂主义的定义中的。据此，杨恕教授将分裂主义界定为："现存国家的一部分人口在所属国家的反对之下，力图将其居住的领土从现属国家脱离，建立一个新的独立国家或者并入其他国家的系统思想和行为。"[1]据此可以说，我国的民族分裂主义就是"三股势力"试图通过宣扬、夸大我国各民族间的对立，从而妄图割裂我国的主张与行为。

2. 民族分裂主义的内容。我国民族分裂主义背后的思维逻辑首先是通过篡改历史，寻求共同的集体认同；其次，强调其"民族"与其他民族之间的差异与矛盾，制造民族对立与分裂；再次，利用"民族自决"原则为自身的分裂活动寻求合法化依据；最终，建立独立的"东突厥斯坦共和国"。

第一，通过篡改历史，寻求共同的集体认同。任何分裂主义势力要想达到独立的目标，就必须获得国内和国际的支持。这种获取支持的最佳方式就是强调集体认同。当然，虽然这种"集体认同……是自觉的，但却成为某些势力实现自身战略的工具，即分裂主义团体选择和鼓吹某些群体认同以作为扩大分裂运动支持的工具。"[2]就我国新疆而言，"三股势力"主要运用的就是领土认同与共同认同。

首先是领土认同。所谓领土认同，就是基于共同居住在某一特定区域而形成的认同。对于这一点，新疆的民族分裂势力不断通过歪曲历史的方式进行宣传，他们宣称"东突厥斯坦自古以来就是一个独立的国家"，是独立于中华民族之外的。其次是共同认同。根据杨恕教授的观点，共同认同就是以宗族为根源的忠诚，它基于种族、宗教、语言、地区或文化的因素，决定了政治性的社会团体的成员。也就是说，"东突"组织往往就是通过强调一些在文化、宗教、语言

---

〔1〕 杨恕："分裂主义界定研究"，载《国际政治研究》2010年第3期。

〔2〕 杨恕："分裂主义产生的前提及动因分析"，载《世界经济与政治》2011年第12期。

上的所谓共同之处，来强化集体之间的认同，最终扩大组织势力，为组织活动争取“民意支持”。

“东突”等民族分裂势力寻求的集体认同主要表述在穆罕默德·伊敏于1940年出版的《东突厥斯坦历史》一书中，其主要表现在以下两个方面：一方面是强调“泛突厥共同体论”，强化集体认同，完全抹杀阶级矛盾。鼓吹所谓的“突厥民族”“突厥文化”“突厥国家”，把生活在古代中国北方和西域的一切民族，包括使用突厥语族语言和非突厥语族语言的诸民族都称之为“突厥民族”，把这一切民族的文化都说成是“突厥文化”，把这一切民族活动过的地方都归为“突厥国家”。另一方面是宣扬“突厥民族至上论”，强化“集体荣誉感”。肆意夸大使用突厥语族语言的诸民族在历史活动中的时空范围及其历史作用，声称其历史比埃及“早5000年”，并在9000年前就已创造了自己的文字；信口开河地说，其“祖国”横跨欧亚，“西至北海、红海、黑海以及欧洲，北至北冰洋，东至太平洋，南至印度洋为界”，是“世界人类文明的发祥地”等，达到了荒谬绝伦的地步。[1]

第二，强调其“民族”与其他民族之间的差异与矛盾，制造民族对立与分裂。在《东突厥斯坦历史》一书中，同样有很大部分的内容是在强调“突厥族”与汉族之间的仇恨、矛盾。[2]最具代表性的言论就是捏造“汉族侵略论”，塑造民族压迫的假象；否认我国各民族友好往来、共同缔造伟大祖国的历史发展主流，把民族关系史描绘成汉族同其他少数民族互相仇视、不断征战的历史；诬蔑汉族是“野蛮的侵略者”，汉朝统一西域是“侵占”，清朝收复新疆是

〔1〕杨发仁：“民族分裂主义思潮与宗教极端主义思潮剖析”，载《实事求是》2002年第3期。

〔2〕阿不力克木·阿不都热依木：“新疆民族分裂主义在意识形态领域的渗透及其防范对策研究”，载《中国人民公安大学学报（社会科学版）》2006年第4期。

"并吞"，叫嚣"要反对突厥民族以外的一切民族"，消灭"异教徒"。另外，该书还鼓吹"东突厥斯坦革命论"，鼓吹所谓"东突厥斯坦革命的目的，是永远脱离中国的束缚"，同时又哀叹"东突厥斯坦人民还没有完成本身的神圣的使命"；叫嚷要增强"东突厥斯坦"的所谓"国家观念、民族意识、宗教信念"，妄图在新疆大地上召回已经土崩瓦解的"东突厥斯坦伊斯兰共和国"的亡灵。

第三，利用"民族自决"原则为自身的分裂活动寻求合法性依据。除了以上两种理论的思路之外，分裂势力还善于运用所谓的国际法原则为其非法活动寻求合法化依据。当然，对这一原则的"运用"还有一个很重要的原因就是容易获取国际反华势力的支持与声援，为其行动获取所谓的"国际民意"。

18 世纪法国大革命时期，民族自决权概念被正式提出后在欧洲民主革命和美国独立运动中得到广泛传播和实践，逐渐成为民族主义最集中的体现。作为美国独立革命的"指明灯"，《独立宣言》明确表述了民族自决权的思想。马克思在其著作中也指出，要实现国际社会的民主革命就必须首先实现民族自决。在此基础上，列宁进一步提出唯有遭受了压迫的民族才享有民族分离权，实施民族自决权应以最大限度地保障无产阶级利益为前提。因此，一般来讲，民族自决的真实内容和合理性基础在于存在着殖民奴役和民族压迫，民族压迫使各民族无法相互接近和相互融合。

正是为了利用"民族自决"这一原则，分裂势力罔顾我国新疆与其他地区多民族交流与融合的历史与现实，提出了"汉族侵略论"和"东突厥斯坦革命论"，试图用民族自决的原则分裂中国。另外，他们还不断通过媒体向国际社会报道虚假新闻，宣扬中国政府对新疆人民的"压迫"与"歧视"，以获得国际支持。

第四，建立独立的"东突厥斯坦共和国"。建立"东突厥民族"的"国家"无疑是"东突"等"三股势力"的最终目的与最高目

标。长久以来，为了实现这一目标，他们采取了包括暗杀、放火、爆炸、砍杀等在内的各种违法犯罪行为，可谓无所不用其极。

（三）宗教极端主义、民族分裂主义与暴力恐怖主义之间的关系

在了解了宗教极端主义与民族分裂主义思想之后，我们必须对两者与暴力恐怖主义的关系加以了解，从而探究其对暴恐活动的产生与发展所起到的作用。这一部分在上文对宗教极端主义、民族分裂主义的介绍中已有所涉及，现对其进行简要介绍。

新疆的宗教极端主义与民族分裂主义、暴力恐怖主义的关系，是极为复杂的社会学、政治学和宗教学问题。它们既有明显区别，又有紧密关联。从理论上讲，它们的理论依据、政治主张、实施对象与涉及范围、表现形式等都不完全相同。在新疆，民族分裂主义以“泛伊斯兰主义”“泛突厥主义”为理论基础，以实现“新疆独立”，建立“东突厥斯坦共和国”为政治目标。胡联合博士的著作《当代世界恐怖主义与对策》中，将恐怖主义分成四种类型：民族主义型恐怖主义、宗教狂热型恐怖主义、极右型恐怖主义和极左型恐怖主义。在新疆，暴力恐怖主义既是民族分裂主义类型的恐怖主义，也是宗教极端主义类型的恐怖主义，有时还兼而有之；而宗教极端主义的基本主张就是要建立政教合一的政权以及宗教化的国家和社会。

新疆地区“三股势力”具备宗教极端主义、民族分裂主义以及暴力恐怖主义的特征。“三股势力”相互渗透、相互勾结、相互利用，呈现出“三位一体”的合流态势。因此，反对“三股势力”，实现边防巩固、国家安全、社会和谐、各族人民安居乐业，将是一项长期、尖锐和复杂的政治斗争。

就宗教极端主义与暴力恐怖主义的关系而言，在长期的反恐斗争中，通过一个个暴恐犯罪的真实案例，我们可以发现，每个暴恐案件的发生背后都或多或少地有宗教极端主义思想的影子。在许多情况下，宗教极端主义思想往往成为对现实不满的特定人群的政治

意识形态，为之提供实施暴恐行为的“精神动力”，因而从事暴恐活动的秘密组织也几乎都是宗教极端组织。宗教极端主义与暴力恐怖主义互为表里、密切结合，从而对世界和平、国家安全、社会稳定构成巨大威胁。大量事实一再表明，宗教极端主义是暴力恐怖主义的重要思想基础，暴力恐怖主义是宗教极端主义实现其政治诉求的工具手段。宗教极端主义以宗教的名义开展各种活动，包括宣教布道活动，具有很强的欺骗性和煽动性。在新疆反恐一线，很多暴恐犯罪人在被公安机关抓获之后，都声称其是在接触到了极端主义思想之后，才进行了暴恐行为。可见，宗教极端主义对暴恐活动产生的巨大“激励”作用。

与宗教极端主义思想类似，民族分裂主义也经常会被别有用心之人传播给其他人，受众正是在接受了该思想之后，才通过各种方式进行暴恐活动。因此，可以说，宗教极端主义、民族分裂主义就像是三股势力的“总纲领”，为暴恐活动提供了“养料”、树立了目标，成为暴恐犯罪的根源。其中，民族分裂主义是其政治基础和根本，“泛伊斯兰主义”与“泛突厥主义”是其理论基础，“东突厥斯坦建国论”是其思想体系和政治纲领，其同时以民族、宗教为幌子，内外勾结、“文武”并用，企图分裂祖国致使新疆“独立”。

既然宗教极端主义与民族分裂主义对我国暴恐犯罪的发生与猖獗有着非常重要的作用，那么我们就必须要对这两类思想在我国的传播与渗透方式进行了解。在此基础上我们才能在对暴恐犯罪的打击与预防中采取有效的措施，对这些渠道进行治理。而我国“三股势力”具有“三位一体”的特点，这两类思想在我国的传播与渗透方式也涵盖了社会的各个领域与各个方面。基于这种情况，我们将在下文的各种具体原因中对“三股势力”在此方面进行的尝试进行介绍。

二、经济要素

暴恐犯罪的发生是否与当地的经济发展情况以及当地民众的生活水平相关，一直是一个很有争议的问题。很多学者认为暴恐犯罪人之所以参与“圣战”，就是因为其自身的“宗教信仰”、政治目标与自身的经济情况并不相关。有的学者将2004年至2014年新疆农村地区的恩格尔系数与同期中国的恐怖主义指数进行了相关性研究，通过两个数据并没有相关性就得出了经济发展情况对暴恐犯罪没有影响的结论。这种判断无疑是武断的、不科学的，它并没有厘清经济因素与暴恐犯罪的深层关系。对于这一问题，贾宇教授曾称，“搞暴恐犯罪的不一定都是穷人，穷人也不一定是暴恐分子……但穷人、没文化的人更容易被恐怖分子煽动、利用，更容易去充当炮灰”。[1]这一说法可谓一针见血，比较深刻地看到了贫穷与暴恐犯罪的关系。

第一，我们应当承认，新疆地区在我国仍属于经济较为落后的地区之一，民众的生活水平仍较低。根据数据统计，“新疆城镇居民人均可支配收入从1999年的第17位退居到2009年的第30位，全国倒数第二。农民人均纯收入的位次虽然变化不大，但10年间与全国平均水平的差距则在不断拉大”[2]。可以说，在南疆地区，经济发展水平与民众生活水平不仅落后于全国水平，也落后于其他民族地区。

第二，新疆地区经济与生活水平的落后使得民众或主动或被动地加入了暴恐组织，成为暴恐犯罪的实施人。境内外“三股势力”看到了民众生活的贫困，一方面，极力渲染境外或者组织中优越的生活水平，以此吸引民众的加入；另一方面，经济的落后也成为了

---

〔1〕 贾宇：“中国新疆暴恐犯罪的现状与对策”，载《战略与管理》2015年第2期。

〔2〕 韩枝伶：“强力推进跨越式发展的战略抉择，深入推进西部大开发的时代呼唤”，载《中国商界》2010年第7期。

“三股势力”宣扬政府对新疆所谓“歧视”“压迫”的借口，以此来煽动民意，挑拨民族、社会关系。

第三，新疆经济的落后也导致了民众的受教育水平普遍较低，降低了民众对极端思想的辨识能力。一个地区经济水平落后，一方面使得当地很难有力度地支持本地教育事业的发展，教学质量自然处于较低水平；另一方面也使得民众很难有多余的资金投向孩子的教育。这两方面的因素使得民众的受教育水平普遍较低，对极端思想的辨识能力也会降低。更严重的是，极端分子看到这一点，就会更加向这一地区集中，久而久之，就形成了区域性的极端地区。比如南疆地区之前就出现过被整体极端化的村庄，村中几乎所有人都在为实施暴恐活动做着相关工作。

三、对外交流要素

一个地区的对外交流情况一般都是双向的，即民众前往外界或者外界进入本地两种方式，其交流情况虽然受当地的地理因素影响比较大，但社会要素的改变完全可以弥补地理、地形上的阻碍。因此，这一要素归根结底还是社会要素。以新疆为例，其对外交流的频率直接影响着宗教极端思想与民族分裂思想的传播，也影响着本地民众的极端化程度。下面我们将以新疆为例，探讨对外交流要素与暴恐犯罪之间的关系。

（一）新疆地区对外交流的限制性要素

1. 新疆的自然地理特征。从地域上看，新疆属于“三山夹两盆”的地形，阿尔泰山、准格尔盆地、天山、塔里木盆地、昆仑山由北向南依次分布，将新疆完全与周围其他地区分割开来。这样的地形也就使得新疆对内对外都很难发展交通事业，对外交流也十分匮乏。另外，由于新疆地处欧亚大陆的地理中心，离海洋非常遥远，因此，常年年降水量少于200毫米，这就使得民众只能依靠雪山融水来满足

日常的生产、生活需要。因此，在南疆这样的地区，民众大多沿着河流而居，形成了狭长的居住带，这也不利于民众之间的交流。

2. 新疆的社会相关要素。在新疆，尤其是南疆地区，维吾尔族人占了较大比重，他们有共同的文字、共同的宗教、共同的生活方式，这就导致了外来民众很难融入本地人的生活之中。在2010年左右，有学者到南疆地区考察，发现在南疆地区的一个街道中，竟然没有一家店铺的招牌上有汉字，让人很难相信这竟然是在中国境内。

新疆与其他地区相隔遥远、交通不便，南疆地区至今还是以粗放的绿洲农业为主，没有形成规模化的工业体系，而生产方式决定交往方式，没有交往就不可能有交流。另外，随着伊斯兰教某些教派近年来在新疆的渗透传播加剧，其主张的严格信奉唯一的安拉、坚持以《古兰经》圣训立教、倡导穆斯林团结、共同对敌等教派观点被极端主义分子利用，将其歪曲之后迷惑了很多朴素的信教群众，更加剧了生活方式的宗教化，导致该地区日趋自闭、保守、封闭、落后。久而久之，新疆似乎变成了中国国土上的一个“围城”，不同的是，外边的人不想、不愿、不敢进来，而里边的人也不想、不愿、不敢出去。长此以往，新疆因为处于交往的弱势地位，对同民族、同宗教、同语系的亲近感更强，关注和支持度也更高，而对外部的民族、文化更加疏远、陌生。

（二）新疆地区对外交流匮乏的危害

贾宇教授称，“（新疆与其他地区）没有交流必将导致生活的隔绝、文化的隔绝，造成心灵上的隔阂、生活上的误解、文化上的误解。文化教育的落后，语言、文字的不便，更助长了交流的困难和差距”。[1]这就为“双泛”思想和狭隘的民族情绪的滋生提供了天然的土壤。加之，暴力恐怖主义犯罪活动在新疆不时发生，对于过去

〔1〕 贾宇：“中国新疆暴恐犯罪的现状与对策”，载《战略与管理》2015年第2期。

长期因此类事件在公众的舆论和话语中被“污名化”的维吾尔族人而言，情况愈发雪上加霜。无论在新疆还是其他地区，他们都难以完全摆脱被戴着有色眼镜审视的局面，在日常生活中有可能会面临各种显形或隐形的社会维稳管理措施。相应地，也会加剧新疆与其他地区的隔阂，导致新疆社会的封闭。

四、大众媒体要素

自现代报纸业开始发展以来，各地的思想、文化得以在世界范围内传播。此后，随着广播、电视、互联网等新媒介的出现，文化的传播速度与范围更是得到指数性发展。各种新兴媒体的出现，一方面促进了各地民众之间的交流与交往，实现了文化的大融合，另一方面也推动了落后文化、糟粕文化的传播。这也是极端主义、恐怖主义在近几十年成为世界安全的最大威胁的重要原因。现代媒体对极端主义、恐怖主义的发展的作用主要体现在以下两个方面：

（一）互联网等媒体极大地促进了极端思想的传播

当今世界，恐怖主义之所以如此猖獗，背后的思想动因是其主要原因。因此，把这些思想传播到民众之中，就成为极端势力扩大实力、增加影响力的重要途径。互联网因其快速性、便捷性、易使用性等特征迅速成为了传播极端思想的完美选择。极端思想是抵制社会基本价值体系的负面信念。极端思想在没有传播到更多人群的情况下，它的危险相对较小。但是很多恐怖组织通过传播极端思想，希望得到更多人的支持，进而扩大自己的犯罪组织。随着网络等新媒体的快速普及，互联网在传播恐怖主义极端思想过程中的作用已经引起官方和学术界的关注。

据媒体报道，最近几年国内外发生的许多恐怖袭击都与网络有关。恐怖分子不仅利用网络传播极端思想，而且还通过网络社交媒体传授各种恐怖主义犯罪方法，煽动他人从事暴力恐怖活动。近几

年我国公安部门侦破的多起恐怖袭击案件中的恐怖分子多因受到极端思想的影响而实施恐怖犯罪。新疆各民族群众中网络普及率的不断提升，网民数量的不断增加，客观上为“疆独”势力利用互联网提供了可乘之机。有学者就新疆互联网的发展情况与我国的恐怖主义指数之间的相关性进行了研究。[1]研究结果显示，2004 年新疆网络用户只有 77.9 万，2010 年以后随着移动互联网在新疆的普及，互联网用户总数逐年增长，到 2014 年 12 月底，全新疆互联网用户已经达到 1641.7 万，与 2004 年相比增长了 21.07 倍；而同期，恐怖主义指数也增长了 3.74。通过下图（图 5－1），我们可以发现，两者之间确实存在着明显的相关关系。

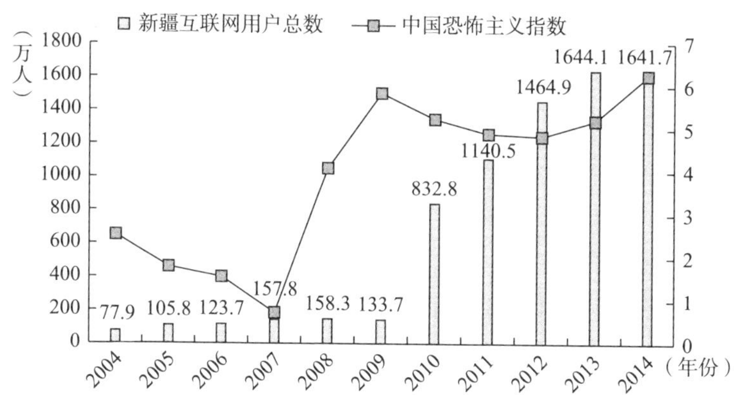

图 5－1　2004～2014 年新疆互联网用户总数与恐怖主义指数的变化关系图

（二）媒体对恐怖主义相关情况的过度报道变相增加了其影响力

现代媒体及时将全世界发生的各种信息实时地报道给世界人民，这当然能够保证民众的知情权，满足了民众对相关消息的需求，但

〔1〕参见阿地力江·阿布来提、古丽阿扎提·吐尔逊：“基于统计分析的‘东突’恐怖主义犯罪原因研究”，载《中国人民公安大学学报（社会科学版）》2016 年第 4 期。

是，媒体对各地发生的恐怖案件的过分报道与解读在无形中增加了民众的恐慌情绪，这也恰恰是恐怖主义势力所希望达到的社会效果。

五、国际要素

通过对我国暴恐犯罪各个发展阶段的分析，我们可以发现，我国的暴恐犯罪活动与国际的恐怖活动的发展情况几乎完全一致。在20世纪70、80年代，伊斯兰复兴运动开始兴起，现代的恐怖主义活动开始不断发生，而我国新疆也在1980年发生了阿克苏“4·9”事件，以此事件为标志，我国的暴恐犯罪案件时有发生。到了21世纪初，“9·11”事件的发生代表着国际恐怖主义活动进入了全新阶段，与此同时，我国的暴恐犯罪活动在20世纪末21世纪初也进入了第一个高潮期，其中1990年的阿克陶县巴仁乡武装暴恐案最具影响力。进入21世纪的第二个十年之时，国际上，恐怖组织“伊斯兰国”在中东突然崛起，成为国际安全的最大威胁。而我国自2008年特别是2011年以来，暴恐犯罪又一次进入高潮期，而且手段更加残忍、伤亡更加严重。

这反映了我国暴恐犯罪的发生与猖獗的背后有着浓厚的国际因素。根据有关学者的统计，截止至21世纪初，已知境外有影响力的民族分裂组织有51个，其中中亚地区19个，西亚地区14个，欧美及其他地区18个。“中亚地区是其从事分裂祖国活动，对新疆进行渗透、袭扰和进行武装训练的前沿阵地。西亚是其构筑‘民族凝聚力’、培养‘精神领袖’和干部队伍的大本营。”[1]这种国际因素主要表现在以下几个方面：

（一）境外以“双泛”为代表的极端思想的传入

以“双泛主义”为核心的民族分裂主义思想与宗教极端主义思想

---

〔1〕何秉松：《恐怖主义·邪教·黑社会》，群众出版社2001年版，第107页。

从源头来讲都是从境外传入并渗透的。正是因为这些思想在我国生根发芽，才导致我国的“三股势力”不断壮大，暴恐犯罪案件频频发生。

（二）境外恐怖组织对我国“三股势力”的支持、指导、指挥

有确凿的证据证明，我国的“东突”组织在其发展过程中曾经或正在接受“基地”组织、阿富汗“塔利班”以及“伊斯兰国”的支持，并在境外组织的指挥下实施了2009年的“7·5”事件、2014年的“10·28”金水桥爆炸事件等一系列暴恐犯罪案件。因此，境外组织如今已经成为我国极端势力实施暴恐案件的最重要的指挥与策划中枢。

（三）西方国家对我国“三股势力”的秘密支持

“东突”组织等“三股势力”还得到某些国家的资助。一些西方国家为了牵制中国的发展，基于冷战思维与霸权主义，对“东突”的反华分裂活动一直予以支持和帮助。1999年10月、2001年10月的所谓第二届、第三届“东土耳其斯坦民族代表大会”以及2000年11月的“第三届维吾尔青年世界代表大会”就是在德国慕尼黑、比利时布鲁塞尔和爱沙尼亚塔林召开的。2001年10月17日，欧洲议会不顾中国政府和人民的强烈反对，公然让境外“东突”组织的最高领导机构“东土耳其斯坦民族大会”在欧洲议会大厦内举行所谓的“代表大会”。这一切都助长了“东突”恐怖势力的滋长蔓延。通过这些会议的召开，“东突”势力在中亚、西亚和欧美的各个山头统合成了两大集团，在组织上形成了以“东土耳其斯坦民族代表大会”和“维吾尔青年世界代表大会”两个集团为核心的新的领导机构；在策略上确立了“东突”势力新的行动纲领，即“疆独”今后要模仿“藏独”，以达赖为样板，从改善国际形象入手，更深层次地在全球范围内进行“疆独”分裂活动。

六、政治要素

在提及我国暴恐犯罪在政治方面的原因时，似乎很多人会直接

联想到国际政治的影响，却很少对我国的自身情况进行反思。在实践中，我国暴恐犯罪背后的政治原因主要表现在以下两个方面：

第一，我国的一些政策，因为宣传不到位等原因，有时不被当地民众理解，甚至成为“三股势力”煽动社会、民族矛盾的重要工具。其中，最典型的例子就是在新疆某些地方，政府部门向民众发放各种社会保障资金，这本是我国政府对困难群众的关怀保障手段，是将其争取到社会主义社会中的重要方式。但由于某些地方政府在发放资金时不注重向民众进行政策解读，导致这种方式反而被“三股势力”宣传成“真主”对他们的关心。

“三股势力”散布谣言，宣称中央政府一直在通过“援疆”“西部开发”等方式掠夺当地的石油等资源，而没给本地民众带来一点优惠，甚至还捏造当地的汽油价格要远高于内地。正是当地政府在政策宣传、引导、执行等工作上不够有力、及时的原因，一定程度上导致了当地民众对这些“惠民”“惠疆”政策不能正确理解，在某种假设上加速了极少数民众的极端化、暴力化。

第二，在部分地方的政府部门中，一些公职人员往往被“三股势力”腐蚀，成为真正的“两面人”，为“三股势力”的各种非法犯罪活动提供保护。更有甚者利用其在政府部门中的地位与权力，为“三股势力”提供各种资源支持。根据目前查获的案件显示，公职部门中的“两面人”的危害主要表现在以下几个方面：

一是“两面人”在政府的宣传、教育部门，通过手中的权力为宗教极端主义、民族分裂主义思想的宣传保驾护航，甚至推波助澜。沙某，原新疆维吾尔自治区教育厅干部，在其任职期间，借国家教材改革之机，运用编审中小学教材之便，在教材中添加宗教极端主义、民族分裂主义思想的相关内容。二是“两面人”在政府的财政部门或者具有商业管理权的部门，为“三股势力”提供资金支持。三是“两面人”在司法公安部门，包庇、纵容甚至支持、指挥当地

的暴恐活动。根据媒体报道，新疆某县的政法委书记，是当地“三股势力”的长期保护伞，甚至曾经图谋亲自指挥实施暴恐活动。四是“两面人”在各类学校中代教，在教授课程的过程中向学生灌输极端思想，或者直接从学校中吸收学生参加极端组织，进行暴恐活动。伊力哈木·土赫提，原中央民族大学教师，其“创办并利用‘维吾尔在线’网站，组织、拉拢、操纵部分人员充当网站管理员、通讯员、信息员，造谣、歪曲、炒作案（事）件，借机制造事端，散布分裂思想，煽动民族仇恨，鼓吹‘新疆独立’，从事分裂活动。在课堂上公开宣传‘维吾尔人要用暴力的方式开展抗争’，‘维吾尔人要像当年反抗日本侵略一样反抗政府’，将‘4·23’‘6·26’等暴恐案件暴徒称为‘英雄’，煽动学生仇恨国家、仇恨政府、‘推翻政府’”。[1]

第四节 暴恐犯罪的微观原因分析

一、学校教育

对于任何人来说，学校教育都是其接受新知识、新思想的重要途径之一，因此，当地学校教学质量的高低也影响着每一个人今后的行为方式。就我国暴恐犯罪最为猖獗的新疆地区而言，真正实施暴恐犯罪的往往是一些年轻人，而新疆地区的学校教育水平较我国东部甚至中部地区而言，仍较为落后。主要表现在以下几个方面：

（一）受教育程度低

教育程度的高低在一定程度上影响着犯罪的性质和犯罪数量的多少。犯罪学学者认为，正确的学校教育不仅可以提高人的辨别能力、分析判断能力，促进人的积极个性的形成，而且也可以使人获

〔1〕“民族大学维族教师伊力哈木被判无期”，载新浪网，http://news.sina.com.cn/c/2014-09-23/135230901290.shtml，最后访问时间：2018年8月4日。

得较多的工作机会、较好的工作条件以及安定的生活环境，因而容易接受积极的社会规范，增强抵制犯罪的能力。而没有受过教育或者受教育程度低的人就缺乏这些能力，相比之下，他们更容易接受消极的规范、习惯和影响，因而易于实施违法犯罪行为。〔1〕

学者对55名恐怖分子教育背景的调查也表明了大部分恐怖分子是受教育程度低的人。为了进一步查明教育对暴力恐怖犯罪的影响，其收集了南疆三地州100名恐怖分子的教育背景资料，将其与新疆居民受教育程度做比较。〔2〕由下表可见，新疆地区的暴恐犯罪人受教育程度普遍较低，绝大部分人是刚刚甚至没有完成我国的九年义务教育。

表5-1　恐怖分子与南疆三地州普通群众的教育水平和收入水平对比表

受教育程度	恐怖分子（%）（样本：100）	南疆三地州的群众（%）（样本：1360）	新疆居民（%）	2014年收入状况（元）
小学	25.9	33.5	24.4	9438.44
初中	62.3	60	36.5	10325.24
高中	6.7	2.9	18.2	10908.72
大专以上	5.1	1.3	17.3	13296.91

（二）国家通用语言教育落后

有调研小组曾对南疆地区中小学的国家通用语言教学情况进行调查，结果发现，只有很少的儿童上过系统的国家通用语言教学课，而能够完整地说国家通用语言的人数更是微乎其微。身为中国的国家公民，不会说国家通用语言无疑会成为他们与外界接触的最大障碍，这也迫使他们只能与自己同民族的人进行交流，并在无形中大

〔1〕康树华、张小虎主编：《犯罪学》，北京大学出版社2004年版，第132页。

〔2〕参见阿地力江·阿布来提、古丽阿扎提·吐尔逊："基于统计分析的'东突'恐怖主义犯罪原因研究"，载《中国人民公安大学学报（社会科学版）》2016年第4期。

大增加了其接触到极端思想的几率，同时也降低了其接受政府“正信正行”教育的能力。

（三）适龄儿童的辍学人数仍较多

前几年，在新疆以及疆外省份都发现了“三股势力”诱骗新疆流浪儿童进行暴恐活动的案件，而这些儿童本来应该正在学校中接受教育。近几年，南疆地区的失学率虽已经大幅下降，但单单就绝对人数来讲，虽接受教育，但知识水平仍很低下的青少年还是有相当大的数量的。这些人在进入社会后往往很难融入社会，这也增加了其加入极端组织的风险。

除了以上几点因素之外，上文所说的学校教师成为“两面人”，学校出现问题教材等都是学校教育中存在的问题。

二、家庭因素

经过几年的反恐斗争，我们发现我国新疆地区的暴力恐怖犯罪具有明显的家族性。这一特点主要体现在以下两个方面：一是两个以上家庭成员共同参与到一起暴恐案件之中。2014 年 3 月 1 日发生在云南昆明火车站的砍人事件即是如此。二是家庭一位成员因暴恐犯罪被追究责任，其他家人可能会出于报复社会或者要挟当地政府的目的，另外实施新的暴恐犯罪。2013 年巴楚县色力布亚镇“4・23 暴恐案”罪犯的家族同年又实施了“11・16 暴恐案”。

人是文化的动物，人类的一切行为其实都是文化作用下的产物，因此，属于人类行为的犯罪行为背后也有其文化原因。暴恐犯罪呈现出的家族性的特征往往就是由当地民众的家庭观念所决定的。因此，我们将试图从文化方面对暴恐犯罪的家族性特征进行分析。

（一）宗教观念下的传统习俗的影响

在我国南疆的部分农村地区，丈夫在家中具有绝对的话语权，这一现象与伊斯兰教义不无关系。伊斯兰教义中关于女性的种种表述直接决定了穆斯林女性在家庭以及现代社会的地位。《古兰经》中强调："男人是维护妇女的，因为真主使他们比她们更优越，又因为他们所费的财产。贤淑的女子是服从的，是借真主的保佑而保守隐微的。你们怕她们执拗的妇女，你们可以劝戒她们，可以和她们同床异被，可以打她们。如果她们服从你们，那末，你们不要再想法欺负她们。真主确是至尊的，确是至大的。"[1]

正是因为穆斯林妇女从小就被灌输女性要服从男性的理念，导致了女性在社会上始终处于弱势、从属地位。改革开放之后，随着先进思想文化的传入以及经济水平的提高，这种情况得到很大的缓解。但在部分偏远地区，传统的男尊女卑的现象仍普遍存在，部分维吾尔族家庭中的男性仍然把持着家中的经济权、处置权。根据新疆地区学者分别在20世纪80年代以及21世纪初作的"关于南疆地区不同年代家庭事务决定情况"的调查显示，在20世纪80年代，南疆地区的家庭中，夫妻在关于"决定家庭重大支出""决定对子女教育""决定子女就业""决定日常生活开支""决定生几个孩子""决定储蓄和投资""决定借款""决定谁出任当家人""决定其他"等9项内容的事务决定权上，由丈夫说了算的为100%，由妻子说了算的为零；到了2000年，由丈夫说了算的为20%，由妻子说了算的为5%，夫妻共同商量的为75%。虽然已经下降了近80%，但仍占有较大比重，这也说明了时至今日，南疆地区男性在家庭中仍有重要的影响力。[2]

这种服从、顺从的观念不仅仅反映在家庭事务上，在参与暴恐犯罪上也是如此。即维吾尔族家庭中的妇女、子女往往会对家中的丈夫、父亲言听计从，或不会、不敢进行自己的理性判断。新疆安

---

〔1〕 马坚译：《古兰经》，中国社会科学出版社2003年版，第39~75页。

〔2〕 参见巴拉提·吐逊巴克、张少云："新疆南疆地区维吾尔族当代家庭变迁"，载《和田师范专科学校学报》2015年第1期。

全部门曾从境外引渡回来一位女性，这位女性是新疆某高校的大学生，据她交代，她是因为轻信了丈夫所说到境外参加“IS”有众多好处的谎言，才带着孩子潜逃到了境外，结果发现境外的生活环境甚至比不上新疆的农村地区，于是心生悔意，意欲回国。究其原因，仍是传统观念在作祟。从中就可以看出，其实追随家人参加暴恐犯罪的并不全是宗教极端分子，一般群众有可能在家人的裹挟之下，被动参与进去。而顺从观念的影响，已经成为家庭中女性跟随丈夫参加暴恐犯罪的最重要原因。

（二）传统的家庭观念的影响

家庭观念是一个地区文化的重要内容，反映了该地区民众的价值观念。比如我国传统社会就十分强调家族在个人发展中的核心地位。20 世纪，梁漱溟先生曾经生动地总结过中国人的家族观念：“他们是在共同的努力中，熙熙攘攘，协力合作，最能使人心境开豁，纵然处境艰难，也会因乐而忘苦；所努力者，不是一己之事，而是为了老少全家，乃至为了先人，为了后代；每每在家贫业薄、寡母孤儿的境遇，愈自觉他们对祖宗责任之重，而要努力光复他们的家。”[1]

在我国新疆地区，各个少数民族虽同样强调家庭在个人发展中的作用，但是像南疆的部分偏远农村地区那样，过分强调家庭地位的现象已不十分普遍。这种观念无疑是落后的，已经很难适应当前社会的需要。这种不适应主要表现在过分强调家族的主导作用，全家族人的努力要尽可能地以家族利益为核心。在南疆地区，甚至出现过一整个家族、村庄都在制作爆炸装置，而无一人向当地政府举报的情况。这种“愚忠”的家庭观念正是南疆地区暴恐犯罪常常呈现出家族化特点的重要原因。

（三）畸形的家庭教育的影响

除了以上两种因素之外，家庭教育也是非常重要的因素之一。

---

〔1〕 参见梁漱溟：《梁漱溟全集》，山东人民出版社 1989 年版，第 97 页。

任何一个人会追随着自己的家人去实施暴恐活动，一个很重要的前提是其在思想上已经做好了准备。而在我国新疆地区，家庭对未成年子女的教育往往会更加侧重于对宗教知识的教育与灌输，对科学文化知识则并不十分重视。这就导致了大部分未成年人在接收到学校教育之前已经早早地接受了宗教的熏陶，这种熏陶往往会持续一生。正是因为这样的思想基础，才会使得其更容易接受极端思想，自行或追随家人参加暴恐活动。

除此以外，暴恐犯罪分子也十分注重通过家庭成员提升自身的实力。这主要表现为以下两种方式：一是暴恐犯罪分子在被宗教极端主义、暴力恐怖主义思想腐蚀之后，往往会优先向家人进行传播，试图将自己的家人也极端化，并寻求在家人的支持下，发动暴恐活动，以实现其目的。二是暴恐犯罪分子通过家庭联姻的方式来提升本团伙的实力。根据新疆地区政府部门的调查，在南疆地区，暴恐犯罪分子之间的相互联姻很频繁，比如将女儿嫁给暴恐犯罪分子，或者令儿子娶暴恐犯罪分子，联姻双方会将出生的孩子取名叫勇士、斗士、英雄（维吾尔语）等极具战斗性的名字。这种方式使得两个家庭合并为一个大家庭，换言之，也会使得两个小的暴恐团伙合并成一个大的暴恐团伙。

综上，正是在传统的家庭、宗教、社会观念的影响下，暴恐犯罪分子的家人往往会或主动或被动地接受宗教极端主义与暴恐恐怖主义思想，这些就是导致我国暴恐犯罪家族化特征的现实因素。

三、社区环境

除了以上因素之外，“三股势力”还擅长运用一切机会扰乱现有的社会秩序，宣扬各种极端言论，企图利用各种问题来为非法活动服务，并试图营造一个充满对立、矛盾的社会。

就其煽动的具体内容来看，主要包括以下方面：一是煽动宗教

狂热，进行非法宗教活动。这其中最典型的例子就是近几年的“泛清真化”问题。二是通过煽动民族间的矛盾，建立民族仇恨，为其活动寻求“民意支持”。这其中最典型的方法就是捏造某地方汉族与维吾尔族之间的冲突，以及政府对维吾尔族的打压与歧视等事件并进行宣传。三是利用社会问题来寻求对立。如在出现了假奶粉等社会问题之后，“三股势力”就借机宣传这是“真主”对“汉族人”的惩罚，是他们打压、歧视维吾尔族人的代价。以上这些内容是经不起推敲的，但长此以往，无疑会拉大维吾尔族群众与汉族群众之间的嫌隙，因此，我们要对这些方式提高警惕。在此，我们将重点通过对近年来“泛清真化”现象的介绍来揭露“三股势力”煽动宗教狂热的行径。

前些年来，我国各地“泛清真化”现象不断发酵，影响着人们的日常生活。其中，在饮食领域、日用品领域和生活设施领域的表现最为明显和突出。在饮食领域，清真饮食习惯是我国穆斯林在肉类、乳类及食用油等方面长期形成的饮食习惯。但近些年来，“泛清真化”日渐侵蚀其他饮食领域，具体表现为在市场上一些与清真饮食习惯无关的食物也被冠以了“清真”的名称，如出现了诸如“清真水”“清真盐”“清真面粉”“清真蔬菜”等食品。另外，我国“清真”二字的使用已经突破了原本的饮食领域，进入到日用品领域，出现了诸如“清真牙膏”“清真洗洁精”“清真护手霜”“清真洗发露”“清真纸巾”等日用品。在生活设施领域，“清真”的概念除了传统意义上穆斯林进行宗教活动的清真寺之外，从来都与其他生活设施无关，以“清真”概念强加到普通的生活设施上明显是强化穆斯林与非穆斯林的区别，以所谓的清真与否为名，行企图分裂人民群众之实。如曾在一些地区出现的“清真收银台”“清真厕所”“清真超市”“清真浴池”“清真病房”“清真通道”等设施。

这些“泛清真化”的表现，不是对伊斯兰教的尊重，而是企图以“清真”之名隔离穆斯林与非穆斯林，是极端分裂势力以此迷惑群众，逐步实现破坏民族团结、分裂国家的意图的行为。除此之外，还存在一些宗教极端分子刻意将“清真”扩大为宗教操守，曲解、泛化“清真”概念，蒙骗、裹挟、控制信教群众，制造浓厚的宗教氛围，破坏正常社会秩序的现象。例如，一些群众受到“泛清真化”的影响，拒绝使用身份证，认为身份证“不清真”；结婚时不愿领取结婚证，认为结婚证“不清真”；政府修建的学校也“不清真”，不让孩子上学；甚至出现受灾群众认为抗震安居房“不清真”等不住政府修建的抗震安居房的情况。少数乡镇村民认为村干部平时不参加宗教活动，不是“真正的穆斯林”，拿的工资也“不清真”，并因此对待村干部态度冷淡，且长时间不与其来往。

“泛清真化”现象从本质上来讲，是一种服务于政治分裂主义的文化分离主义。作为一种文化和社会现象，“泛清真化”既不是民族文化，也不是宗教文化，而是把“清真”外延不当扩大、歪曲清真文化的体现。肆意扩大“清真”的范围，从表面上看，借用了伊斯兰教的外壳，但从本质上分析，“泛清真化”不是真正的“清真”，而是企图以清真概念强调穆斯林和非穆斯林的对立，制造两者矛盾。“泛清真化”体现出别有用心的分裂势力企图用经过加工的所谓的“伊斯兰教义”干涉穆斯林群众的正常世俗生活，这其实是政治分裂主义暗中渗透的表现。

“泛清真化”现象的发展，实际上也是伊斯兰极端主义思想在社会中渗透与演变的产物。“泛清真化”是境内外“三股势力”在我国尤其是在新疆地区发起的又一场无硝烟的战争，是企图通过“清真”与“不清真”划分人群并制造人们之间的隔阂，阻碍我国各族群众的交往、交流、交融，实现其分化、分裂的不法图谋，破坏我国民族团结、制造民族对立，分裂国家的一种重要手段。“泛清真

化”从兴起到发展，是宗教极端主义思想逐步渗透的过程，是以平和、隐蔽的手段实现危害我国国家安全的过程。“三股势力”利用各种手段在宗教上做文章，或曲解宗教的教义，或促使宗教的生活化、社会化，将社会生活的一切方面用宗教教法加以判断，企图假借宗教教义之名，通过“泛清真化”控制信教民众的一切言行，约束人们的思想，制造极端宗教氛围，从而使宗教为其所用，破坏正常社会秩序，同时借“不清真”之名排斥、干预他人的世俗生活。这不仅不利于伊斯兰教的发展，还会给穆斯林带来诸多不便，影响正常的民族与宗教的发展。这在实质上属于极端化，应当予以禁止。

第五节　暴恐犯罪的个人原因分析

在探究犯罪的原因时，我们不可避免地会思考这样几个问题：在同一社会环境下，为什么有的人会犯罪，成为一个十恶不赦的恶徒，而有的人则始终遵纪守法，为社会作出自己的贡献；为什么有的人会犯此种罪行，有的人则会犯彼种罪行。这些问题的答案只能从犯罪人个体上的差异进行探寻。

一般来看，进行暴恐犯罪的个人自身的情况并不是决定其参加暴恐势力、进行暴恐犯罪的决定性因素。不论他们是“社会失意者、生活无着者、极端贫困者、宗教盲从者、政治不满者以及游民和无赖”，还是“出身于社会中上层家庭、生活条件优越、受过高等教育、掌握科学技术、具有良好社会职业的年轻人”，都可能会加入暴恐组织，进行暴恐活动。因此，可以说任何人都可能会基于某种理由参与暴恐犯罪，只不过以上两类人群在恐怖组织中的地位往往会有所差别。前者往往是组织的底层人群，通常是暴恐活动的直接实施者；而后者往往在宗教极端组织中起着特殊的、极其重要的作用，往往是暴恐活动的策划者。

关于犯罪的个体原因包含哪些要素，不同的学者有着不同的看法。曾赟教授在《犯罪原因分析》一书中认为，犯罪的个体因素主要包含三大类，即“个体的社会属性、生理和心理因素”，社会属性主要包括民族、种族、职业、收入等因素，生理因素包括性别、年龄、相貌等，心理因素主要有人格、气质、兴趣等因素。张小虎教授则认为个体因素主要包括生物因素与心理因素两方面，我们也认同这一观点。我们认为，曾赟教授所称的“个体社会属性因素”其实是社会因素在个体上的具体体现，一个人因其民族、收入导致犯罪也往往是该类社会因素导致的结果，因此，完全可以将这些因素归于社会因素之中，不必在此单列。综上，我们将从个体的生物—生理因素与心理因素出发，探究暴恐犯罪发生的个体原因。

一、生物—生理因素

提及恐怖主义犯罪的原因，绝大部分人往往会直接想到极端主义思想的腐蚀，暴恐犯罪人生理上的某些特征对暴恐犯罪发生所起到的作用往往会被忽视。而这些因素通常也是导致暴恐犯罪发生的重要因素，这可以为我们防范暴恐犯罪提供一种完全不同于单纯的社会预防的防范路径。

在探究暴恐犯罪的个人生理因素时，国外的犯罪学学者往往从暴恐犯罪人的“遗传与体质两个方面进行研究，涉及的内容包括家族史、身体结构、孪生子、性染色体异常、内分泌异常、体型、中枢神经系统机能异常、学习能力缺失和自主神经系统等”。[1]我国学者往往从年龄、性别等生理要素进行探讨，而从个人的生理因素进行的研究需要具有专门生物学知识的技术人员，同时往往还需要大量人力、物力、财力。针对我国的暴恐犯罪分子进行严谨而有效的

〔1〕 张远煌主编：《犯罪学》，中国人民大学出版社2015年版，第184~195页。

生物性研究，当前难度较大，我们还是将重点探究性别、年龄与暴恐犯罪之间的关系。

（一）性别要素与暴恐犯罪

在我国暴恐犯罪分子的性别特征上，男性犯罪人占有较大的比重，而女性也占有一定比例，且绝对人数也在快速增加。从生理学角度分析，男性与女性在生理上的不同也决定了其往往惯于实施不同种类的暴恐犯罪。一般来讲，男性体内的雄性激素是女性的两倍，这使得男性肌肉更加发达、体格更加健壮，从生理条件上导致了男性较之女性更具攻击性，因此，这也就导致了女性恐怖主义犯罪多处于从属地位。比如，女性实施暴恐犯罪，往往利用其身体心理特点，进行犯罪的辅助性或间接性工作，而很少去实施暴力、血腥行为。当然，女性进行暴恐活动的原因是多方面的，这是一个系统的要素体系。家庭关系、家庭教育状况、个人情绪变化都可能导致女性加入暴恐组织，进行暴恐犯罪。而澳大利亚莫纳什大学全球恐怖主义研究中心学者亚历山德拉·费伦认为，女性参加恐怖主义活动更多是出于个人因素，而非意识形态和宗教原因。女性易感情用事，易受到极端思想和心理训练控制，比如著名的恐怖组织“黑寡妇”，其成员执行自杀式袭击的目的就是为亲人复仇。

（二）年龄要素与暴恐犯罪

参加暴恐组织、进行暴恐犯罪的多是年轻人，这似乎是世界大多数恐怖组织的普遍现象。“基地”组织、阿富汗“塔利班”等著名恐怖组织都是由学生团体发展演变而来的。通过对历史的考察，我们可以发现以下事实：人口增长是 17 世纪中叶和 18 世纪末发生在欧亚大陆的两次革命浪潮的主要因素。西方国家青年人口引人注目的扩大与 18 世纪最后几十年的“民主革命时代”在时间上相吻合。20 世纪 20 年代年轻人的比例再度增长，为法西斯和其他极端主义运动提供了生力军。

因此，塞缪尔·亨廷顿在《文明的冲突与世界秩序的重构》一书中就青年人与伊斯兰复兴运动的关系进行了解释，称“历史上，存在着大批年轻人的时期往往与发生这类运动的时期重合，伊斯兰青年在伊斯兰教复兴中打上了自己的印记”。为了证明这一观点，亨廷顿举了几个例子：伊朗人口中年轻人的比例在20世纪70年代急剧增长，在70年代后半期达到20%，而1979年就发生了伊朗革命；20世纪90年代初阿尔及利亚的这一数字也达到了这一高度，此时主张伊斯兰主义的“伊斯兰拯救阵线”赢得了选举。因此，随着20世纪70年代复兴运动的发端及其在80年代的加强，伊斯兰国家的青年人比例（即15~24岁的人）大大增长，并开始超过总人口的20%，这些青年人必然会成为伊斯兰运动的生力军，当然也会成为恐怖主义的主要支持者。各国在面临恐怖主义严重威胁的前10到20年，正好是该国人口出生率较高，新生儿大量出生的时期，也就是说，这些大量出生的新生儿，在大概20年后成为了实施恐怖主义犯罪的重要成员。

就我国新疆的情况而言，我们可以从表5-2与表5-3看出，自中华人民共和国成立以来，尤其是20世纪70、80年代以来，新疆的人口出生率始终高于全国平均水平，有学者统计，“1985年至2005年，新疆人口增长666.27万人，年均增加31.73万人，年均增长率为1.94%，高于全国同期的增长率1.08%，人口增长率由1984年的0.81%增长为2005年的2.41%，提高了1.60个百分点”。[1]另一方面，在新疆内部，维吾尔族人的增长率也高于本地的汉族群众。这就导致了新疆的维吾尔族会有大量的青少年，其占总人口的比例也相对较高，从而间接导致了近几十年新疆严重的暴恐形势。

---

〔1〕满苏尔·沙比提、热合曼·玉素甫：“建国以来新疆人口时空动态变化特征及其成因分析”，载《人文地理》2007年第6期。

表 5－2　建国以来新疆人口时间变化统计情况与全国对比

年份	总人口（万人）		增长率（%）		出生率（%）		死亡率（%）		自然增长率（%）	
	全国	新疆	全国平均	新疆	全国平均	新疆	全国平均	新疆	全国平均	新疆
1950	55 196	443.90	1.90	2.44	37.00	30.09	18.00	19.92	19.00	10.17
1955	61 465	511.78	1.99	2.34	32.60	30.67	12.28	14.4	21.32	16.27
1960	66 207	686.34	－1.49	5.76	20.86	28.13	25.43	15.67	－4.57	12.46
1965	72 538	789.10	2.89	6.04	37.88	41.65	9.50	11.08	28.38	30.57
1970	82 992	976.58	2.88	3.50	33.43	36.63	7.60	8.17	25.83	28.46
1975	92 420	1154.53	1.72	2.55	23.01	33.10	7.32	8.74	15.69	24.36
1980	98 705	1283.24	1.19	2.17	18.21	21.28	6.34	7.62	11.87	13.66
1985	105 851	1361.14	1.43	1.27	21.04	19.80	6.78	6.39	14.26	13.41
1990	114 333	1529.16	1.45	5.16	21.06	26.41	6.67	7.81	14.39	18.60
1995	121 121	1.06	1.75	17.12	18.90	6.57	6.45	10.55	12.45	
2000	126 743	1849.41	0.76	4.19	14.03	17.57	6.45	5.40	7.58	12.17
2005	130 756	2010.35	0.59	2.41	12.40	16.42	6.51	5.04	5.89	11.38

表5－3 建国以来新疆主要民族人口数量时间变化对比

主要民族		1950	1955	1960	1965	1970	1975	1980	1985	1990	1995	2000	2005
维吾尔族	总人口（万人）	335.48	372.65	339.13	411.51	467.33	526.64	576.46	629.44	724.95	780.00	852.33	923.504
	增长率（%）	1.94	1.62	0.34	2.34	3.00	2.29	2.18	2.02	6.18	1.33	3.31	2.88
汉族	总人口（万人）	30.58	55.05	194.45	275.84	386.12	478.01	531.03	534.92	574.66	631.81	725.08	795.66
	增长率（%）	5.09	14.93	20.05	12.80	4.06	2.50	1.78	0.05	3.89	2.49	5.52	1.98
哈萨克族	总人口（万人）	46.4	50.83	54.16	52.40	61.63	75.14	87.68	98.72	113.92	123.77	131.87	141.39
	增长率（%）	4.58	−0.22	4.50	4.51	3.04	3.74	3.40	2.35	4.72	1.70	1.09	2.34
回族	总人口（万人）	12.44	14.79	19.96	28.77	38.33	47.71	56.56	59.96	68.89	74.76	83.93	89.35
	增长率（%）	1.55	2.64	8.01	6.12	5.53	3.94	3.29	1.92	6.08	0.97	5.89	1.96

续表

主要民族		1950	1955	1960	1965	1970	1975	1980	1985	1990	1995	2000	2005
柯尔克孜	总人口（万人）	6.70	6.85	6.73	7.10	8.01	9.42	10.89	12.35	14.44	15.78	16.47	17.15
	增长率（%）	1.36	-3.25	-6.14	2.60	0.25	4.67	3.13	3.52	4.34	1.02	-1.02	0.18
蒙古族	总人口（万人）	5.48	6.05	6.73	7.53	8.84	10.03	11.32	12.33	14.28	15.28	16.20	17.17
	增长率（%）	4.38	-0.17	2.75	3.72	4.99	1.31	1.80	1.57	4.69	0.53	0.43	1.24
锡伯族	总人口（万人）	1.19	1.38	1.57	1.83	2.08	2.39	2.59	2.92	3.42	3.82	4.05	4.15
	增长率（%）	1.71	5.34	2.61	4.57	1.96	2.14	-0.38	1.74	7.89	2.14	1.25	1.72
俄罗斯族	总人口（万人）	1.99	0.78	0.29	0.09	0.07	0.07	0.06	0.43	0.75	0.90	1.09	1.12
	增长率（%）	2.05	-58.06	-29.27	-30.77	-12.50	0.00	0.00	2.38	7.14	4.65	15.96	-0.88

续表

主要民族		1950	1955	1960	1965	1970	1975	1980	1985	1990	1995	2000	2005
塔吉克族	总人口（万人）	1. 37	1. 52	1. 51	1. 70	1. 83	2. 05	2. 41	2. 89	3. 44	3. 82	4. 09	4. 40
	增长率（%）	1. 48	0. 66	-4. 43	3. 66	-1. 61	1. 99	2. 55	2. 12	6. 83	3. 80	2. 00	1. 15
乌孜别克族	总人口（万人）	1. 27	1. 09	0. 73	0. 68	0. 65	0. 74	0. 79	0. 93	1. 14	1. 33	1. 36	1. 51
	增长率（%）	4. 10	-15. 50	-5. 19	-9. 33	-2. 99	4. 23	6. 76	5. 68	4. 59	3. 10	-2. 16	6. 34
塔塔尔族	总人口（万人）	0. 62	0. 37	0. 25	0. 21	0. 21	0. 28	0. 31	0. 33	0. 40	0. 47	0. 48	0. 47
	增长率（%）	5. 08	-41. 27	-13. 79	-4. 55	-4. 55	7. 69	-3. 13	-5. 71	5. 26	9. 30	0. 00	0. 00
满族	总人口（万人）	0. 11	0. 12	0. 15	0. 28	0. 28	0. 35	0. 50	0. 95	1. 66	1. 99	2. 31	2. 46
	增长率（%）	10. 00	9. 09	7. 14	0. 00	-9. 68	2. 94	11. 11	6. 74	13. 70	3. 11	8. 94	2. 07

续表

主要民族		1950	1955	1960	1965	1970	1975	1980	1985	1990	1995	2000	2005
达斡尔族	总人口（万人）	0.18	0.21	0.27	0.28	0.32	0.37	0.40	0.48	0.56	0.62	0.66	0.65
	增长率（%）	0.00	5.00	8.00	0.00	6.67	0.00	0.00	4.35	7.69	5.08	1.54	-2.99

在发现青少年与暴恐犯罪有联系之后，下一步则要探究两者之间的具体关系。究其原因，除了以上的社会、文化、家庭、网络等因素之外，青少年自身的生理及心理情况也是重要的原因。

1. 年轻人的控制能力较低。赫希（Hirschi）以及戈特弗雷德森（Gottfredson）提出的社会控制理论目前是世界上解释青少年犯罪的重要的范式。根据这一理论，青少年之所以容易进行犯罪，是因为其在现年龄段处于一种低自我控制状态，也就是说他们往往只想追求立即的满足、不顾长远后果，行动缺乏计划。他们最明显的特征是：立即满足的倾向、缺乏勤劳与毅力、冒险、缺乏稳定的社会关系、缺乏社会生存技能、以自我为中心、漠视他人等。[1]

在“6·15”新疆和田棋牌室砍杀案中，三个暴徒中两个死亡者都只有18岁，另一个19岁的暴徒说，只要进行“圣战”而死，死后就可以不受“审判”，直接进入天堂。实际情况是，他在20多天前认识了一个叫阿布杜扎伊尔的人，也就是后来进入旗牌室进行砍杀的该三人团伙所谓的头目。在他们相识的这20多天里，阿布杜扎伊尔给他说的最多的就是所谓的“圣战殉教进天堂”的这套理论。[2]

2. 青少年的认知缺陷。青少年在犯罪时由于其心智尚不成熟，对犯罪等事物的认知往往存在缺陷。所谓认知，是指人们获得知识和应用知识、认识外界事物的过程，即人脑对作用于人的感觉器官的外界事物进行信息加工的过程。青少年缺乏进行深入分析、辨别和判断的能力，其在社会认知、他人认知、个人认知以及道德认知

---

〔1〕 参见郑红丽、罗大华：“青少年犯罪成因心理学研究新进展”，载《南京师大学报（社会科学版）》2008年第1期。

〔2〕 张晶、孙若男：“新疆地区暴恐犯罪现象、原因及防控策略探究”，载张凌、袁林主编：《国家治理现代化与犯罪防控——中国犯罪与会议论文集（2014年）》，中国检察出版社2014年版。

上都不成熟，往往停留于表面。因此，青少年才会被“圣战进天堂”“天堂有美酒”等明显的欺骗性言论洗脑。

二、心理要素

（一）观念层面要素

所谓犯罪心理观念层面的要素，是指支配犯罪人行为的观念及其理据，犯罪人对此具有明确的意识并且信守不渝。人的价值观、道德观、法律意识都属于观念层面的要素。美国犯罪心理学家 Curt R. Bartol 以及 Anne M. Bartol 在其所著的最新一版《犯罪心理学》一书中，专门就恐怖主义与犯罪心理学的关系问题进行了探讨。[1]在该书中，作者对产生恐怖主义的心理社会背景进行了分析，认为暴恐犯罪的产生与整个社会的亚文化成分有关。然后作者通过引用 Ervin Staub 的观点描述了这种亚文化的三种特征。

第一个特征是文化贬抑，即当一个群体或文化被另一个群体或文化当做替罪羊或者意识形态的敌人时，文化贬抑就会发生。比如，我国的“三股势力”往往会编造新疆人民的“苦难”，并将其归咎于“中央政府”对其的剥削与压迫，在此情况下，暴恐活动就极易发生。

第二个特征是对不平等、相对剥夺和不公正的感知。即那些贫困、受挫折的民众之所以愿意加入“三股势力”，是因为他们认为这些组织不仅能提供更好的物质生活条件，还能够填补他们的心理空虚，为他们提供身份感与归属感。

第三个特征是恐怖组织会提供强烈的权威崇拜。一般来讲，许多恐怖组织有很强的等级制度，通常有一个强权的领导人。而民众

〔1〕 参见［美］Curt R. Bartol、Anne M. Bartol：《犯罪心理学》，杨波、李林等译，中国轻工业出版社2009年版，第269～273页。

加入这一组织，在一个等级社会的组织中去完成一些富有挑战性和振奋人心的“使命”，能够让他们感到最大程度的满足。我国“疆独”头目热比娅·卡德尔以及“藏独”头目第十四世达赖喇嘛丹增嘉措就是这样的典型。

在讨论了恐怖主义背后普遍的社会心理之后，我们要探讨在我国的特定背景之下的社会心理。改革开放以来，我国东西部经济发展的相对不平衡和新疆边远地区少数民族包括维吾尔族群众生活的贫困、落后和封闭带来的少数民族群众的不公平感和挫折感，可能成为暴力恐怖组织形成的认知与情感基础。表5－4是以“汉族”和“维吾尔族及其他民族”为被试进行的问卷调查的一部分，旨在考察被试对政府的民族政策及经济状况与暴力恐怖行为发生的关系的认识。

表5－4　国家政策、经济状况与暴力恐怖行为的关系的认识

被试		汉族		维吾尔族及其他民族	
对暴力恐怖行为的发生有影响的政策＼数值		频率	百分比	频率	百分比
有效	1. 就业政策方面不利于维吾尔族青年	154	18.7	59	21.2
	2. 维吾尔族干部在政府部门不受重用	64	7.7	38	13.7
	3. 维吾尔族人的生活状况不好，政府的扶贫政策在基层得不到落实	490	58.7	132	47.5
	4. 其他	45	5.4	4	1.4
	合计	759	90.9	257	92.4
缺失	系统	76	9.1	21	7.6
合计		835	100.0	278	100.0

如表5-4所示，两类被试人员都比较认同的与暴力恐怖行为发生有关的现象是“维吾尔族人的生活状况不好，政府的扶贫政策在基层得不到落实”。前一时期，新疆农村的闲置人员较多，政府虽然有扶贫政策，但在基层落实不一定到位，有群众反映，“我们每天看新闻，政府的政策这么好，为什么到不了我们这儿”。在干部任用及就业政策方面，与汉族被试相比，更多的维吾尔族及其他民族被试认为有关政策不利于少数民族。

加入暴力恐怖犯罪组织的个体所遭受的挫折，既有来自于大的社会现实的影响，也有来自于个人的人际境遇的影响。对于民族分离型恐怖分子及宗教极端型恐怖分子来说，来自于社会现实的影响的权重要更大一些，主要包括社会政治经济方面的不公平待遇或经济的贫困。“东突”恐怖分子正是利用边远地区少数民族生活环境封闭，经济较为贫困，文化水平较低，缺乏民族之间的沟通等因素，利用部分群众因这种社会境遇而产生的不公平感与挫折感，进行分裂和民族仇恨宣传，煽动少数维吾尔族群众对政府和汉族群众的不满和仇恨。

（二）非观念层面要素

所谓犯罪心理的非观念层面要素，就是导致行为人实施犯罪行为的一切人格、个性因素，诸如情感、情绪、动机、性格、气质等与行为密切相关的要素。美国犯罪心理学家 Curt R. Bartol 以及 Anne M. Bartol 在《犯罪心理学》一书中，同样论述了恐怖主义犯罪人的动机，认为要从“多元文化的角度和与恐怖主义有关的心理动机因素”来进行分析。他们援引了 Bandura 的观点，认为暴恐犯罪人会通过认知重构（cognitive restructuring）来合理化他们的行动。第一步是道德辩解，即告诉“潜在的暴恐犯罪人”他们的行动是有社会价值的，有着终极的善良和道德目标，以此使人从事那些应当受到谴责的行为。宗教极端主义思想推崇的“为主道而献身”的“圣战”行为，就是这样的作用。第二步是弱化语言，即通过将他们的行为贴上“无害”或中性的标记，使他们的行为更加残忍。比如将杀人行为称之为“消耗”人，就会大大弱化该行为给人带来的罪恶感。第三步是优势比较，即使得暴恐犯罪人相信他们的生活方式和基本文化价值比他们攻击的那些文化更加优越。这一点在宗教极端主义与民族分裂主义思想中表现得非常明显。

“恐怖主义的本质是心理性的，它的目标是在民众中制造恐惧和脆弱的心理。”[1]毕竟，恐怖主义之所以称为“恐怖”，就是根据它们的心理效应来命名的。因此，心理学在认识、抵制恐怖主义以及治疗创伤后效应中应当起到更加重要的作用。

第六节　暴恐犯罪的犯罪条件分析

一、时间要素

无论是我国还是其他国家，恐怖分子进行暴恐犯罪的时间选择往往都具有明显的目的性与针对性。所谓目的性，就是要造成最大程度的伤亡，在社会中引起最为剧烈的恐慌。一般来讲，暴恐犯罪人实施暴恐犯罪的时间选择往往会有以下几点标准：

一是重大恐怖主义事件的周年。比如每年的9月11日、7月5日都是重大恐怖主义事件的周年日，都是最可能实施暴恐活动的时间点。二是国家领导人或者政府首脑发表重要讲话、视察等重要行动前后。在2015年4月习近平主席访问巴基斯坦前后，巴基斯坦俾路支省的分裂势力就频频发动恐怖袭击，抗议中国在俾路支省的投资活动。2015年3月23日，俾路支省的分裂势力公开点燃了5桶中

---

〔1〕参见［美］Curt R. Bartol，Anne M. Bartol：《犯罪心理学》，杨波、李林等译，中国轻工业出版社2009年版，第269～273页。

国企业用于开采金矿所使用的石油；2015 年 4 月 20 日，俾路支省分裂势力袭击了中方建设的瓜尔达港机场，所幸未造成人员伤亡；同月，瓜尔达港附近的一处工地被袭击，造成了至少 20 名工人死亡。在我国新疆地区发生的暴恐活动也有这样的特征。2014 年 4 月 27 日、28 日，习近平总书记于十八大后首次到新疆考察，而在考察结束仅仅两天后的 4 月 30 日，新疆乌鲁木齐火车南站发生了严重暴恐案件，造成了 1 人死亡，近 80 人受伤。同年 5 月 20 日至 21 日，亚洲相互协作与信任措施会议在上海召开，习近平总书记发表了重要演讲，就在次日，5 名暴恐分子驾驶 2 辆无牌汽车冲进了乌鲁木齐沙依巴克区文化宫早市，冲撞碾压人群，并引爆了爆炸装置，造成了现场 39 人死亡，94 人受伤。三是国家重要的会议、节假日前后。2014 年云南昆明火车站暴恐案就发生在当年全国“两会”即将召开之时，造成了极其恶劣的社会影响。

二、地点要素

暴恐分子在策划暴恐犯罪之时不仅仅考虑“行动”的时间性，“行动目标”也是重要的权衡要素。我们根据文献研究法，通过对媒体、相关学术论文、会议材料等文献的总结，搜集到 2009 年至 2017 年在新疆发生的暴恐案件共 30 起左右。[1]通过对这些案件信息的分析，我们发现新疆暴恐分子在暴恐活动目标的选择上主要有以下几个特征：

一是选择政府机构、菜市场、火车站等重点目标。在这 30 个案件中，仅仅是以公安局（包括派出所）、当地政府等政务类机构为目标的就有 9 起案件，占到了总案件数量的近 1/3。2013 年 10 月 28 日发生在北京天安门的暴恐案件就是极具“宣示”意义的案件。二是

---

〔1〕我们所搜集的案件系有准确的案件信息，有相对可靠的消息来源的案件，对于互联网上网友个人发布的内容，并无采纳。

选择人员密集，容易造成更多的人员伤亡与社会恐慌的地点。还是以发生在新疆的30起案件为例，有12起案件发生在街道、商场、火车站等人员密集的场所。三是防范较差或者防范难度较大的目标地点。2015年9月18日，一伙暴恐分子为了获取炸药，袭击了拜城县山区的一处煤矿，他们之所以会选择这一地点，一个很重要的原因就是偏远煤矿的防范能力较差，且能获得大量炸药。

除了时间与地点要素之外，暴恐犯罪的作案工具、作案手段的选择都是影响暴恐案件发生与否、结果如何的重要因素。就暴恐犯罪的作案工具而言，工具获取的难易程度以及造成伤亡的程度都是重要的衡量标准。比如在现阶段，利用爆炸物进行袭击仍是暴恐犯罪的重要方式，而汽车因容易获取、防范难度大、造成伤亡更大等特征正成为暴恐分子的“新宠”。在暴恐犯罪的手段上，刺杀、绑架等手段逐渐减少，暴恐分子更多地采用当街砍杀、汽车冲撞等手段。近几年，我国新疆地区在街道中大量建设便民警务站，在小区、超市等公共场所进行严格安检，就是为了最大限度地消除暴恐犯罪的犯罪条件，这也是情景预防理论的重要内容之一。

三、诱因要素

当然，除了以上要素之外，我们还要看到犯罪诱因在导致犯罪中的作用。所谓犯罪诱因，是指与作出实施犯罪决定有关的外部影响和直接挑起的因素。它们可能是挑拨、劝说、唆使、刺激等行为，也可能是各种其他的事件，甚至包括进行犯罪的方便和可能。[1]因此，可以说犯罪诱因是一种特殊的犯罪条件，即导致犯罪发生的“导火索”。

就我国暴恐犯罪的发生情况而言，很多小型的暴恐犯罪发生的

---

〔1〕王牧：“犯罪原因论概述——兼论犯罪学的基本范畴”，载《吉林大学社会科学学报》1991年第4期。

背后往往都会有各种“诱因”，也就是有各种教唆、挑拨的情节。具体的情形在上文中已有所涉及，现作一总结。现实中，导致暴恐犯罪发生的“挑拨、劝说、唆使、刺激”情节在新疆主要有以下两种：一是以暴恐音视频为代表的各种媒介的刺激。近几年，随着互联网的发展，暴恐音视频在电脑、手机上疯狂传播，大部分年轻人正是因为在看了此类音视频之后，“热血沸腾”，才会一时冲动进行了暴恐犯罪。而在互联网还没有普及的时候，相关的书籍、光盘等媒介也同样起着这样的作用。二是身边亲朋、极端宗教人士的教唆、欺骗等。在新疆，极端分子为了使更多人进行暴恐活动可谓无所不用其极。除了上文所说的鼓吹“圣战”的神圣性与巨大收益、宣扬社会与民族矛盾等方法之外，他们还善于将“受众”自身的不幸经历与暴恐犯罪、与民族宗教联系起来，使其相信进行暴恐活动，就可以改善自己的境遇。在新疆沙雅县，曾发生过这样一个案例，一位男性由于自身原因，妻子对其很强势，他为此十分苦恼。在向其舅舅诉说苦恼之后，其舅舅竟然让其去杀 5 个汉族人，并称杀人之后其妻子会十分听话。此人由于性格怯懦，不敢杀人。他舅舅十分生气，就称让该男子剁了自己的手指也可达到同样效果。之后该男子竟然照办，剁了自己的手指。另外，因暴恐犯罪而被逮捕之人所在的家庭也是暴恐分子的重点教唆对象。这些家庭往往会因为自己的家人被“打击处理”，对政府产生某种不满甚至“怨恨”。如果这种“怨恨”长期得不到疏解，就会产生心理畸形。在这种情况下，一旦被别有用心之人利用，他们就会迅速接受宗教极端、暴力恐怖思想，并成为暴恐犯罪的生力军。如果某一家庭中的暴恐犯罪人在刑罚执行期间改造得并不成功，在思想余毒尚存的情况下进入社会，那他对其家人的诱导将更加迅速，造成的危害也将会更大。因此，暴恐犯罪人家人对社会的不满、怨恨的情绪是其“追随”家人步伐，进行暴恐犯罪的重要原因。

通过以上暴恐犯罪的原因分析，我们发现不论是社会因素还是个人因素，不论是狭义的犯罪原因还是犯罪条件，这些要素之间其实总会有各种关联性，很难将其割裂开来，生硬地对单个要素与暴恐犯罪的关系进行分析。因此，我们还是要看到各个要素背后的逻辑性，形成暴恐犯罪的原因系统。

在生产力与生产关系、经济基础与上层建筑的根本矛盾的影响下，伊斯兰世界试图用自己的方式来解决这一矛盾，而他们提出的理论方法就是伊斯兰原教旨主义。基于这一思想，产生的更为极端的伊斯兰极端主义与我国的民族分裂主义相融合，主张通过暴力恐怖主义的手段建立民族的、宗教的“东突厥斯坦伊斯兰共和国”，这成为“三股势力”的思想根基。这些思想通过现代媒体在家庭、学校、社区内不断渗透，吸引了大量支持者，形成了各种恐怖组织。这些恐怖组织在西方势力的支援之下，根据个人的生理、心理特征，号召个人进行暴恐犯罪。这就是暴恐犯罪原因背后各个要素之间的大致关系，是暴恐犯罪的原因系统。

第六章　世界范围内应对暴恐犯罪的策略

从2001年美国“9·11”事件，到2017年11月24日埃及清真寺恐袭；从西欧国家恐袭事件不止，到中东局势常年动荡不安，暴恐犯罪一直威胁着世界的和平稳定。世界各国都在努力完善自身应对暴恐犯罪的策略体系，积极寻求有力的反恐措施，力求严厉打击暴恐犯罪，维护社会和平稳定。

俄罗斯一直将打击暴恐犯罪作为保障国家安全的重要内容。2006年，俄罗斯先后通过了新的《俄罗斯联邦反恐怖主义法》（以下简称《俄反恐法》）与《关于打击恐怖主义措施的命令》，它们共同规划了俄罗斯的全国反恐体系；2009年《俄罗斯联邦反恐构想》对《俄反恐法》进行了进一步补充。首先，其将反恐任务由政府推及整个社会，充分发挥社会力量，明确了社会各界在反恐斗争中的责任。民众是反恐最主要、最能见成效的力量，俄罗斯一直希望通过立法确定民众参与反恐的权利与义务。[1]其次，俄罗斯政府成立了跨越多个部门的国家反恐委员会，负责在全国范围内协调反恐行动的统一进行，从而提高国家反恐机构的效能。各级地方也成立了各自的反恐应对部门，相互协调合作，共同打击暴恐犯罪。再次，为消除暴恐犯罪威胁，俄罗斯先后发动了两次车臣战争，进行了无

〔1〕 戴艳梅：《俄罗斯反恐体系研究》，时事出版社2015年版，第78页。

数次反恐行动。除了注重反恐警务工作以外，俄罗斯政府还组建强化反恐特种部队，并在北高加索地区部署了大量精锐部队用以反恐。根据俄罗斯法律规定，俄军可直接用军事手段打击暴恐活动，甚至在必要时可以对境外的暴恐分子直接进行“先发制人”式攻击。2006年新《俄反恐法》规定俄军有权击落或击沉被恐怖分子劫持的飞机或船只，显示了俄罗斯进一步强化反恐斗争的决心。[1]最后，俄罗斯政府还采取了一系列经济手段，以根除恐怖主义滋生、蔓延的土壤。近年来，俄罗斯政府每年都对车臣地区提供各种经济援助，投入大量资金，推动车臣的战后重建工作；加强对境内外可疑资金流动的监管力度，对“洗钱”等可能涉及资助恐怖主义的违法金融行为进行严厉打击；同时还批准了打击资助恐怖主义的国际公约，并与相关国家的有关部门积极展开合作。正如普京总统在2014年新年致辞中提到的，俄罗斯将“严厉并且有序地继续打击恐怖主义，直到将恐怖主义根除”。

以色列在二战后长期受到暴恐活动的袭扰，苦不堪言。以色列也曾试图通过和平方式来解决冲突，但最终毫无进展。对于暴恐分子而言，以色列是伊斯兰土地上的“恶性肿瘤”，必须将其消灭；西方国家，尤其是给以色列提供资助与庇护的美国，必须为帮助犹太国家付出惨痛的代价。“法塔赫”组织已经接受与以色列构建“两个国家”的妥协解决方案，但“哈马斯”从未放弃其终极目标——将以色列从中东地图上抹去。[2]自梅耶夫人担任以色列总统，尤其是“黑九月”事件发生以来，以色列当局决定对暴恐犯罪采取强硬打击对策。以色列制定了“全民反恐”“先发制人”的反恐战略，对任何杀害以色列国民和破坏以色列社会经济发展的暴恐犯罪都要

---

〔1〕 张金平：《国际恐怖主义与反恐策略》，人民出版社2012年版，第187页。

〔2〕 ［美］布丽奇特·L.娜克丝：《反恐原理——恐怖主义、反恐与国家安全战略》，陈庆、郭刚毅译，金城出版社、社会科学文献出版社2016年版，第289页。

“以牙还牙”。

暴恐犯罪危害程度的高低受多方面因素的影响，其中包括：暴恐组织人员的招募培训、内部机构的组成及运转、暴恐活动的策划实施、活动资金及武器获取、极端思想宣传以及民众对其的“支持”程度等。要想对暴恐犯罪进行有力打击，不仅需要建立健全完善的反恐对策体系，还必须针对各个阶段性涉恐环节进行研讨分析，制定出具有针对性的打击对策，从而使得反恐措施能真正“打到点上，打到痛处”。虽然各国都采取“零容忍”的态度对待暴恐犯罪，积极完善反恐应对体系，但目前世界范围内应对暴恐犯罪的策略仍然存在很大问题：

第一，应对体系不够完善。首先，针对传统的暴恐犯罪类型，如：爆炸袭击、武装冲突、驾车冲撞等，很多国家都是在暴恐犯罪发生后才临时制定应对策略，但此时也只能是事后安抚处置，并没有长效完善的反恐体系用以指导对暴恐活动的打击。其次，暴恐组织一直在不断地发展壮大，其组织形式愈加严密、犯罪形式愈加多样，暴恐活动的破坏力也变得更大，而很多国家还停留在之前的反恐应对策略，应对体系相对滞后，反恐意识不足，针对网络恐怖主义、核恐怖威胁、恐怖融资等缺乏研究，使得新型暴恐犯罪形式出现后不能进行有效的打击处理。最后，很多国家还停留在以前的反恐应对思维方式上，还寄希望于仅仅通过武力打击就能实现反恐目的，忽略或轻视社会与政治等领域的反恐策略效能，这种思想过于理想化，是不符合现代反恐形势的。在打击暴恐犯罪的过程中，不能无视恐怖主义滋生的社会根源。地区冲突、民族矛盾、贫困、秩序等问题都是恐怖主义滋生和泛滥的根源，不能只强调反恐打击而淡化可能成为恐怖主义滋生源的社会冲突和社会不公正。

第二，各国对暴恐犯罪的定义没有统一标准。目前，世界各国对暴恐犯罪的评判标准不同，对“恐怖主义”至今没有一个国际统一的认定，其主要原因是各国之间利益瓜葛的博弈。在恐怖主义研究领域发展过程中（某位观察者称之为“恐怖学”），政府工作人员、新闻媒体和专家的定义，并未明确指出暴力行为的严重性、发生地以及受害人的国籍。[1]部分国家甚至把暴恐组织当作打击、削弱对手和铲除异己、获得权力和相对收益的手段，暗中资助、支持暴恐组织，实行反恐双重标准，一边打着反恐的旗号，一边又暗中支持暴恐组织，为一些暴恐分子提供庇护，甚至允许暴恐组织在本国活动。以美国为例，其为了达到彻底推翻叙利亚阿萨德政权的目的，一直以叙利亚拥有大规模杀伤性武器为由对其进行打击，近年来甚至已先后三次以叙利亚拥有化学武器为名，对叙利亚政府军进行攻击。2018 年 4 月 13 日，美国联合英国、法国，直接发动了针对叙利亚的军事行动，对叙利亚地区进行了“精确打击”。

虽然美国一直以“维护世界和平、推广民主正义”自居，声称“坚决”打击暴恐犯罪，但俄罗斯发言人玛利亚·扎哈罗娃表示，“IS”从叙利亚拉卡市向代祖尔省控制区转移弹药设备、有毒化学物质以及技术人员之所以能够成功，就是由于美国对“IS”武装分子的暗中帮助。因为以美国为首的多国反恐联盟此前发布声明，称已全面封锁拉卡市。早在 1979 年阿富汗赫拉特发生反政府武装起义时，中央情报局就已经在布热津斯基等人的推动下开始了对阿富汗“圣战”者的秘密军事援助。[2]美国的这种鼠目寸光的行为，使得世界各国在国际反恐合作中很难建立长效合作机制。

应对暴恐犯罪的策略体系并非各个对策的单一叠加，而是由多个层次的内容协调组成。各国经过与暴恐犯罪的斗争，都形成了一

---

〔1〕［美］布丽奇特·L. 娜克丝：《反恐原理——恐怖主义、反恐与国家安全战略》，陈庆、郭刚毅译，金城出版社、社会科学文献出版社 2016 年版，第 24 页。

〔2〕李琼：《苏联、阿富汗、美国：1979 ~ 1989 年三国四方在阿富汗的博弈研究》，中国社会科学出版社 2016 年版，第 78 页。

套自身的应对体系，包括具体措施、应对基本原则以及相应的社会处置理念等多个领域，具体内容又可分为：针对性武力打击、建立健全反恐情报机制、社会反恐意识理念培养、社会反恐体系建立健全、国际反恐怖合作等。本章将对世界范围内主要国家应对暴恐犯罪四个主要方面的策略进行介绍。

第一节　武力打击

暴恐犯罪以暴力、破坏、恐吓等极端手段危害公共安全、侵犯公民人身财产安全，传播暴恐思想，制造社会恐慌，或者胁迫国家机关、国际组织，以实现其政治、意识形态等领域的主张，其行为方式的残酷性为世人所不齿，对社会有着极高的现实危害。武力打击，是目前为止世界各国应对暴恐犯罪最直接有效的打击措施，其能有效摧毁恐怖组织及其活动能力，打击其嚣张气焰，遏制暴恐思想的传播，在实现阶段性反恐打击目的的同时，也为其他各阶段反恐对策的实施提供了必要的安全条件，是一国应对暴恐犯罪态度最直接的宣示。

一、武力打击的原则

打击暴恐犯罪涉及多方面因素，要想仅仅通过武力打击进行根治是不现实的。针对暴恐犯罪所进行的武力打击必须合理，否则只会“越反越恐”，最终将民众推向对立面。加强武力打击，并不意味着武力打击就是唯一有效的反恐方式，而是在进行武力打击的同时，寻求其他最优解决方案，注意举措的恰当程度。应对暴恐犯罪的武力打击也需遵循一定的原则。

（一）严厉打击

武力打击能直接消灭暴恐分子、摧毁暴恐组织，对暴恐组织及其暴恐活动进行真真切切的打击。世界各国应对暴恐犯罪均采取“零容忍”的态度，对暴恐犯罪进行武力打击必须坚决果断，绝不姑息。以色列总统梅耶上台后，对有损以色列国民人身及财产安全的暴恐犯罪，采取“以牙还牙”的反恐打击态度，尤其是在“黑九月”事件之后，对暴恐犯罪执行了更加严厉的打击策略。我国《反恐怖主义法》第2条第2款也规定：“国家不向任何恐怖活动组织和人员作出妥协，不向任何恐怖活动人员提供庇护或者给予难民地位。”由此可以看出，国家对于暴恐犯罪进行打击的态度极为坚决。

（二）精确打击

对暴恐犯罪进行武力打击时，要做到精确打击，区别对待，严格维护无辜平民的生命、财产与人权。此外，并非一切涉恐人员都要对其进行武力打击，对于部分涉恐程度较轻地区的人员，对其进行教育矫正，让其重新回归社会将会是更好的反恐打击手段。暴恐犯罪对策并非笼统的策略，其需要根据具体情况的不同而因地制宜，做到精确打击，只有这样，才能真正起到维护平民生命与尊严的目的。

尼采曾说：“我们在同恶魔进行斗争的同时，要提防自己变成恶魔。”在反恐过程中，我们必须尊重公民的宗教信仰自由和民族风俗习惯，禁止实施任何基于地域、民族、宗教等理由的歧视性反恐政策。尤其是在涉恐地区，虽然其有涉恐人员，但并非该地区的所有人员都已涉恐，在采取武力打击措施时，必须重视对人权的保障。反恐行动是要让民众获得安全感，而不是剥夺民众的安全感，不能让反恐行动变成“披着正义外衣的恐怖行为”。

目前，以以色列为代表的反恐高压地区，反恐维稳已是常态，甚至是日常工作的重点。这是由该地区自身独特的各种因素所导致的，反恐策略不得不采取“高压态势”，但就长远发展而言，我们并不赞同这种做法。一个地区的工作长期以维稳为重心，不但是工作

方向的偏移，而且会给反恐工作人员以及平民带来极大的心理压力。长期生活在这种高压之下，对于打击暴恐犯罪或许是一种很好的威慑，但对于其他人而言，只会适得其反。因此，反恐打击必须做到精确打击，在武力打击的时间、地点、程度上掌握比例原则，只有这样才能节约社会成本，做到真正意义上的反恐维稳。

（三）长效威慑

长效威慑是打击恐怖活动最低成本的对策和第一道防线。[1]武力打击，并不是某一阶段性的打击完成以后，就实现了其目的使命。经过武力打击从而实现对暴恐势力的长效威慑才是其长远目的；只有当暴恐组织不能、不敢进行暴恐活动，从而最终消失时才实现了最终长远目的，也只有这样，才能为最终消灭暴恐组织奠定基础。以我国新疆为例，武力打击以及反恐政策的实施，对反恐起到了很好的打击效果，但是，“两面人”的问题也随之出现，其一方面表面敷衍应对国家的政策措施，另一方面暗中勾结支持恐怖组织。对于此类人群，虽然短期内反恐措施看似对其产生了威慑效果，但长期来看，长效威慑的效果并不明显，反恐措施并未真正起到预期效果。对此类人群，必须“发声亮剑”，坚决打击“两面人”的存在。

（四）协同打击

武力打击行动必须要有系统化的指挥体系，做到有备、迅捷、周密、有力打击。打击暴恐犯罪，并不仅仅是某一部门的职责，而是需要各部门及社会各阶层共同配合、协同打击。建立、健全完善的武力打击反恐体系，能更加高效地实施打击措施，真正有力、及时地对暴恐犯罪起到打击效果。

我国《反恐怖主义法》第5条规定：“反恐怖主义工作坚持专门工作与群众路线相结合，防范为主、惩防结合和先发制敌、保持主

---

〔1〕 张金平：《国际恐怖主义与反恐策略》，人民出版社2012年版，第147页。

动的原则。”第 8 条第 3 款规定：“有关部门应当建立联动配合机制，依靠、动员村民委员会、居民委员会、企业事业单位、社会组织，共同开展反恐怖主义工作。”由此可见，应对暴恐犯罪策略的实施，不仅仅需要各部门之间的协同配合，而且需要社会各阶层共同努力来形成统一高效的反恐打击体系。

俄罗斯 2004 年发生“别斯兰人质危机”，最终造成了许多不应有的损失。[1]经事后详尽调查发现，相关反恐部门在该事件的处理应对上存在严重不足，人们认为营救中导致大量人员伤亡的首要因素是营救行动没有统一的协调和指挥。现场集结的大量武装人员分别隶属于北奥塞梯共和国、内务部、国防部、联邦安全局等，这些机构由于一直没有建立统一的危机处理指挥部而缺乏统一指挥。当发生突然变故时，缺乏反恐训练和准备的当地警察首先以武力向学校推进，半小时以后反恐特种部队才行动。除政府的军事和救护人员外，现场还聚集有大量的人质家属和当地居民。政府没有对民众的行动和情绪予以有效、统一的控制，导致一些民众自发展开营救行动、增加伤亡的同时，也给政府的营救行动造成极大的障碍和危险。此外，由于在营救行动中不当使用榴弹、坦克炮等武器，该事件引起社会的强烈不满与谴责。

2007 年 10 月 27 日，俄罗斯国家反恐委员会副主席伊里因在第三届安全与反恐国际学术研讨会上指出，对俄罗斯的反恐部门在别斯兰人质事件和之前的反恐行动中的表现的分析表明，俄罗斯的反

---

〔1〕 2004 年 9 月 1 日，车臣分离主义武装分子在北奥塞梯共和国的别斯兰中学举行开学典礼之际，武装劫持了 1200 多名师生及家长。此次劫持事件共持续了 3 天，事件造成 335 人死亡，958 人受伤，其中包括 639 名未成年人；123 人落下残疾。涉案 32 名恐怖分子中，31 名被击毙，1 人经审判后被判终身监禁。此次暴恐袭击是恐怖组织首次大规模地向少年儿童群体发动袭击，给俄罗斯国家与人民造成了巨大的伤害，在国际社会范围内也产生了极大的负面影响。此后，俄罗斯总统普京宣布，将 9 月 3 日定为俄罗斯“反恐团结日”。

恐工作存在下列典型问题：没有系统的国家反恐战略，没有长期规划；反恐体系缺乏强有力的法律指导；反恐任务和职权不分明；没有统一的指挥中心，反恐行动不协调；没有完善的执法监督和管理体系；没有充足的物资和装备保障反恐工作。[1]

二、武力打击的实践

武力打击在应对暴恐犯罪中起到了至关重要的作用，各武力打击的行动主体也在打击原则的指导下，积极履行反恐打击的职责，取得了显著的反恐成效。武力打击的行动主体主要有以下几类。

（一）军队

军队是维护国家稳定、国土安全最重要的力量之一，也是反恐武力打击中重要的行动主体，在反恐武力打击中发挥着至关重要的作用。

1. 常规部队。常规军队除了应对国内暴恐犯罪之外，还会针对特定的国家、地区发动反恐战争。反恐战争一般由一个或多个国家作为战争的联合发起者，所采取的手段主要也是传统的战争手段。但是，反恐不是一场对称性战争，发动战争的一方是主权国家或者国家联盟，而即被打击的另一方对象则是多元的，主要是恐怖组织，也包括支持恐怖主义或者是被认为存在支持行为的国家政府。战争的后期，主要是同国际恐怖组织作战。

以色列在利用军队力量对暴恐犯罪进行武力打击方面发挥得淋漓尽致。阿拉伯国家认为，以犹太人为主的以色列是“伊斯兰国土”上的一颗毒瘤，穆斯林们必须联合将其铲除，故此，恐怖组织不断通过暴恐的方式袭扰以色列。以色列受自身所处国际地区环境影响，需要大力加强反恐军队建设，以求对地区内的暴恐势力形成震慑控

---

〔1〕 戴艳梅：《俄罗斯反恐体系研究》，时事出版社 2015 年版，第 61 页。

制效果。可以说，军队，是以色列反恐斗争的核心力量。

俄罗斯在北高加索地区部署了大量装备精良、训练有素的军队，用以应对以“车臣”分裂分子为代表的恐怖分子及分裂分子。俄罗斯国内法律还规定，对于任何有损俄罗斯国土安全及人民利益的暴恐犯罪，军队可直接对境外暴恐组织实施军事打击。

我国《反恐怖主义法》第 8 条第 2 款规定：“中国人民解放军、中国人民武装警察部队和民兵组织依据本法和其他有关法律、行政法规、军事法规以及国务院、中央军事委员会的命令，并根据反恐怖主义工作领导机构的部署，防范和处置恐怖活动。”

美国在“9·11”事件之后，第二次将“加强本土安全战略”提上美国的战略核心，之后，由于“基地”组织大本营设在阿富汗，且受到阿富汗塔利班政权的庇护，美国为了打击“基地”组织发动了阿富汗战争。在美英联军的报复性军事打击之下，阿富汗塔利班政权与“基地”组织在不到两个月的时间内土崩瓦解，新的阿富汗临时政府宣布成立。

美国对“9·11”事件进行评析后认为，之所以有恐怖组织敢对美国发动如此大规模的恐怖袭击，其根本原因是国际上有一股具有强烈反美情绪、民族与宗教极端主义相结合的跨国恐怖势力存在，而这股势力与伊斯兰和阿拉伯世界中的反美势力存在着紧密的联系，这些庇护恐怖主义且拥有大规模杀伤性武器的国家才是美国安全最大的威胁源。因此，美国认为要从根本上消除恐怖势力对美国及西方的威胁，必须要对这些国家的政治制度、社会制度乃至社会形态进行“民主改造”。故此，美国调整了对外战略，开始在世界范围内大规模地部署军事力量，并针对其潜在的“敌人”进行军事打击或战略围剿，将打击恐怖主义与消灭美国的国际敌对势力相结合，制定了“先发制人”的战略，对外推进“民主”，以维护美国国土安全、保障美国利益，以及维持美国“世界超级大国”的地位。

自此，美国的外交政策和国际战略由一场单纯的反恐战争，转变为反恐与“民主”相结合的预谋性周密战略举措。也基于此，美国于2003年，以伊拉克藏有大规模杀伤性武器且暗中支持恐怖分子为由，发动了伊拉克战争。2018年4月13日，又以叙利亚地区发现大规模杀伤性化学武器为由，联合英国、法国发动对叙利亚的“精确打击”军事行动。

奥巴马政府执政期间，也将打击“基地”组织、“塔利班”势力与增强阿富汗自身反恐能力相结合，重点训练阿富汗安全部队，并扩充阿富汗兵源，从而为美国反恐战略的顺利进行实施“减负”。同时，美国将反恐重心逐步转向阿富汗，集中力量打击“基地”组织与“塔利班”势力，并积极改善与穆斯林世界的关系。当然，奥巴马政府一系列举措的根本目标，还是维护美国“超级大国”的国际独霸地位。

2. 反恐特种部队。暴恐犯罪的发生具有隐蔽性和突发性特点，其危害程度也极高，为了应对高压力的反恐态势，许多国家都纷纷组建起了自己的反恐特种部队。各国的反恐特种部队数量也在增加，美国、印度的反恐特种部队包括海陆空军种，美国的反恐特种部队还包括一些地方军事力量，印度反恐部队总兵力已有1.3万多人。

反恐特种部队是武力打击中反恐专业性最高的群体，其之所以具有极强的反恐打击行动能力，主要是因为队员均经过严格训练和精心选拔，训练内容除武器训练、徒手格斗等基础技能之外，还包括恐怖分子心理学和人质营救谈判、监视技巧和情报收集、应对NBC（核、生物以及化学）战争、SERE（生存、躲避、抵抗、逃跑）等多方面的训练。[1]在武力解救的过程中，必须努力把握武力打击与解救人质之间的平衡，要把解救人质放在第一位，要进行系

〔1〕［英］勒罗伊·汤普森：《全球反恐手册：特种部队实用指南》，敖锋、孙迪辉、刘佳圭译，上海远东出版社2014年版，第50～100页。

统完善的情报收集工作，确保行动准确。

俄罗斯于1974年成立了“阿尔法反恐特种部队”，隶属于苏联国家安全委员会（KGB）下属的第七（监察）委员会。其主要负责俄罗斯境内以及边境附近的反恐行动，成员均从俄罗斯特种部（Spetsnaz）中挑选而来。2002年10月23日，四五十名车臣恐怖分子闯入莫斯科东南区轴承厂文化宫，绑架了该处的700多名观众、100多名演员与文化宫工作人员，要求俄罗斯停止在车臣的军事行动并撤军。26日，阿尔法部队奉命展开突袭营救，在半小时的激战中，恐怖分子被全部击毙，尚还生存的800多名人质全部获救。[1]

以色列于1957年成立了“野小子”特种部队，是其打击暴恐势力极为重要的一把利剑。1976年6月27日，6名恐怖分子在雅典劫持了一架法国航空公司的大型客机，机上载有242名乘客。恐怖分子要求以色列政府在规定时限内将在押的53名巴勒斯坦人送至乌干达进行交换，否则将处死人质。飞机在乌干达恩德培机场降落后，“野小子”部队奉命展开营救行动，3组突击队员按预定方案分别扑向各自的目标，10分钟攻占候机大楼，20分钟解救人质，10分钟检查，12分钟返回，从第1架以色列飞机落地到返航的最后1架以色列飞机起飞，只用了短短的59分钟，6名劫机恐怖分子全被当场击毙。“野小子”千里奔袭乌干达恩德培机场营救人质，可以称得上是世界反恐怖作战史上的一个创举，它向世人展示了以色列特种部队高超的反恐怖作战技术和能力。

美国有很多可用于应对暴恐犯罪的特种部队，1977年11月19日成立的“三角洲部队”便是其中之一。该部队由A、B、C三个中队组成，是世界上训练水平最高、装备最精良的反恐作战部队之一。其最初组建的目的是建立一支精通人质救援的海外反恐作战部队。

〔1〕［英］迈克·瑞安、克里斯·曼、亚历山大·史迪威：《世界各国反恐特战部队》，中国市场出版社2014年版，第47页。

迄今为止，三角洲部队执行过的最大规模的人员追捕行动是在2001年“9·11”事件发生后到阿富汗执行抓捕本·拉登及“基地”组织成员的任务。

此外，2001年底，也即“9·11”事件发生后，美国成立的“11任务部队”也是美国反恐特种部队的中坚力量。该部队由来自北卡罗来纳联合特种行动指挥部的海豹突击队和陆军三角洲特种部队的行动人员以及各自的保障部队组成。2002年3月，该部队展开了为期16天的“巨蟒”行动，主要部署于阿富汗东部的高山地区，行动最终取得极大成效，造成约100多名“基地”组织与“塔利班”武装人员伤亡，并将其余残余人员全部赶出了阿富汗地区。当然，行动也付出了惨重代价，“11任务部队”共有8名成员死亡，73人受伤。2002年9月5日，一名枪手朝阿富汗总统哈米德·卡尔扎伊的车队射击，企图刺杀总统，美国特种部队小组立即将其击毙，粉碎了枪手的刺杀计划。

英国“第22特别空勤团（SAS）”也是世界上训练水平最高的特种作战部队之一。1980年4月30日，5名自称“阿拉伯斯坦民主解放阵线”的恐怖分子闯入伊朗驻英国大使馆，劫持了26名人质。5月5日，在双方僵持6天后，SAS被准许展开突袭行动营救人质。24名SAS队员仅用40多秒时间就完成了营救行动，最终2名人质死亡，2名人质轻伤，1名SAS成员受轻伤，6名恐怖分子中5名被击毙，1名被捕，营救行动取得了巨大成功。

德国于1973年4月17日组建的“第九边防警察大队（GSG－9）”与英国SAS部队齐名。1977年10月13日，4名“红军旅”恐怖分子劫持了汉莎航空公司从地中海巴雷阿里克岛的帕尔玛飞往德国的波音737第LH181次航班，机上共有86名乘客及7名机组人员。此次劫持的目的是给德国政府施压，要求释放被关押的11名同伙。飞机经罗马的费米奇诺机场、塞浦路斯的卢那卡机场、迪拜机场、也门首都亚丁等地多次降落加油后，于10月17日降落在索马里首都摩加迪沙。10月18日凌晨，GSG－9受命展开营救行动，数秒之内便结束战斗，3名恐怖分子被击毙，1名负重伤，GSG－9首次行动便取得巨大成功。

此外，世界范围内还有意大利“皮头套反恐怖突击队”、美国“蓝光反恐怖特种部队”，以及我国“人民武装警察特警学院（SPC）”等，都是世界著名的反恐特种部队。

（二）警察

一般而言，暴恐案件发生之后，警察是首先到达现场的武力打击力量，同军队一样，警察在反恐武力打击中也发挥着极大的作用。

1. 反恐警察部队。反恐特种部队并非军队专有，警察部门中也有相关的专门反恐特种部队。

法国于1973年11月3日组建了“国家宪兵特勤队（GIGN）”，其成员全部来自于法国宪兵队，是一支精锐的反恐警察部队。1994年12月26日，一伙来自阿尔及利亚的恐怖分子在阿尔及尔劫持了一架法国飞机，欲使其在巴黎市中心坠毁。在与暴恐分子和谈无望后，当局决定由GIGN采取突袭方式进行人质营救行动。营救行动最终取得成功，共有173名人质获救，4名恐怖分子被击毙，9名GIGN成员受伤。GIGN的果断出击，避免了重大危害后果的发生。此外，1985年法国国家警察部队还组建了“黑豹突击队（RAID）”，主要执行反恐作战任务以及打击严重暴力犯罪事件，也是法国反恐的中坚力量。

2. 反恐警务。在反恐武力打击的过程中，有必要由警察开展反恐警务工作，组织能力强的警察机构在反恐合作中起主导作用。“9·11”事件中，恐怖分子劫机袭击了纽约。在暴恐案件发生之后，警察是最先到达现场的人，并随即介入，进行善后处理活动。据事后统计，在事件应对行动中，共有343名纽约消防战士和23名纽约市警察局

的警察因解救民众而牺牲。

反恐警务工作强调效率，除了能在暴恐犯罪发生后及时处理以外，还必须能及时发现新线索以预防下一次暴恐犯罪的发生，这也可以被理解为民权人士批评联邦调查局以及其他执法机构和情报机构拥有过宽“窥探”权利的依据。然而，“9·11”事件调查委员会经过调查却批评联邦调查局的情报行动面过窄，没能及时发现恐怖威胁。此外，反恐警务必须去政治化，将恐怖主义视为一种犯罪来对待，正如联邦调查局的官方文件中所写：“依照美国的反恐政策，联邦调查局将恐怖分子视为犯罪分子。”

社区警务是反恐警务的重要组成部分，确保警务行为的合法性是社区警务的重要目的，它在组织上从下到上，以社区为中心；而情报警务的主要目的是降低犯罪，其组织从上到下，按等级划分。[1]纽约市的特殊反恐手段中有一项叫做纽约市警察局盾牌项目（NYPD Shield），其职责是负责警方反恐部门与私营安保部门之间的合作关系，可以使纽约市警察局从私营安保部门获得情报，私营安保部门也可以从纽约市警察局得到情报并进行合作。

当然，仅就一个国家的反恐警务而言，不同地区的暴恐威胁不一，对恐怖主义的认识也各有不同，有些地方的国内恐怖主义势力横行，其打击重点自然也就以地区恐怖主义为主；而在某些大型城市、港口、边境等地区，国际恐怖主义才是警察反恐警务中的重点。

（三）其他部门

反恐武力打击中，不仅仅需要军队、警察的参与，还需要其他有打击能力的部门进行积极的协同配合打击。我国《反恐怖主义法》第8条第1款规定：“公安机关、国家安全机关和人民检察院、人民法院、司法行政机关以及其他有关国家机关，应当根据分工，实行

〔1〕 王林：《美国社区反恐与反恐警务研究》，中国政法大学出版社2015年版，第119页。

工作责任制，依法做好反恐怖主义工作。”也就是除了军队、警察以外，国家安全机关等有武力打击能力的部门都需在职责范围内，进行针对暴恐犯罪武力打击的协调配合。

2001 年 10 月 8 日，美国总统布什签署行政命令，宣布在白宫设立国土安全办公室，并在行政上设立一个新的内阁职位——国土安全主任，美国国会于 2002 年 11 月 25 日通过了《国土安全法》，正式组建国土安全部（DHS）。正如在《国土安全法》中所规定的，国土安全部的首要任务包括“预防美国境内的恐怖袭击，降低美国国内遭受恐怖袭击的风险，减少袭击带来的危害，以及袭击发生之后所需要进行的恢复工作”，国土安全部主要起协调作用，协调各个反恐组成部门，确定各部门的职能定位。美国联邦调查局（FBI）是司法部的主要调查机构，第二次世界大战之后，其将工作权限的重心放在反恐怖主义上，并在刑事侦查处专门设立了反恐科，重点关注打击国内与国际恐怖主义。移民与海关执法局（ICE）是移民问题的专门执法机构，其是国土安全部最大的调查部门，由几个分支部门组成，包括情报处、调查处、拘押递解处，以及国际事务处。调查发现，“9·11”事件中的 19 名劫机者都是合法进入美国的，这使得美国加强了对海关等机构的监管。

“知己知彼，百战不殆”，情报是反恐斗争中的重要环节，是取得反恐斗争胜利的关键因素。情报信息在网络反恐工作中具有预警性、前瞻性、先导性和引领性作用。[1]准确的情报能使反恐部门更加及时、准确地开展反恐打击行动，因此，各个国家都非常重视情报工作和情报合作。武力解救人质的理想状态是使人质全部安全获救，这就要求行动之前进行大量的准备工作，从情报收集到营救计划的确立，都必须做到准确无误。

---

〔1〕 盘冠员、章德彪：《网络反恐大策略：如何应对网络恐怖主义》，时事出版社 2016 年版，第 283 页。

1985 年~1987 年，美国中央情报局提前制止了约 200 多起恐怖活动。“9·11”事件后，各国都在情报工作、情报交流方面加大了投入和合作力度。在击毙本·拉登的行动中，就是因为事先进行了大量的情报收集，才确保了最终行动的准确进行。2004 年 8 月 27 日，美国总统布什签署命令，成立美国国家反恐中心（NCTC），隶属于美国中央情报局（CIA）。领土监视局（Direction de la Surveillance du Territoire，DST）是法国情报机构之一，隶属于国家警察，主要执行反恐怖情报使命。2006 年 10 月，由于事先掌握了情报，英国提前挫败了规模堪比“9·11”事件的炸机暴恐事件企图。

三、武力打击的优劣

（一）武力打击的优势

武力打击是反恐打击中的重要手段，在反恐斗争中起到极大的作用。武力打击措施在打击暴恐活动中，有着其自身的优势。

第一，快速直接。武力打击是发生暴恐犯罪以及发现暴恐组织后进行打击的首选措施。在此阶段，运用其他应对措施已不能很好地打击暴恐活动，控制事态发展，而武力打击能直接快速地对其进行打击，及时有效制止暴恐犯罪，避免事态的进一步扩大，避免造成损失或将损失扩大化，是应对暴恐犯罪最直接有效的处理方式。

第二，直接效果明显。在所有应对暴恐犯罪的打击措施中，武力打击最能直接、高效地摧毁暴恐组织及暴恐犯罪活动，打击消灭暴恐分子。武力打击不仅能带给暴恐组织客观上的打击，对其精神层面的打击也极为重要。武力打击在对暴恐组织进行打击消灭的同时，也能对暴恐分子从心理上形成威慑，这样更加有助于反恐工作的展开。

第三，目的明确。武力打击一般应用于打击消灭暴恐组织和暴恐活动发生之后，其目的直观明确，就是应对此次暴恐活动，打击暴恐组织及犯罪，维护国家利益及民众生命财产安全。由于目的明确，行动也更加坚决果断，能更加快速有效地打击暴恐犯罪。

第四，态度坚决。世界各国对暴恐犯罪采取“零容忍”态度，武力打击是反恐意志的坚决体现，国家不会纵容任何暴恐行为，满足任何暴恐欲望和目标，使其威胁到国家利益以及人民的生命财产安全，坚决的武力打击就是对恐怖主义最好的回击。

（二）武力打击的劣势

武力打击以其特有的高效、迅捷的优势，在各国反恐体系中占据着重要的一席之地。但是，武力打击这一措施也并非尽善尽美，其自身也存在着一些不足之处。

第一，并非长效对策。武力打击的对策对于阶段性的反恐目标具有很好的效果，但不能将其视为一个长久之计。从长远角度出发，长期武力打击的“硬措施”将会给社会带来许多负面影响，长期的“硬性打击”措施在恐怖组织适应之后，将很难再起到预期的反恐打击效果。相比之下，经济扶持等“软措施”反而能更好起到长效反恐的目的，更应该被提倡。故此，反恐措施的制定“刚柔相济”“软硬兼施”方为良策。俄罗斯此前一直对恐怖主义采取严厉打击的态度，但是自2006年下半年开始，其反恐战略由以军事为主，转向更多倚重怀柔的手段。[1]

第二，民众不满。在开展武力打击措施时，可能严重危及民众的人身与财产安全，造成无辜平民的伤亡，民众权利的自由行使有时会受到限制，暴恐分子的人权有时也很难得到保障，这就使得部分民众对武力打击产生了不满与抵触情绪，国内的舆论压力极大。而恐怖组织也利用这一点，借机歪曲事实，向民众宣扬“种族压迫”的思想情绪，煽动民众进行暴恐活动。故此，在反恐策略的制定与实

〔1〕张金平：《国际恐怖主义与反恐策略》，人民出版社2012年版，第186页。

施中，必须重视民众的情绪，不可一意孤行，否则只会“越反越恐”。

第三，国际压力大。在针对本国暴恐犯罪的武力打击，以及跨国反恐武力打击行动中，人权问题与国家主权问题一直是两大敏感问题。以美国关塔那摩监狱为例，其设立是否合法以及监狱内部的管理行为是否危及被关押人人权我们暂且不论，单就美国对此承受的国际舆论压力而言便是巨大的。鉴于此，奥巴马政府此前欲关闭关塔那摩监狱，但一直未落实此项举措，特朗普总统上台后，决定继续维持关塔那摩监狱。

四、武力打击面临的新局面

武力打击一直是应对暴恐犯罪中的一大重点问题，在武力打击中，除了常规打击之外，还有很多新问题是值得我们研讨注意的。

（一）新型武器

常规武器杀伤性太大，不符合现在“人道主义”的发展趋势，加之为了能深挖暴恐组织，且有时在条件允许的情况下，需要对暴恐分子实施抓捕，这就使得常规打击武器很难满足需求。“高效非致命性武器”在解救人质中发挥的独特作用越来越得到重视，其能在保障人质安全的同时，更加有效地起到营救效果。“非致命性武器应在组织和训练方面天衣无缝地并入现有武力结构中。”[1]随着科技的发展，许多新技术被应用到军事武力领域。目前，新概念武器与技术主要被应用于激光武器、微波武器、动能武器、粒子束武器、非致命电击与化学武器、无人系统等，使得在反恐武力打击中，有了更加先进、高效的打击武器。

2008 年 4 月，印度反恐力量装备了一种特殊的“咖喱”炸弹，这种炸弹内部装有辣椒粉，爆炸后可以迫使恐怖分子从掩体中撤出。

〔1〕 汪川编著：《反恐处突新思维：美军非致命性武器运用和体系建设研究》，航空工业出版社 2014 年版，第 23 页。

2017年8月17日至19日，“第四届亚欧安博会”在我国新疆国际会展中心成功举办。此次安博会的参展对象主要有：人工智能、防盗报警、警用装备、军警无人机等社会公共安全产品。可以明显地看出，人工智能已经开始在我国新疆反恐工作中推广使用，新疆逐步加快了反恐领域的“智能化”建设。

（二）新型战术

由于暴恐组织的特殊性，对其施行大规模的武力打击确实会对其产生一定的打击威慑效果，但“擒贼先擒王”，“斩首行动”由于在现代军事行动中能发挥出巨大的作用，经常被应用于打击暴恐组织中。斩首行动由于具有打击精确、伤亡小、成功率高、打击影响更大等特点，在打击暴恐犯罪中发挥着越来越重要的作用，海豹突击六队击毙本·拉登的军事行动，就是很好的例证。

成功的斩首行动之所以能取得极大的战略作用，是有一定原因的：首先，斩首行动的打击对象是暴恐组织的首脑人物及机构，成功的斩首行动能破坏暴恐组织的中枢系统，使得该组织在短时期内进入瘫痪状态，从而对暴恐组织产生极大的打击效果。其次，斩首行动在打击上具有精确、迅速的特点，能真正打到暴恐组织致命的地方。最后，斩首行动虽然次数有限，但成功率极高，从而避免了“打草惊蛇”。斩首行动的隐蔽突袭性给暴恐组织带去极大的压力，同时也避免了军事资源的大量耗费，真正起到反恐突击的威慑作用。[1]

成功的斩首行动将会对反恐行动产生很多积极效应：首先，打击行动破坏了暴恐组织的领导组织结构，使其活动进入短暂的停滞时期，恐怖组织在一段时期内将会很明显地减少暴恐袭击活动。其次，虽然每次活动打击的暴恐分子人数较少，但是能有效地减少双

---

〔1〕 张金平：《国际恐怖主义与反恐策略》，人民出版社2012年版，第231页。

方伤亡人数，最大程度地起到打击效果，且能最大程度地保护民众的利益免受损失。再次，成功的斩首行动将会使得民众反恐的信心及情绪高涨，能够有效提升、培养民众的反恐意识，使民众的反恐参与度得到大大提升。民众看到此种策略能起到一定的作用时，就会拥护其实施。最后，斩首行动成功以后会产生一定的政治意义，是对坚决打击暴恐分子的态度的一种最直接的宣示。

当然，斩首行动也会有一些消极影响：首先，暴恐分子都唯首要分子“马首是瞻”，对首要分子进行打击，可能会带来新一轮的打击报复行为。其次，斩首行动的打击对象为恐怖组织的首要分子，打击对象数量较少，这将会使其他暴恐分子转移到地下，不能对暴恐势力起到很好的铲除效果。最后，为了确保行动的保密性，斩首行动的开展一般不会通知附近平民，这将可能导致在行动中出现影响到周围平民的情况，可能会危及他们的生命财产安全。

第二节 政治打击

恐怖主义将每一位平民作为暴恐袭击的可能目标，以此最大限度地制造恐怖气氛以及恐怖政治效应。[1]以美国为首的西方大国在推行“自由、民主”制度时，自由主义下的平等主义制度承诺无法跟上自己的理论承诺。[2]这使得绝大部分暴恐组织均认为自身种族没有得到应有尊重，受到了其他国家及种族的入侵，故企图通过暴力、恐吓等极端手段，引起社会恐慌及注意，宣扬其组织的政治主张，从而实现其所追求的“公平的政治地位”与“平等人权”。

---

〔1〕 Laurence Miller, “The Terrorist Mind: A Psychological and Political Analysis”, *International Journal of Offender Therapy and Comparative Criminology*, 50 (2006), 123.

〔2〕 [加] 威尔·金里卡:《当代政治哲学》，刘莘译，上海译文出版社 2015 年版，第 119 页。

以“基地”组织为例，其成立之初是为了训练和指挥阿富汗义勇军，同入侵阿富汗的苏联军队进行战斗。但是自1991年苏军撤退后，该组织便将活动目标转为打倒美国和伊斯兰世界的“腐败政权”。再如“塔利班”组织，其为阿富汗武装派别之一，主要致力于建立一个所谓的“世界上最纯粹的伊斯兰国家”。由此可见，政治宣传与歪曲宗教教义是恐怖组织将暴恐活动进行“道德脱离”的重要手段，要想有效打击消灭恐怖势力，就必须对其错误的政治主张进行针对性打击，取得意识形态领域斗争的胜利。

一、政治打击的原则

政治打击主要是从意识形态领域对暴恐犯罪进行打击，揭露暴恐犯罪实质，推进反恐建设，从而使得恐怖主义在政治上被孤立。进行反恐政治打击时，必将会在政治层面涉及民众的政治权利以及相关国家的主权地位等政治利益，具有相对敏感性，这就使得国家在采取政治打击措施的时候必须遵循一定的指导原则。

（一）揭露恐怖主义的反动本质

恐怖主义是认同冲突的一个表现。[1]国际领域中各思想认知的不同，直接导致冲突的产生。恐怖组织披着“正义”的外衣采取行动，各国在制定暴恐犯罪的应对举措时，不能重表不重里，要发现暴恐思想的反动本质，揭露其极端暴力的嘴脸。

例如，1998年2月，本·拉登及其同谋签署了一份裁决（或称宗教法令），以“基地”组织最新创办的“世界伊斯兰阵线”的名义，号召所有穆斯林教徒“按照真主的意愿”去“杀死美国人及其同

〔1〕张家栋：“恐怖主义与认同冲突”，载何佩群、俞沂暄主编：《国际关系与认同政治》，时事出版社2006年版，第288页。

盟——平民和军队”。[1]

但无论基于什么目的，不加区别地滥杀无辜都是应当受到谴责的，这不是伊斯兰教的问题，而是政治伊斯兰。“伊吉拉特”，意为“迁徙”，源于伊斯兰教史上的一次重大事件——公元7世纪初，穆罕默德在麦加创立、传播伊斯兰教，但其教义触犯了麦加贵族的利益，他们采取各种手段迫害、追杀穆斯林。穆罕默德被迫率领信徒，历经3个月分批由麦加迁徙到麦地那，继续其传教事业，并创建了统一的穆斯林社团“乌玛”（政教合一的政权），确立了在当地的统治地位，并最终重返麦加，相继统一阿拉伯半岛。

此次迁徙被称为“伊吉拉特”，标志着伊斯兰教的传播开始了新的历史时期，即以宣传教义阶段过渡到组建政教合一的伊斯兰国家阶段。此次迁徙是有组织、有宗教目的的“特殊移民”形式，它是在伊斯兰教遭受挤压、排挤和穆斯林遭受迫害的情况下被迫进行的战略转移。虽然是伊斯兰发展史上一次重要的历史事件，但“伊吉拉特”既不是伊斯兰教教义规定的必须义务，更不是充斥着暴力的极端主义暴行。暴恐分子将其歪曲解读，完全背离了其原本的意义，“三股势力”以此作为蛊惑人心、煽动民众实施暴恐活动的手段。

（二）坚持“政教分离”

在政治打击对策中，必须重视的一大问题就是“政教分离”。恐怖主义总是借助于宗教进行极端思想传播，他们在鼓吹宗教向极端主义发展的同时，利用宗教的政治及社会功能，使宗教慢慢向政治领域延伸。当宗教的思想观念和活动超出它原本的规制范围后，宗教政治化的现象随之发生，宗教也最终变异、演化为政治，特别是宗教极端主义的形成。此外，一些有政治身份的人士为了取得更多民众的支持，出于民众有宗教信仰的缘故，拉近与宗教人士的关系，

---

〔1〕［美］布丽奇特·L. 娜克丝：《反恐原理——恐怖主义、反恐与国家安全战略》，陈庆、郭刚毅译，金城出版社、社会科学文献出版社2016年版，第114页。

政治宗教化的问题也随之出现。当然，有部分学者也指出，在美国，尽管政教分离已成为一种口号并且被宪法规定为国家的明确目标，但美国从未真正达到过完全的政教分离，而且将来也绝对不会达到完全的政教分离。[1]

就宗教政治化的极端形式而言，它的基本特征在于宗教信徒的思想观念和行为活动的政治化。世界三大宗教中，伊斯兰教的政治化，即异化、蜕变为宗教极端主义的现象极其明显。伊斯兰教成立之初，就是一个借助意识形态和精神力量变革社会的宗教，它将政治与宗教相结合，即政治宗教化与宗教政治化相结合。“伊吉拉特”原意并非是极端的，而是后期在极端分子的歪曲下才被曲解为极端思想：其一，夸大伊斯兰教的危机意识，竭力为“圣战”制造正当借口。其二，曲解伊斯兰教的功修。《古兰经》和《圣训》明确指出穆斯林的“五大功修”为：念、礼、斋、课、朝，但宗教极端势力却将“伊吉拉特”作为“第六项功修”。其三，蓄意制造人们之间的差异，破坏和谐团结。其四，竭力推崇暴力和杀戮。“伊斯兰”一词是“和平”“顺从”之意，反对战争杀戮，而“伊吉拉特”诉诸暴力，宣扬“殉教”，声称“殉教”是为了个人信仰而献出自己的生命。

“伊吉拉特”成员本身就是宗教极端势力，在他们眼里只有“穆斯林”和“异教徒”，“迁徙”的目的就是“消灭异教徒”。他们极力煽动穆斯林离开故土，向不信仰真主的社会开战，鼓吹实施恐怖活动来完成“迁徙圣战”。新疆破获的暴力恐怖案件中，90%以上的恐怖犯罪分子都是受到了“伊吉拉特”极端思想的毒害。

虽然恐怖势力在进行煽动时经常借助于宗教，恐怖分子很多也都是宗教信徒，但并不能就此认为所有的宗教信徒都是恐怖分子，

---

〔1〕［美］罗纳德·L. 约翰斯通：《社会中的宗教——一种宗教社会学》，袁亚愚、钟玉英译，四川人民出版2012年版，第236页。

尤其是穆斯林信徒，必须区别对待，将政治与宗教相分离，不能笼统地全部打倒，剥夺其宗教信仰的自由，这样只会适得其反。

（三）针对反恐问题达成国际共识

目前世界各国对于恐怖主义的各种政治策略的态度总体而言具有统一认识，归根结底都是反对、打击。但是在如何界定恐怖主义等问题上，国际领域就产生了较大分歧，很多国家虽然表面反恐，但是很少能够真正地进行反恐活动。恐怖事件发生以后，国际媒体舆论对事件进行的不正确报道，以及恐怖组织进行的强化渲染，使得民众对于事件不能得到正确的认识，对国际问题不能有正确的理解，加之存在于各国之间的利益博弈，导致在一些反恐问题上很难达成国际领域的一致共识。

热比娅·卡德尔，1951 年出生于我国新疆，是“世界维吾尔代表大会”主席。热比娅在国内期间，勾结境外“东突”恐怖势力，向恐怖组织非法提供国家情报，打着“民主”“人权”的幌子，过度曲解我国民族政策与经济发展现状，恶意歪曲事实，企图将新疆从中国分裂出去，其言行严重破坏了我国民族团结与社会和平稳定。2000 年 3 月，乌鲁木齐市中级人民法院以“向境外组织非法提供国家情报罪”判处其 8 年有期徒刑，后其借保外就医出逃美国。令人瞠目的是，2006 年，瑞典议员安纳莉·埃诺克竟向诺贝尔奖评选委员会提名，将热比娅作为下一届诺贝尔和平奖候选人。在此荒诞举止的背后，透露出来的是国际上部分国家对我国的不理解与不公平的态度，以及国际社会在恐怖主义问题上的巨大分歧。

近几年的叙利亚，在国际各国势力的介入下，已变为了一个各国博弈的“大染缸”，各方武装力量背后都站着不同的势力，各国之间的博弈，使得国际反恐难以达成一致共识。美国向来以“坚决反恐”的姿态自居，但国外媒体曾展示出美国特种兵在叙利亚东南部对叙利亚恐怖分子进行战术培训的照片，反恐的双重标准令人瞠目。

（四）合理解决重点地区的政治问题

地区冲突、民族矛盾是反恐斗争中一个棘手的问题，各国势力的介入也会直接影响到此类问题的最终解决趋势。合理解决地区冲突等政治问题，是国际反恐中的关键环节。

在奥巴马总统执政时期，美国全面改善与阿拉伯世界的关系，通过对话、接触的和平方式，重塑美国在中东地区的形象以及中东地区的战略环境，构成了美国中东政策调整的战略方向，代表性事件有从伊拉克撤军、与伊朗积极进行和平对话等。在得到阿拉伯世界的支持之后，双方关系的缓和，美国的反恐压力降低，对暴恐犯罪也是一种“变相”的政治打击。美国开始进行“在道德上更容易被接受，更加集中、更加灵巧、更加有效的反恐战役”。

（五）努力消除暴恐犯罪的恐怖效应

暴恐事件发生以后，民众对于恐怖主义及暴恐事件的认识不够到位，加之媒体报道时的渲染成分，使社会很容易产生恐慌情绪。此时，除了需要加强反恐应对体制的建设，积极采取打击手段之外，还需要进行相应的舆论反击，并对民众进行安抚，使得民众能相信政府，不让暴恐组织制造社会恐慌的阴谋得逞，不让民众被暴恐势力利用。

当然，舆论并不单单指国内舆论，在很多热点地区及热点问题的解决中，还需要国际舆论的支持，正确的政治舆论是反恐应对策略的一个重要方面。在此方面，俄罗斯在车臣反恐战争中，已经探索形成了一套成熟的全程舆论动员模式。

二、政治打击的实践

在正确的政治打击原则的指导下，积极采取打击措施，会对暴恐犯罪在意识形态领域产生意想不到的良好打击效果。目前，世界范围内都在积极地运用政治打击手段打击暴恐犯罪，我们将从国内

与国外两个层面对目前国际领域的反恐政治策略进行归纳。

（一）国内措施

1. 民族平等与保障人权政策。政治心理学的研究表明，受众的情绪是处于变化之中的，非常容易受到影响，特别是容易受到那些宣传鼓动色彩较强的政治修辞的影响，并根据政治修辞主体的希望发生变化。民族平等与人权保障往往是恐怖组织极力追求的“诉求”，也是其煽动民众的一面“旗帜”。在反恐政治打击中，我们必须制定出正确的政治策略，尊重和保障人权，实现各民族政治权利平等，进而消除暴恐势力的借口。《反恐怖主义法》第6条第1款规定:“反恐怖主义工作应当依法进行，尊重和保障人权，维护公民和组织的合法权益。”

2. 严厉打击“两面人”。恐怖组织经常借助民众与暴恐组织之间“共同的”伊斯兰观念、形象和规矩，从而与其建立密切联系。这是他们的惯用伎俩，再加上被招募成员和同情者的拥护宣传，为恐怖组织提供了大量的潜在支持者。意识形态领域的斗争是无形的战斗，人的思想也是看不见、摸不到的，这就使得在社会中存在很多“两面人”，这一群体的危害性比直接暴露出来的暴恐分子有过之而无不及。我国新疆地区涉恐、涉分裂的“毒教材”使用了10多年，直接危害数以万计民众的思想，而某些部门或政府官员却对此情况视而不见。故此，对此类群体必须予以“深挖”“发声亮剑”，必须坚决予以打击，绝不姑息。

3. 和平解决。政府部门在打击暴恐犯罪时，首先想到的是打击和镇压，而通过和平的方式进行调节往往被忽视。和平方式有时是最有效的“政治打击”措施。政府在进行政治打击时，要采用“胡萝卜加大棒”的方式，必须“刚柔并济”才能真正有效地反恐。正如瑟德伯格所言，“要将和解和镇压要素结合起来”，只有这样，才能更好地起到反恐打击效果。

（二）国外措施

1. 对外政治战略。对外政治战略主要是针对某些支持、包庇暴恐势力的国家进行的，根据打击主体分类，有单方打击，也有多方共同打击制裁。

美国对于中东局势的政治态度是显而易见的，其希望能稳定伊拉克、阿富汗和巴基斯坦等地区的政治局势，然后增强与美国保持友好关系的政府的实力，扩大与其相关的政府的政治基础，进而打击与美国敌对的政府及恐怖势力，从而实现自身的利益诉求。针对发生在美国本土的暴恐犯罪，以及以危害美国相关利益为目的的恐怖主义活动，美国政府认为，其之所以将美国作为袭击目标，是因为恐怖分子认为美国的全球战略危及其国家与民族的利益，其仇视美国的民主和自由，想通过一系列的暴恐活动，摧毁美国的现代通信能力、工业生产能力和经济基础、摧毁美国的军事能力以及世界地位。

美国政府的政治态度之所以如此，与“将恐怖主义抵挡于国门之外”的反恐核心目标密切关联。“9·11”事件后，美国发动了针对“基地”组织与阿富汗“塔利班”政权的反恐战争，这是反恐目标确立的开始，此后的伊拉克战争也是此目标的扩展与外溢。

当然，进行政治打击必须有合适的“原因”。政治修辞是政治活动中必不可少的一部分，“任何人都不可以没有它，它要么能够用来传播治国法则，要么肯定事关一个王国。”美国一直以来都在努力诉诸如“自由”“民主”“恐怖主义”等概念，以争取民众对政府行动的支持和理解，也希望通过这些政治概念的灌输对暴恐势力予以“教化”。马克斯·韦伯在《经济与社会》一书中指出，“任何统治都企图唤起并维持对它的‘合法性’的信仰”。奥巴马执政时期对美国的反恐怖战略进行了重大的调整：首先，全面改革对待恐怖犯罪嫌疑人的政策、法律，特别是禁用酷刑；其次，实施集中反恐怖

的策略，从伊拉克撤军，而有限增兵阿富汗，希望在严厉、有效打击阿富汗的恐怖主义活动后能够尽快实现在中东的反恐怖目标。

2. 外交。外交也是反恐政治打击中的重要措施之一。当然，外交对象除了世界各个主权国家以外，其实还包括国外的民众，也即“民间外交”。

在2008年6月的一项调查中显示，巴基斯坦约80%的受访者认为，“基地”组织的首要目标是抵抗美国，57%的受访者赞同这一目标。这是由于“圣战”等极端运动充满了传教士般的狂热，他们的目标不仅仅是征募新人，无论这些极端主义者们走到哪里，他们都会把自己的信仰强加于当地人。

在暴恐思想的蛊惑下，国外民众难免会对某些国家产生不良印象，这就使得暴恐分子在国外获得了一部分民众的支持，反恐打击的难度也将会加大。因此，必须重视民间外交的重要性，努力澄清事实，与其他各国搭建良好的外交关系，争取他国民众的支持理解，瓦解恐怖组织的社会生存土壤。

三、政治打击的优劣

（一）政治打击的优势

政治打击主要是国家运用政治手段，在意识层面对暴恐犯罪进行打击揭露，较其他打击手段有其自身的优势。

第一，暴恐分子往往借助政治手段进行煽动，组织策划暴恐犯罪的目的也是实现其政治目标。反恐应对措施中意识层面的胜利，能直接摧毁恐怖组织控制人们思想的基础，揭露其反动暴行，不但对暴恐分子的心理是一种瓦解，而且对很多受蛊惑的支持民众更是一种教育。政治打击能得到民众的理解与支持，从而铲除暴恐势力存活的社会土壤。

第二，暴恐势力往往在国际领域宣扬其遭受了“不公待遇”，从而博取国际领域的同情。各国的联合行动，其打击力度更大。在以联合国为首的国际制裁组织的推动下，各国共同的联合政治打击对暴恐势力会是一个巨大的打击。

（二）政治打击的劣势

当然，政治打击因较其他反恐应对策略有相对的敏感性，也存在一定的不足之处。

第一，采取政治打击需要承担来自国内、国际各方的巨大压力。很多国内民众对于可能危及自身的反恐措施极其抵触，尤其是涉及民众的人权与政治利益的反恐措施。法国于 2017 年通过的《国内安全法》中，扩大对民众的监听范围，以及在大量场所中安设监控摄像设备的举措，遭到了很多法国民众的抵触与不满。国际范围内各国对于涉及自身的政治打击手段极为不理解，绝大多数都将其视为是针对本国的政治打击，其很难得到国际领域的理解。

第二，政治打击发挥的是一个整体长效的打击效果，并不像武力打击那样，成效在短期内就能得到明显的体现，这对于短期内存在威胁的暴恐犯罪来说，打击效果并不明显。

第三节　社会策略

社会是恐怖组织进行暴恐犯罪的基础，也是其生存发展的根基与载体。要想有效打击暴恐活动，社会策略的制定是必不可少的。美国政府在 2003 年出台了一份关于《打击恐怖主义国家战略》的报告，内容共分为 5 个部分。其中“引言”部分指出，应对暴恐犯罪的策略，不能仅仅依靠军事武力打击，还必须综合利用国家的其他力量手段，包括政治、经济、思想文化宣传、情报信息等。该报告内容突出“4D”战略目标（Defeat，Deny，Diminish，Defend），即打击挫败暴恐组织及其活动、拒绝向任何暴恐组织提供支持、减少

暴恐犯罪产生的社会基础支持、保卫美国国土及民众的利益免受暴恐袭击。社会策略的范围极其广泛，涉及社会生活的方方面面，要想反恐的社会策略真正产生效果，就必须建立起一个完善的社会策略体系。

一、社会策略的原则

社会不仅是暴恐分子的根基，也是民众生活的根基，在进行社会层面的反恐活动时，必须以正确的行动原则为指导，在高效打击暴恐犯罪的同时，也必须注意社会策略的合理性。

（一）打击社会基础

暴恐势力之所以在社会中得以存在，是因为社会中有着其赖以生存的土壤与基础。我们在制定反恐社会策略时，必须偏重打击其存在的社会基础。例如，支持的民众、恐怖组织资金来源、暴恐分子人员招募、极端思想传播的途径场所等，切断暴恐势力滋生的社会土壤，从而使其难以生存。

（二）全面细化对策范围

反恐社会策略是一个体系化工程，涉及的范围极其广泛，需要社会各阶层的协同努力。故此，必须对每一项社会策略进行细化落实，从政府到民众，从政治、经济，到文化、教育等等，都需要协同起来，共同打击恐怖主义，只有这样，才能真正起到其打击作用，更加全面地构建起社会反恐机制。

（三）稳定社会形势

在实施社会策略时，由于很多直接涉及社会民众的日常生活，再加之如果策略实施的时候不到位，采取的方式不妥当，可能会使得部分民众因此产生抵触或恐慌情绪。这就要求在反恐措施的实施时，必须争取民众的理解与支持，稳定好民众的心态和社会形势；必须要在与暴恐势力争取人民群众的斗争中取得胜利，让民众对国家有信心，树立正确的反恐意识，从而积极地参加到反恐活动中，而不是受暴恐思想的蛊惑，最终走向暴恐极端。

二、社会策略的实践

反恐社会策略是所有应对暴恐犯罪的策略制定中最细化的领域，从针对暴恐犯罪的事前预防，到事中的应对打击以及事后的安抚、教育、矫正等，其涉及范围极其广泛，要想对其进行全面探讨是不现实的，我们将对目前世界范围内针对暴恐犯罪的几大主要社会策略进行探讨。

（一）法律

法律是规制社会行为的规范，其指引着社会的价值取向以及民众的行为方式，是规范社会不可或缺的手段。任何暴恐行为都是犯罪，故此，反恐斗争中，加强在法律领域的规制是极有必要的。相关反恐法律的颁布，使得社会公众对暴恐犯罪后将会受到何种惩罚有了一定的认知，能起到很好的一般预防作用。对于暴恐分子的起诉、审判，不仅能使暴恐分子得到其应有的刑事惩罚，打击暴恐分子与恐怖势力，而且可以借助此类案件的处理打击，揭露恐怖主义的罪行，起到很好的社会警示与反恐宣传效果。具体而言，法律在应对暴恐犯罪中的活动主要体现在以下两个领域。

1. 立法活动。目前，在应对暴恐犯罪的立法形式上，世界范围内主要有以下几种形式。

第一，在刑法条文中作出相应规定。暴恐犯罪是犯罪形态的一种，因此许多国家刑法都对其进行了不同程度的规定。例如，根据《法国刑法典》第 421－1 条规定，恐怖活动罪是指实施故意杀人、故意伤害、绑架、非法拘禁、劫持交通工具等侵犯人身犯罪，或者是盗窃、勒索、损坏财产等侵犯财产犯罪以及计算机信息方面的犯罪；其第 434－6 条还规定了包庇恐怖主义嫌疑人或通缉犯的罪行。

我国《刑法修正案（九）》第120条在原有法条的基础上进行增补修改，其内容为针对暴恐犯罪行为的刑罚规定。

第二，颁布专门反恐法律法规。除了刑法中有关暴恐犯罪的条文规定之外，很多国家还针对暴恐犯罪制定了专门的反恐法律法规，使反恐法律更加专业化，更具有指导意义。“9·11”事件发生以后，美国国会迅速以立法形式将反恐斗争付诸实践。2001年10月26日，时任美国总统乔治·沃克·布什签署发布《爱国者法案》，《爱国者法案》也是美国历史上第一部专门针对恐怖主义的法律。1998年，俄罗斯颁布了《俄罗斯联邦反恐怖主义法》；2006年3月6日，普京签署了新的联邦反恐单行法——《抵制恐怖主义法》，对反恐协调与反恐指挥机制进行了较大调整。2001年12月，英国通过了反恐怖紧急法案，用以加大打击恐怖分子的力度；2005年7月7日，伦敦遭受连环自杀式恐怖袭击后，英国政府在反恐立法领域加大投入力度，随后于2006年出台了《反恐怖主义法》。2001年12月，加拿大反恐怖法案宣布生效。2017年10月18日，法国新《国内安全法》通过并生效。2001年10月，日本国会通过了有效期为两年的《反恐特别措施法》，为日本向海外派兵提供了法律依据。2015年12月27日，我国在《国家安全法》的基础上，通过了《反恐怖主义法》，其内容涉及恐怖活动组织和人员的认定、安全防范、情报信息、国际合作、法律责任等共10章97条规定，为我国反恐行动提供了直接的法律依据。

2. 司法活动。反恐司法活动将反恐法律直接应用于打击暴恐犯罪中，是国家强制力打击暴恐犯罪的直接体现。针对任何形式的暴恐犯罪，各国相关部门都会对其进行严厉打击，司法部门尤其如此。

2017年，法国颁布的新《国内安全法》中，涉及很多关于司法活动方面的规定。该法案的主要内容可分为七部分：其一，法国各省省长有权在重大场合或敏感场所设立安全保护地段，对可能面临严重恐怖袭击风险的具体空间或事件场所进行保护，警方在安全区内有权检查可疑的人员车辆；其二，如果宗教场所进行的“活动”、发表的“言论”、散布的“思想”或“理论”涉及挑起或宣扬恐怖主义，以及“在法国或国外煽动恐怖主义行动，怂恿暴力，或颂扬暴力行动”，各省省长将有权临时关闭该宗教场所；其三，针对嫌疑人的“个别监视措施”，当某人的行为被认定为确实可能威胁到公众安全时，法国内政部长有权下令将其软禁在家；其四，对相关嫌疑人的住所实施预防性行政搜查时，由巴黎大事法院中负责释放与监禁程序的法官（JLD）决定是否批准行政搜查，而不再由检察官决定；其五，新的反恐法案把有关“旅客订座记录”（Passenger Name Records，PNR）共享协议的欧盟法律纳入到法国反恐法律中；其六，法案通过了“对赫兹波传播的信息”监视监听的规定，加大了国家情报部门的工作力度，适度放宽了情报工作的工作领域范围；其七，在边境检查方面，新法案规定，治安部队在边境和火车站可将实行检查的地段范围扩大。此外，该部法律中还针对应对暴恐犯罪中的司法、行政等活动作出了详尽的规定。

英国也制定了很多类似的措施。首先，立法机构赋予更多的机构监视私人电子邮件和移动电话记录的权力；政府则试图通过一项法案，要求通讯公司保存用户的通话记录一年。其次，加强警察对重要设施的保卫工作，伦敦警方也被赋予了监视可疑恐怖分子的新权力，如果发现有人准备进行自杀式袭击就可以开枪。再次，警方可以在部分嫌疑客机上部署警察，在遇到紧急事件时警察可以及时采取应对措施。最后，在主要港口和机场安装固定和移动式探测设备，用以防止恐怖分子将核生化材料等带入英国。

反恐法律的制定与适用，特别需要注意“去政治化”的问题。在立法、司法过程中，要遵循“罪刑法定原则”“适用刑法人人平等原则”与“罪刑相适应原则”，做到公正对待暴恐犯罪人员、合理适用法律，要在严惩犯罪的同时，注重对于暴恐分子的改造教育，

避免加深其反社会情绪。我国《反恐怖主义法》第6条第2款规定："在反恐怖主义工作中，应当尊重公民的宗教信仰自由和民族风俗习惯，禁止任何基于地域、民族、宗教等理由的歧视性做法。"

（二）网络

随着社会的进步发展，网络对人们生活的影响日益显著，其在带给我们便利的同时，也开始被恐怖势力作为一种新型的暴恐工具和攻击对象。网络恐怖主义属于技术型恐怖主义活动，是目前世界范围内出现的一种新型的暴恐犯罪，其主要有两种行为方式：一类是将网络作为恐怖活动袭击的对象，另一类是将网络作为进行恐怖主义活动的工具，也即赛博恐怖主义。

赛博恐怖主义，是由国家分裂组织、秘密团体或个人发起的，以信息和计算机系统、计算机程序和数据为破坏目标，有预谋和政治动机的攻击行径，是针对非战斗人员的暴力行为。[1]利用计算机和电信能力实施犯罪行为，主要攻击目标有应用程序、电子邮件、浏览器、远程软件等。网络恐怖主义所需资金、人员较少，具有间接性、非接触性等特点，突破了传统恐怖主义的时空界限，且其涉及范围更加广泛，很难对其进行有效预防打击。

1998年，多国驻斯里兰卡大使馆连续两周，每天都会收到800多封来自一个恐怖组织的电子邮件，其邮件内容为"我们是互联网黑老虎（Internet Black Tigers），我们的目的是让你们的通信系统陷入瘫痪"。此次事件被情报部门视为恐怖分子首次针对某一国家计算机系统发动的攻击。2014年至2015年，据媒体报道，俄罗斯有超过600家企业及政府机构的网站均不同程度地受到"伊斯兰国"等恐怖组织的攻击。专家分析认为，此类网络恐怖袭击的黑客都是按照统一计划行动的，每次行动之后，都会在主页上发布有关恐怖主义

〔1〕［新西兰］Lech J. Janczewski、［美］Andrew M. Colarik 等：《赛博战与赛博恐怖主义》，陈泽茂、刘吉强等译，电子工业出版社2013年版，第2页。

思想的宣传信息，目的在于盗取情报信息或资金支持恐怖活动。

联合国一项研究显示，1998 年到 2006 年间，“基地”组织的网站数量从 12 个增加到约 2600 个。“基地”组织很早就开始利用社交媒体进行恐怖主义思想宣传，其先后在 Twitter（推特）、Facebook（脸书）和 YouTube（优兔）上注册了大量的账号。美国反恐专家指出，2005 年以来，全球恐怖组织设立的网站以每天一个的速度增长，至今已有 6000 多个。此外，部分恐怖组织还设立有自己专门的信息网络中心，如：“伊斯兰国”设立了“阿尔·哈亚特媒体中心”（Al-Hayat），“东伊运”设立了“伊斯兰之声宣传中心”。

目前，世界各国的网络反恐对策主要有：其一，加强网络恐怖主义的打击力量建设；其二，加强反恐情报收集；其三，加强网络监测监管；其四，完善相关法律规定；其五，加强国际交流合作。

1997 年 6 月，美国国防部为了测试国内重点部门应对网络入侵的能力，组织了国家安全局（NSA）的“黑客”侵入国防部和其他政府信息系统，并对其他重要民用基础设施开展模拟攻击。结果表明，国防部乃至整个国家所依赖的关键信息系统和基础设施，在应对敌人的非对称性赛博战攻击时存在严重问题。对此，1998 年 12 月，美国国防部成立了计算机网络防御联合特遣部队（JTF-CND），专门处理赛博战对国防部信息系统的威胁。

此外，美国设立有“计算机信息网络安全委员会”主席，统筹制定、协调全美政府机构网络反恐计划与行动；将政府与民用互联网隔离开，提高网络安全等级；在联邦调查局中设立专门的反网络犯罪局打击网络犯罪。2015 年 10 月，白宫行政管理与预算局发布“网络安全策略实施计划”（CSIP），旨在加强联邦政府的网络安全，其具体措施包括：加强关键信息的保护、加强网络安全监测、提升应急处理能力等。同时，国防部还启动了“快速攻击监测、隔离与鉴定”（RADICS）项目计划，以提升电力、交通等关键基础设施的

网络预警能力。

奥巴马政府时期，美国赋予网络反恐以进攻性，美国战略“黑客”部队能够通过摧毁对方的网络、窃取或伪造数据、释放蠕虫病毒等方式，导致对方指挥和控制系统瘫痪，同时又可以防护美国军事网络免受攻击。2016 年以来，Facebook 与 Twitter 分别采取了应对“伊斯兰国”的新打击措施。Facebook 组建了反恐专家团队，研发了人工智能技术来帮助识别恐怖分子发布的帖子，经监测被认定为与数据库中保存的恐怖活动相关的图像和视频一致的内容将无法发布和分享，并开始试用能理解语言的人工智能，辨别支持或助长恐怖行为的网络留言；引进了当被禁用 Facebook 的恐怖分子利用假名开设新账号时，能够根据其交友关系和发布内容及时发现其网络动态的新型技术；Twitter 也关闭了 12.5 万个涉恐账号，尤其是涉嫌与“伊斯兰国”有联系的账号。对此，“伊斯兰国”在网络上发布视频，恐吓 Facebook 行政总裁扎克伯格与 Twitter 行政总裁多尔西。此外，2015 年 12 月，美国国会还通过了《网络安全法》，为维护美国网络安全提供了重要的支撑。

俄罗斯的网络反恐机制主要以俄罗斯联邦安全局（FSB，主要负责俄罗斯国内安全事务）为主，内务部等机构为辅，彼此相互协作，共同加强网络监管。2014 年 7 月 4 日，俄罗斯《个人数据保护法》规定，禁止将俄罗斯公民的个人数据储存在国外服务器上，而必须将所有公民个人数据储存于国内相关服务器。并且自 2014 年 8 月 13 日起，在俄罗斯公共场所连接使用无线网络时，必须进行个人身份验证。

欧盟在应对网络恐怖主义方面，组建了欧洲网络与信息安全局（ENISA），主要负责信息与网络安全的防范。

（三）金融领域

暴恐组织进行活动，资金是必不可少的，这就使得金融领域的反恐打击必不可少。金融反恐方面，一方面要注重对资金来源渠道的打击，另一方面要注重对资金流向去处的打击，从来源到运用进行全方位的打击。美国认为，“找到并切断恐怖组织的资金来源，不仅可以使恐怖分子无力发动袭击，而且可以使他们不能继续维持全球联络，不能在世界各地建立招募与培训新成员的基础设施，更不能购买或发展致命武器。”

在过去的20年中，监管机构空前关注金融犯罪和洗钱活动，并将其视为威胁金融系统诚信和稳定的潜在风险的主要来源。[1]2011年开始，美国智库兰德公司（RAND）研究人员帕特里克·约翰逊开始研究“IS”组织及其前身的资金链，其所用原始材料是该组织被缴获的账本、工资单和备忘录等。研究发现，“IS”组织的资金筹集方式五花八门，包括走私伊拉克和叙利亚的石油，抢劫、勒索财物等，相比之下，同情和支持者的捐赠资金所占比重有限。

美国金融服务信息共享与分析中心（Financial Services Information Sharing and Analysis Centers，FS-ISAC），是1998年金融服务行业为了响应PDD-63而建立的一个非营利性机构。它为金融服务业发布实体和网络安全、威胁、脆弱性、事件和解决方案等方面的信息，公共和私有部门之间共享实体和网络中的安全威胁和脆弱信息以保护美国的关键基础设施。FS-ISAC成功推出了一个关键基础设施通知系统（CINS），该系统具有几乎同时向多个接受者进行警告的能力，并设置了用户认证和发送确认的功能。2018年2月，为了使企业和消费者的金融信息免受网络攻击的威胁，FS-ISAC还发布了一个更新的应用程序接口（API），用于安全、标记化的数据传输，这是FS-ISAC数据工作组用时一年多的最终成果。

---

〔1〕［英］理查德·普拉特编《反洗钱与反恐融资指南》，王燕之审校，中国金融出版社2008年版，第29页。

（四）新型技术应用

目前，世界范围内应对暴恐犯罪的新型技术主要表现在以下几个方面：其一，爆炸物探测技术。爆炸物的威胁巨大，如何在更远和更大的范围探测出爆炸物的存在，是反恐工作中急需攻克的最为重要的科技难题。其二，图像监视技术。目前世界很多国家都在公共场所以及重要地区安设了视频监控，这对于反恐工作的进行起到了巨大的帮助。其三，生物反恐技术。如何利用生物科学技术反恐以及防范生化武器的恐怖袭击，是现今反恐工作中十分重要的科研领域。其四，情报收集技术。先进的信息处理技术已经成为许多反恐怖技术发展的基础。例如，根据身份鉴定技术获取的各种数据，已经运用在出入境口岸管理、常住人口登记和检查方面。新型反恐技术的应用中，不得不提的就是人工智能的应用。目前，很多国家都已经认识到了人工智能对于反恐工作的有益之处，并积极地推广其在相关反恐领域的应用。

以色列在反恐技术的研发运用方面较为领先，其研制出了一系列反恐安全类产品。例如，反恐怖公共汽车，其为专防自杀式爆炸的新型公共汽车，其技术主要来自于军用飞机，包含了弹道导弹技术、爆炸材料技术、电子感应技术等。

2016 年 12 月 31 日，一种被称为“实时真实评估自动虚拟代理系统”（AVATAR）的装置已经开始在加拿大边境服务局进行测试，并且有将这一装置部署到国际边境的准备。这种新型技术被认为能够帮助识别恐怖分子、走私犯罪分子，对进行反恐甄别与人脸识别能起到极大的帮助效果，从而能够有效地在边境地区防止恐怖主义势力的渗透。

美国反恐部门也将人工智能应用到人脸识别与跟踪领域。该套设备中，地面有 RPS 扫描仪、闭路电视摄像机的操作支持，经人工智能的配合，可以大范围地对人群进行扫描，评估出相应的威胁级别，通过安全摄像网络，找出携带武器的目标人群。而且，该新型技术可以通过快速分析闭路电视录像，搜索运动轨迹、脸部特征，从而在全球范围内找到并锁定该犯罪嫌疑人。联邦调查局和美国警方还在研制找寻更多的新型反恐设备，例如，最新享有专利的车牌识别系统、测速仪、面部识别装置。

2016 年 6 月 9 日，一项新技术诞生并在英国街头的群众之中进行了测试——毫米微波电磁扫描仪。该项技术使用 75 ~ 110GHz 的超宽带（UWB），可以检测出个人携带物品中潜藏的严禁使用的武器，其与美国机场使用的 TSA 扫描仪的工作原理相似。笔者从 RPS 官网上得知，毫米微波电磁扫描仪可以应用于交通、学校、私人保安、政府、重大赛事安保和国防等多个领域。但是，该新型技术的运用过程中，也因为会涉及个人隐私问题而存在一些争议，部分民众声称其侵犯了公民的个人隐私，而相关部门声称该扫描仪是通过人工智能来识别武器形状的物体，不会产生物品的图像。

我国“第四届亚欧安博会”于 2017 年 8 月 17 日至 19 日在新疆国际会展中心成功举办。此次安博会的参展范围主要有：人工智能、视频监控、一卡通、防盗报警、智能楼宇智能家居、视频会议及公共广播、生物识别防伪技术、警用装备、军警无人机、民用无人机、智能交通、消防设备、应急救援、物联网技术与应用、民用消费类安防产品等社会公共安全产品。可以很明显地看出，人工智能已经开始在我国新疆的反恐工作中推广使用，新疆加快了反恐领域的“智能化”建设。

（五）意识形态领域

犯罪是行为人意志支配下的行动，而暴恐犯罪是犯罪的一种。因此，要想长期有效地打击暴恐犯罪，必须加强意识形态领域的工作。意识形态领域的斗争主要针对一般民众与暴恐分子。就暴恐分子而言，由于其已经受到极端思想的腐蚀，必须对其进行思想矫正，

使其思想去极端化；而对于一般民众而言，必须使其建立正确的思想价值观念，避免其受极端思想的蛊惑。首先，运用报纸、电视、网络等传统媒体和“新媒体”进行反恐思想文化宣传，使民众树立正确的思想意识形态。其次，加强社会民众及各部门的反恐演习及培训，提升其应对暴恐事件的能力。最后，构建全民反恐机制，充分发挥民众的力量，使得相关部门与社区形成一个完整的反恐整体。

在意识形态领域的斗争中，还必须重视对“宗教极端化”这一问题的解决。恐怖组织煽动民众及其成员进行暴恐活动，宗教是其借助的主要手段之一。“巴勒斯坦的孩子们被鼓励对以色列人使用暴力，哪怕他们可能会受伤甚至死去。他们被鼓励向往而非惧怕这种情形，因为他们将在真主安拉的天堂获得一席之地”。[1]2014 年我国云南昆明“3·01”暴恐案件中的暴恐分子，就是在受到“伊吉拉特”思想蛊惑后，多次在云南、广东等地寻找出境通道未果，遂选择在昆明火车站就地实施“圣战”，最终造成 31 人死亡。

极端思想经常歪曲宗教教义，煽动民众情绪以及各种族之间的斗争。“去极端化”必须宣传各宗教真正的教义内涵，使其教徒得到正确的指引。在伊斯兰国家中，进行“去极端化”改造与预防效果最为突出的就是沙特阿拉伯。沙特阿拉伯建立起了自己的一整套完整的“去极端化”策略——“预防、康复和善后关注（Prevention Rehabilitation and After-Care，PRAC）。”这套体系兼具预防、矫治、善后三位一体，形成了具有鲜明特色的综合治理体系。

三、社会策略的优劣

（一）社会策略的优势

社会策略是反恐对策中最“接地气”的策略，其直接涉及暴恐

〔1〕［美］布丽奇特·L. 娜克丝：《反恐原理——恐怖主义、反恐与国家安全战略》，陈庆、郭刚毅译，金城出版社、社会科学文献出版社 2016 年版，第 150 页。

势力存在的社会根基，与其他反恐策略相比有着其独有的优势。

第一，涉及范围广。社会策略涉及政治、经济、文化、教育等社会生活的多个领域，其范围极其广泛，因此更加有利于借助全社会的力量进行反恐，能对暴恐势力进行全方位的覆盖式打击，使其无处可藏，从而形成从“严防”到“严打”的社会一体化反恐体系。

第二，更加细化。社会反恐策略中划分了很多小领域，将整体反恐策略的“面”细化为“点”，每一个“点”都是一个反恐领域，使得社会各反恐力量责任明确，从而使反恐社会策略的效果更加高效。在相应领域内，借助相关专业化的力量进行更加有效的反恐打击，能真正将反恐对策落到实处。

（二）社会策略的劣势

当然，社会策略由于其涉及范围广，其劣势也是很明显的。

第一，人权保障问题。反恐社会策略的实施，必然会与社会民众的生活相挂钩，其在很多时候都可能侵犯到民众个人的权利，而民众的人权保障问题一直是国际领域的一大重点与敏感问题。

英国在2009年成立了“网络安全办公室”和“网络安全行动中心”，并在2011年将“政府通信总部”（GCHQ）作为英国应对网络攻击的核心部门。此外，为了应对网络恐怖主义，英国还在警察部门设立了“互联网反恐行动小组”（CTIRU），专门针对网络上的聊天以及视频内容是否涉恐进行甄别。英国国防部2015年4月成立了精锐网络战部队“77旅”，专门负责侦查恐怖组织利用社交平台进行的思想宣传与人员招募等活动。当地人权保护组织认为，英国这一举措是对民众个人隐私权的侵犯，其民众通信内容的隐私必须得到国家的保护。当然，人权保障问题已是世界范围内反恐中一大难题，如何既能保护国家安全，又不侵犯民众的私人合法权利，是各国在制定反恐策略时一直在研讨完善的。

第二，各领域协调问题。反恐的社会策略涉及范围广，加大了

各领域之间的协调难度，各领域之间的反恐策略容易出现“脱节”。这样各自为战的情况将不利于反恐，难以发挥出最大的反恐效能。各反恐领域部门在制定反恐策略时也在积极地解决这一问题，但收效甚微。如何在社会范围内形成一个有效的协调机制，最大化地发挥整体的反恐效能，是反恐社会策略中的一大问题。

第四节　国际合作

随着社会的发展，世界已经连成了一个整体，暴恐犯罪也正朝着国际化的方向发展，对于暴恐犯罪的打击，仅凭一国之力是远远不够的。反恐斗争也并非局限于某一国家或某一地区，并非将暴恐势力从本地区清除或驱赶出去就算取得了胜利。这样的“胜利”只是一时的，要想根除暴恐势力，就要建立长效的国际反恐合作机制，共享反恐经验，共建反恐体系。而在此过程中，各国之间的依赖与信任至关重要，“相互依赖理论是国际机制理论的理论基础之一”。

联合国安理会第 1377 号决议宣告：“国际恐怖主义行为是 21 世纪对国际和平与安全的一个最严重的威胁”，“国际恐怖主义行为是对所有国家和全人类的挑战”。2006 年 9 月 8 日，联合国大会 193 个会员国一致通过了《联合国全球反恐战略》。决议中强烈谴责了形形色色的恐怖主义，彰显了国际范围内坚决打击恐怖主义的决心，称恐怖主义是“国际和平与安全面临的最为严重的威胁之一”。此后，联合国大会决定每两年审查一次《联合国全球反恐战略》实施情况，使之成为一份契合各会员国反恐优先事项的与时俱进的文件。2018 年 2 月 23 日，联合国秘书长古特雷斯签署了《联合国全球反恐协调契约》。该文件确立了一套旨在显著提升联合国系统协调一致性的指导原则，以支持会员国执行联合国全球反恐战略。

一、国际合作的原则

国际合作在打击恐怖主义中发挥着巨大的作用，是目前世界范围内应对国际暴恐犯罪的主要策略之一。反恐国际合作由于其行为主体是国家而具有特殊性，故必须遵循一定的指导原则，避免在反恐合作中产生冲突，反而适得其反。

（一）国家主权平等

由于国际合作的主体以主权国家为主，故在合作中必须坚持各国主权平等与不干涉内政原则，我国外交一直坚持“和平共处五项原则”，目前也被世界其他各国援引。

国家主权平等原则，包括国家主权原则与平等原则，早在1943年10月的莫斯科会议上，国家主权平等就被认定为一项国际原则。中、美、苏、英四国政府在《普遍安全宣言》中承认，各主权国家之间主权平等，“根据一切爱好和平国家主权平等的原则，建立一个普遍性的国际组织，所有这些国家无论大小，均得加入为会员国”。《关于国际恐怖主义的全面公约草案》第20条中也规定，“缔约国应以符合各国主权平等和领土完整以及不干涉他国内政原则的方式履行其按照本公约承担的义务”。

（二）尊重与保障人权

尊重和保障人权，是目前世界各国民主政治的一项基本价值观。生活在社会中的每一个人按其本质和尊严，均享有或应该享有基本的权利，其实质内容和目标是人的生存和发展。尊重和保障人权是民主政治的基本要求，更是社会政治文明的基本标志。2003年联合国大会于《在打击恐怖主义的同时保护人权和基本自由》决议中明确规定，“重申各国必须确保为打击恐怖主义而采取的任何措施符合根据国际法，特别是国际人权、难民和人道主义法承担的义务”。

第一，在国际反恐合作中，要尊重各国家、民族人民的人权，

杜绝种族歧视与用“有色眼镜”看待民众。以穆斯林为例，虽然目前的暴恐组织与极端分子大部分都与伊斯兰有关，但是，这并不意味着所有的穆斯林都是暴恐分子。在反恐打击中必须做到精确，尤其是针对民族、宗教问题严重的国家更要如此。

第二，反恐合作中也要确保暴恐分子的人权。虽然暴恐分子严重极端化，但是以以色列为代表的国家所采取的“以牙还牙”的报复性手段还是不可取的。反恐斗争也不是一味的打击威慑，柔性的反恐措施有时反而更能起到良好的效果。美国关塔那摩监狱与臭名昭著的虐囚事件可谓是这一问题典型的反面教材。

（三）积极参与的合作态度

在国际反恐合作中，各国都需秉持积极参与的合作态度。国际反恐是各国应尽的一项义务，只有暴恐犯罪在世界范围内被消灭，各国才能真正在和平稳定的国际环境下取得良好的发展。

阿富汗“塔利班”武装在反恐斗争中可谓是一个反面教材，其不但没有积极参与到国际反恐合作中，反而给“基地”组织提供庇护，导致美国直接针对其发动了战争，并且快速地将其政权瓦解。

我国反恐形势不容乐观，需要积极在国际领域进行应对暴恐犯罪的合作。我国《反恐怖主义法》第68条规定：“中华人民共和国根据缔结或者参加的国际条约，或者按照平等互惠原则，与其他国家、地区、国际组织开展反恐怖主义合作。”

二、国际合作的实践

高效的国际反恐合作机制能够在应对暴恐犯罪中起到至关重要的作用。各国都在合作原则的指导下，积极开展国际反恐合作，其合作领域涉及方面众多，并且取得了很好的反恐效果。目前，国际领域在应对暴恐犯罪中展开的合作主要集中在以下领域。

（一）签订反恐公约

1. 国际公约。国际公约是进行国际反恐合作的关键，各成员国之间只有首先签订了公约，才会在后期的反恐合作中有所依据，活动才会更加便利地进行。国际领域中第一个针对恐怖主义的公约，是1937年国际联盟制定的《防止与惩治恐怖主义公约》——1937年11月16日，国际联盟在日内瓦主持制定了《防止和惩治恐怖主义公约》。其第1条第1款便规定，“缔约各方重申下列的国际法原则：国家本身避免作出旨在鼓励反对另一国家的恐怖活动的任何事实以及防止此项活动所表现的行为是任何国家的义务，承担按照下列规定的条款，防止和惩治此类活动并为此目的相互协助”。该公约中还明确规定了各国必须积极参与反恐斗争，坚决杜绝任何国家支持恐怖主义行为的出现。

国际反恐法（International Law of Terrorism）是“反国际恐怖主义法”的简称，它又称为“调整恐怖主义的国际法”（International Law Governing Terrorism）或“关于恐怖主义的国际法规则”（Rules of International Law with Regard to Terrorism），是目前国际反恐合作中法律适用领域重要的依据之一。

2. 区域公约。国际公约的签订主体面向世界多国，其成员国数量较多，区域公约不同于此。区域公约的签订主体主要以地理位置或各国合作关系为基础，其签订主体相对较少，各签约主体之间的合作也较国际公约的合作更加密切，较国际公约更能起到较好的反恐合作效果。

2002年6月3日，美洲国家在布里奇顿通过了《美洲国家反恐怖主义公约》，该公约第1条明确规定，“本公约的宗旨是防止、惩处和消除恐怖主义。为此，各缔约国商定依照本公约的各款，采取必要措施加强相互之间的合作”。

1998年4月22日，阿拉伯国家内务部长和司法部长会议在开罗召开，会议最终通过了《阿拉伯国家联盟制止恐怖主义公约》，公约第3条规定，“缔约国不得以任何方式组织、资助、从事或包庇恐怖

主义活动”。该公约第 4 条中，还规定了情报交换、协作调查、专家交流等合作方式。

2001 年 6 月 15 日，在上海通过了《打击恐怖主义、分裂主义和极端主义上海公约》。该公约第 2 条第 1 款规定：“各方根据本公约及其所承担的其他国际义务，以及考虑到各自国内法，在预防、查明和惩治本公约第 1 条第 1 款所指行为的方面进行合作。”

2007 年 1 月 13 日，东南亚各国于宿务共同签订了《东南亚打击恐怖主义公约》。该公约第 1 条规定，“本公约应当为打击、预防和制止一切形式和表现的恐怖主义，深化缔约国执法机构和相关主管机构打击恐怖主义的合作提供区域合作框架”。

2005 年 5 月 15 日，欧洲国家于华沙订立了《欧洲理事会预防恐怖主义公约》。该公约第 4 条规定，“在酌情并适当考虑能力的情况下，缔约国应相互进行协助和支持，以提高他们预防实施恐怖主义犯罪的能力，包括通过交换情报和最佳做法，以及通过培训和其他具有预防性质的联合努力”。

（二）反恐联合军事行动

多国反恐怖联合演习、联合反恐军事演习的进行，顺应了现代建立国际联合反恐机制的趋势。在联合军演中，不但参演各方能彼此之间形成有效的指挥与沟通交流体系，为今后的联合反恐行动奠定良好的基础；而且，有助于在军演过程中交流各国有效的反恐经验，提升彼此反恐实力，强化反恐武装力量，引进新式反恐武器。

2017 年 9 月 18 日，在华盛顿州一处军事基地，印度和美国陆军之间举行了一场代号为“准备战斗 - 2017”的联合反恐军事演习；2017 年 9 月 27 日至 10 月 4 日，俄罗斯与巴基斯坦在俄罗斯卡拉恰伊—切尔克斯共和国进行代号为“友谊 - 2017”的高原反恐军事演习；2017 年 12 月 6 日，上海合作组织成员国在我国全国网络警察培训基地，举行代号为“厦门 - 2017”的网络反恐联合演习，与其他反恐演习不同的是，此次演习主要是针对网络反恐进行，演习活动中展示出许多新型反恐技术成果，如取证魔方、高速硬盘复制机、取证航母、取证塔、电子物证勘查箱等。

（三）建立反恐合作机制

1. 国际合作机制。针对国际领域的暴恐犯罪，建立合作机制是国际反恐的需要，其能起到很好的反恐打击效果。国际反恐合作机制主要有协调、司法协作、情报交流、制裁、金融防范、军事打击、传媒监管、监测等功能，是打击国际恐怖主义的一把利刃。

联合国是目前国际领域内最广为人知的国际合作机制。在联合国和其他国际组织的推动下，国际社会在控制恐怖主义犯罪的国际法律合作方面取得了明显的进展。〔1〕联合国的反恐原则，主要是打击一切形式的恐怖主义、任何国家不得包庇纵容恐怖主义、加强国际合作、保障和捍卫人权原则、将恐怖主义行为确定为犯罪行为等原则，这些原则也在各国开展国际反恐合作时起着广泛的指导作用。〔2〕

国际刑警组织（ICPO）在国际反恐机制中也发挥着极大的作用，其职责主要是在各国及国际现行法律的框架内，向各国刑事警察部门提供协助，促进各国刑事警察机构合作，从而更好地起到打击暴恐犯罪的目的。2002 年 9 月，国际刑警组织又成立了联合特别行动工作组（Fusion Task Force，FTF），其主要职责是收集情报并分析、识别恐怖组织及恐怖分子、提高成员国应对恐怖主义犯罪的能力等。国际刑警组织现行的反恐政策是基于 1998 年制定的《打击国际恐怖主义新纲领》。该纲领明确指出了恐怖主义与国际刑警组织的关系，明确指出禁止国际刑警组织从事政治、军事、宗教及种族等

---

〔1〕邵沙平："控制恐怖主义犯罪与国际法律合作——历史、现状及发展趋向"，载《求索》2002 年第 1 期。

〔2〕马勇：《全球化时代的国际反恐机制》，中国世纪出版集团有限公司、中国社科文献出版社 2009 年版，第 74 页。

性质的事务。该纲领的要点是将恐怖主义事件细分为不同层面，只有刑事层面才需警方介入调查。国际刑警组织是一个协调警察机构，只是将不同国家的警察组织连接到了一起，并没有组建一个超国家的机构，也没有超越国家主权的调查权。它仅仅强调成员国警察组织之间的协作以及联络，这使得反恐警务合作会遇到很多问题，这些问题主要是由于各国国家主权及利益的驱使会影响各国警察机关开展国际合作。

2. 区域合作机制。区域反恐合作机制的建立，主要以地理位置为依据，其建立目的也是为了应对该地区的暴恐犯罪问题。一般情况下各成员国之间彼此相邻，进行合作时较为便利，尤其是打击暴恐势力的境外渗透等问题时，各成员国之间区域性连成一片，更能发挥其反恐打击效能。

1994 年 1 月 3 日，欧洲警察组织在荷兰海牙试运行，并于 1999 年 7 月 1 日正式全方位运行。依据《欧洲警察组织公约》，欧洲警察组织的职责在于，提高欧盟成员国之间的警察合作，预防、打击严重的国际有组织犯罪。欧洲警察组织与国际刑警一样，不具有自主调查权，各成员国需要派人到位于海牙的欧洲警察组织总部担任组织联络官，欧盟成员国还需指定一个特定的机构作为欧洲警察组织的通信联络点。当然，成为欧盟成员国并非直接成为欧洲警察组织成员，成员国首先需要批准《欧洲警察组织公约》，之后将加入组织的意愿告知欧洲警察组织。2016 年 5 月 11 日，欧洲议会全体会议表决通过旨在加强欧洲刑警组织反恐能力的一系列新规，要求欧盟成员国及其非政府组织与欧洲刑警组织密切配合，并赋予欧洲刑警组织更多权力。

3. 双边、多边合作机制。相较于国际与区域反恐合作机制，双边与多边的反恐合作机制在应对暴恐犯罪中将国家之间的合作效能最大化，各成员国之间都有着共同的政治与利益诉求，彼此之间也建立有良好的外交关系，这就使得双边与多边反恐合作机制的成员国之间在进行合作时能减少隔阂，从而真正做到协调配合、相互支持。

1987 年 10 月，西班牙与法国依据反恐协作协议，采取联合行动，逮捕了西班牙“埃塔”恐怖组织成员 100 多人，其中包括该组织的二号人物萨拉索加，并缴获了大量的武器与文件。2002 年，撒哈拉以南的非洲国家几乎一致坚持了他们通过双边或多边合作在全球反恐怖斗争中的义务。2017 年 12 月 13 日至 14 日，俄罗斯警方在圣彼得堡实施反恐特种行动，破获一起在喀山大教堂和其他人流密集处发动的自杀式爆炸袭击，逮捕 7 名极端组织“伊斯兰国”追随者，查获大量爆炸物、自制爆炸装置部件、武器弹药以及极端主义宣传资料。此次反恐行动成功的关键，就在于美国中情局为俄罗斯提供了其掌握的情报，使得俄罗斯相关部门有了警觉，及时采取了行动。美国白宫发言人表示，“此次行动的成功是两国反恐合作的积极范例”。

（四）法律合作

现阶段的国际反恐法律合作，主要是在刑事法律方面的合作，具体包括：缔约国应通过国内法将公约所明确的犯罪罪行规定为犯罪，应对公约所明确的犯罪确立行使管辖权，应实行“或起诉或引渡”原则，应在打击公约所规定的犯罪方面相互协作。[1]可见，管辖、引渡与国际合作组成了一个紧密的链条，它们环环相扣、不可拆分。

“引渡”是国际合作中的一大重点问题。“政治犯不引渡”，是各国公认的一项基本的国际法原则，最早在 1793 年法国《宪法》中就规定了此原则。但各国对政治犯的界定并不一致，由于属地管辖

---

〔1〕 黄瑶等：《联合国全面反恐公约研究：基于国际法的视角》，法律出版社 2010 年版，第 137 页。

权的原则，被请求国可以自由决定是否引渡。就引渡的效果而言，请求引渡国可根据其法律对罪犯进行审判，但是，根据罪名特定原则，对该罪犯，请求国只能就其请求引渡时所指控的罪名加以审判和处罚。这就使得一些政治犯在本国犯罪后，将会逃亡国外，后借此引渡原则寻求庇护，又加之一些国家“假反恐、真支持”的做法，导致很难对逃亡国外的政治犯进行制裁。而政治犯中，很多都有分裂国家、破坏国家统一的行为，涉及暴恐犯罪也较多，热比娅出逃美国就是实例。故此，各国必须在反恐态度上有一个统一的认识，对政治犯的认定标准进行统一的探讨认定后，在引渡条约问题上达成共识。虽然国家主权神圣不可侵犯，但是，在对待暴恐犯罪这些反人类的罪行及其犯罪分子时，必须对其予以坚决打击，绝不包庇纵容。

三、国际合作的优劣

（一）国际合作的优势

我们必须意识到应对国际恐怖主义时，发挥各国之间的优势才能更好地起到打击效果。在一体化的国际反恐合作体系下，各国之间必须相互依赖，共建稳定的国际环境。国际合作作为应对暴恐犯罪的主要方式之一，有着其自身的优势。

第一，集各国反恐力量于一体。国际合作不再是单一国家的反恐斗争，而是由很多国家组成的一个国际联盟针对暴恐犯罪的斗争，这就极大提升了反恐斗争的力量，使得各国有效的反恐措施得以融会贯通，最大限度地打击暴恐犯罪，这也是国际合作的最大优势。

第二，应对国际暴恐犯罪更加灵活。随着暴恐犯罪的国际化发展，各个独立的国家之间在进行合作打击时困难重重。但国际反恐合作机制的建立，将有效缓解这一问题。各国之间在应对暴恐犯罪时更加灵活，沟通合作更加便利，不再像过去一样发生国际问题时，由于各国机构及主权问题很难及时有效地进行沟通。

（二）国际合作的劣势

当然，由于国际合作的主体是各主权国家，毕竟不像一国内部进行反恐那样便利，所以在合作中势必会遇到很多的问题，而这些问题也将极大地阻碍国际反恐合作的进行。

第一，合作机制不够完善。国际合作中的参与国家众多，各国之间要想建立一个有效的合作机制很难。目前，国际领域以联合国为代表的合作机制在国际合作中发挥了巨大的作用，但是联合国的精力毕竟有限，不可能面面俱到，而且联合国作为各国国家的联合，很难实现所有国家在反恐问题上的统一，再加之其自身没有强制力，反恐效果也就微乎其微。因此，在各国之间建立合作机制包括区域合作机制，都很难发挥其预期的反恐效果，即便在联合国内部，其反恐合作机制也并非完善。

第二，合作障碍较大。在国际合作中，势必会遇到很多障碍。例如，语言不通就是国际反恐合作中的一大难题，各国人员语言不通将会给交流带来极大的不便，借助翻译的国际交流方式已不能起到良好的沟通效果，虽然现在借助科技力量研制了人工智能翻译器等装备，但目前为止普及难度还较大。再如装备等问题，各国反恐力量在进行合作时，势必由于国家管理等原因，有时需要借用外国的装备，但是对于其他国家的设备，各国之间都很陌生，使用起来就很不便利；再由于人种体型的不同，也会导致装备使用中存在一定的问题。

第三，“恐怖主义”认定标准问题。“什么是恐怖主义”，这是国际反恐中长期存在的一个争论。“一个人的恐怖分子是另一个人的自由斗士”，对于“恐怖主义”的认定，国际范围内一直没有一个统一的认识。针对“恐怖主义”的定义，联合国曾经认为，无论是以政治、经济、种族、宗教或者其他何种借口来做正义的辩护，凡是企图在民众内部或者某一群体内部，亦或特定的人群内部引起恐

慌的犯罪行为，以及各极端主义借助宗教进行“道德脱离”，使行为变得“正义化”的犯罪行为，这些都是非法行为。但是，此后联合国成员国并没有同意这个定义，他们只是采用了过去几十年里的许多惯例和协议，即只禁止具体的恐怖主义行动。

美国政府官员避免使用“恐怖主义”一词，而将其说成“暴力极端主义”，也将“恐怖主义者”用“暴力极端主义者”代之，这也是美国在反恐中执行“双重标准”的体现。“其实美国有多重标准，所有的标准自始至终都为一个宗旨服务：谋求美国利益的最大化。”〔1〕

第四，主权问题。国际反恐合作中的主权问题存在已久，在进行国际反恐打击时，必须尊重相应国家的国家主权，这也是进行国际反恐合作的主要原则之一。

科索沃战争，是一场由科索沃的民族矛盾直接引发，在以美国为首的北约的推动下，发生在20世纪末的一场重要的高技术局部战争，其持续时间为1998年2月至1999年6月。1998年底，以美国为首的北约开始介入科索沃危机，北约与南联盟的矛盾逐渐成为此次冲突的主要矛盾。1999年6月20日，北约正式宣布结束对南联盟的轰炸。科索沃战争是一场背景深刻、影响广泛的现代化局部战争，对世纪之交的国际战略格局和军事理论发展均产生了重要影响。战争结束后，俄罗斯彻底被挤出东欧原有势力圈。在对南联盟的轰炸中，就存在严重侵犯各国国家主权的行为，包括对我国驻南斯拉夫大使馆的轰炸。

伊拉克战争是又一借着打击恐怖主义的名义侵犯国家主权的典型。美国“9·11”恐怖袭击事件发生后，美国总统乔治·沃克·布什宣布对恐怖主义作战，并将伊拉克等多个国家列入“邪恶轴心国（Axis of Evil）”，重新安排其国家安全威胁的轻重缓急次序，将反恐

〔1〕［美］诺姆·乔姆斯基：《恐怖主义文化》，张琨、郎丽璇译，上海译文出版社2006年版，第12页。

和防止核扩散作为其全球战略的重心。[1]2003 年 3 月 20 日至 2011 年 12 月 18 日，以英美为主的联合部队发动对伊拉克地区的军事行动，美国以伊拉克萨达姆政权藏有大规模杀伤性武器并暗中支持恐怖分子为由，直接绕开联合国安理会，趁机开展清除反美政权的单方面军事行动。至 2010 年 8 月美国战斗部队撤出伊拉克为止，历时 7 年多，美方最终没有找到所谓的大规模杀伤性武器，反而找到萨达姆政权早已销毁的文件和人证，推翻了萨达姆政府。2011 年 12 月 18 日，美军全部撤出伊拉克地区。

目前，在“库尔德问题”的推动下，叙利亚局势严重恶化。美国又宣称在叙利亚发现化学武器，欲对其进行联合军事打击，英国、法国、土耳其等国家都积极响应。这让我们不得不联想到美国在 2003 年针对伊拉克发动的战争，其也是宣称在伊拉克发现化学武器，但其背后真正的目的我们无从知晓。

第五，人权保障问题。不可否认，暴恐犯罪具有特殊性，为了进行有效的打击会采取一定的严厉手段。但是，民众以及暴恐分子的人权如何得到保障也是现今反恐斗争中常被提及的话题。当前，各国在打击恐怖主义的过程中，滥用军事武力、伤及无辜、侵犯人权的情况时有发生，关塔那摩监狱[2]和驻伊拉克美军监狱虐囚案[3]就是典

---

[1] 李景治、宫玉涛、刘元玲：《反恐战争与世界格局的发展变化》，当代世界出版社 2009 年版，第 83 页。

[2] 关塔那摩监狱（Guantanamo Bay detention camp）是美国军方于 2002 年 1 月在古巴关塔那摩湾海军基地所设置的一座军事监狱。阿富汗战争后，美国将大批“基地”组织和“塔利班”成员关押于此。美方认为被关押人员是“非法战斗人员”，不是战俘，因此不享有《日内瓦公约》所规定的任何权利。拘留者被关在这里没有罪名，也不能请律师，或是进入司法程序，他们没有被判刑，也不知道哪一天会被释放，这些被拘留者的身份始终不能得到明确的定义。

[3] 美英联军虐待伊拉克战俘事件，是指 2003 年美国军队占领伊拉克以后，在伊拉克境内发生的一系列美英军队虐待伊拉克战俘的事件的总称，该事件也被有的国际媒体称为“虐囚事件”，有的媒体也称之为“美军虐待伊拉克战俘事件”。

型的代表。

2005 年 5 月 31 日，国际特赦组织发布了一份最新人权报告。报告中指出，在关塔那摩和其他美军监狱中有持续不断的虐囚行为，报告批评此监狱就像“当代的古拉格集中营”。2006 年 2 月 16 日，联合国公布一份关于该监狱问题的报告，呼吁美国要么对被关押者进行审判，要么立即将其释放。2005 年 7 月 21 日至 2016 年 5 月 29 日，先后有 260 名在押人员开始绝食，抗议在没有经过审判的情况下以恐怖犯罪嫌疑人的身份将他们拘押了 3 年多，以及美军基地对他们的不人道待遇。在此期间，对于一些绝食拘留者被美军强制喂食的问题，人权团体也表示了质疑。

2009 年 1 月 22 日，美国总统奥巴马签署行政命令，下令一年内关闭关塔那摩监狱，但最终并没有实施。2011 年 1 月 11 日，173 人身着橙色囚犯服、头戴黑色头罩扮成拘留者模样在美国白宫前示威，抨击美国总统奥巴马并没有遵守关闭该监狱的承诺，并要求政府关闭关塔那摩监狱。2011 年 3 月 7 日，美国总统奥巴马解除了持续 2 年的禁令，重新恢复位于古巴境内关塔那摩监狱的使用。2016 年 2 月，美国总统奥巴马又将关闭关塔那摩军事监狱计划提交国会。美国官员说，计划书将建议把这些囚犯送回他们的国家或交给第三国，另把一些囚犯送到美国本土保安最森严的监狱关押。

针对美英联军虐待伊拉克战俘事件，哥伦比亚广播公司于 2004 年 4 月 28 日刊登美军虐待伊拉克囚犯的照片。照片显示，一名美军宪兵勒令伊拉克战俘站在箱子上，战俘被蒙上头，手上连着电线。宪兵威胁说，如果战俘从箱子上倒下，就会被电死。另一张照片显示，伊拉克战俘被勒令进行人体堆叠，组成金字塔形状。对此，同年 5 月 6 日，美国总统布什首次为美军虐待伊拉克战俘表示道歉，并强调将把有关人员绳之以法。

尼采曾说，“与恶魔斗争的人要时刻警惕，以免自己也变成恶魔”。各国在打击暴恐犯罪过程中，必须注意打击力度，保障人权。“打击恐怖主义措施不当所付出的人权代价，有时会比恐怖主义犯罪所付出的代价更大。”

第七章　我国应对暴恐犯罪的现状及不足

第一节　我国应对暴恐犯罪的现状

我国应对暴恐犯罪的现状，可以通过事前、事中和事后三个层次予以介绍。

一、事前防范对策现状

事前的防范工作对于打击暴恐犯罪有着重要的作用，良好的事前防范应对措施可以将恐怖行动扼杀在萌芽状态。当前我国的防范对策主要包括以下几个方面。

（一）立法方面

我国当前在应对恐怖主义犯罪方面，主要的法律包括《刑法》《国家安全法》《反恐怖主义法》等。在防范方面的规定主要是《反恐怖主义法》中的第三章“安全防范”，该章从社会各个方面对恐怖主义犯罪的防范进行了规定，其中第17条是一个概括性条文，规定：“各级人民政府和有关部门应当组织开展反恐怖主义宣传教育，提高公民的反恐怖主义意识。教育、人力资源行政主管部门和学校、有关职业培训机构应当将恐怖活动预防、应急知识纳入教育、教学、培训的内容。新闻、广播、电视、文化、宗教、互联网等有关单位，应当有针对性地面向社会进行反恐怖主义宣传教育。村民委员会、居民委员会应当协助人民政府以及有关部门，加强反恐怖主义宣传教育。”

《反恐怖主义法》第四章“情报信息”也在恐怖主义犯罪的防范方面作了规定，如第 47 条规定：“国家反恐怖主义情报中心、地方反恐怖主义工作领导机构以及公安机关等有关部门应当对有关情报信息进行筛查、研判、核查、监控，认为有发生恐怖事件危险，需要采取相应的安全防范、应对处置措施的，应当及时通报有关部门和单位，并可以根据情况发出预警。有关部门和单位应当根据通报做好安全防范、应对处置工作。”除此之外，第五章“调查”也在防范方面有所规定，如第 52 规定：“公安机关调查恐怖活动嫌疑，经县级以上公安机关负责人批准，可以查询嫌疑人员的存款、汇款、债券、股票、基金份额等财产，可以采取查封、扣押、冻结措施。查封、扣押、冻结的期限不得超过 2 个月，情况复杂的，可以经上一级公安机关负责人批准延长 1 个月。”以上这些法条在一定程度上都对恐怖主义犯罪的防范起到作用，使得相关部门在提前采取行动时有法可依。

2015 年通过的《刑法修正案（九）》，在刑法第 120 条之一后增加 5 条，作为第 120 条之二、第 120 条之三、第 120 条之四、第 120 条之五、第 120 条之六。该次修正案将对恐怖主义犯罪的刑法规制提前至行为犯。例如，第 120 条之五规定：“以暴力、胁迫等方式强制他人在公共场所穿着、佩戴宣扬恐怖主义、极端主义服饰、标志的，处 3 年以下有期徒刑、拘役或者管制，并处罚金。”第 120 条之六规定：“明知是宣扬恐怖主义、极端主义的图书、音频视频资料或者其他物品而非法持有，情节严重的，处 3 年以下有期徒刑、拘役或者管制，并处或者单处罚金。”这两款的规定是明显的防范性条款，即在还没有实施恐怖活动的准备时就对其进行刑法处置，这样做的目的就是为了防患于未然。因为在一般情况下具有这些行为的

人，其思想多具有极端性，也具有实施恐怖主义活动的倾向。

（二）情报方面

情报对于预防恐怖活动的重要性不言而喻，掌握了情报就掌握了反恐的主动权，我国反恐在情报方面当前主要有以下措施。

第一，根据《反恐怖主义法》的规定，在国家层面建立反恐怖主义情报中心。该情报中心是一个跨部门、跨地区的情报部门，是整合不同部门、不同地区的情报信息，统筹全国恐怖主义情报信息的综合性情报机构。其主要职能包括：协调各情报信息部门的工作，汇总各情报主体上报的各类重要情报，统筹各级、各类反恐怖主义情报信息部门的工作，以实现情报信息的有序流通和依法适用。〔1〕情报中心可能涉及的单位有国家安全机关、人民检察院、人民法院、司法行政机关以及中国人民解放军、中国人民武装警察等。国家层面的情报中心是统筹规划全国反恐情报的重要指挥所，对于我国反恐情报的搜集与研判具有不可替代的作用。

第二，根据《反恐怖主义法》的规定，在各级地方，由地方反恐怖主义领导小组建立跨部门的情报信息工作机制，即在地方建立一个与国家反恐怖主义情报中心相对应的情报信息机构，主要负责协调本地区内各情报部门的工作，统筹本地区内各部门搜集到的反恐情报。其主要职责包括：利用研判出来的情报为本级反恐怖主义部门提供支援，引导和辅助本级反恐行动的开展；将情报进行筛选和整理后，将重要的情报信息向上级反恐工作小组报告；将涉及其他地方的紧急反恐情报，及时通报相关地方。国家层面的情报中心毕竟只是一个最后整理和归纳的地方，真正能获得最新情报信息的依旧是各基层单位，所以在各级地方设立反恐工作小组非常具有必要性，只有通过各级地方反恐工作小组的搜集和整理，才能更好地

---

〔1〕贾宇主编：《中国反恐怖主义法教程》，中国政法大学出版社 2017 年版，第 187 页。

建立我国国家层面的反恐情报中心。

第三，建立情报信息共享机制。《反恐怖主义法》规定，地方反恐怖主义情报信息机构在反恐怖主义情报信息工作中，对重要的情报信息，及时向上级反恐怖主义工作领导机构报告，从而实现其他部门、业务与“情报主导警务”战略的相互辅助，相互促进，实现垂直共享和平行共享。情报共享对于我国合力打击恐怖主义势力具有重要作用，也可以提高各地的情报专业水平，最重要的是，情报的交流与共享可以为我们提供更加详实和科学的恐怖主义形势。

第四，在搜集情报方面，多措并举。由于恐怖组织结构严密，恐怖分子活动路线隐蔽的特点，搜集恐怖主义情报时必须发挥秘密力量与外线侦查、电子侦听、电子侦控、电子监控、秘密拍摄或录像、密取、邮检、网络侦查等技术侦查手段的主渠道作用，同时辅助以公开、半公开的搜集手段。[1]秘密手段的使用必须十分谨慎，必须是针对重大危险分子，包括：教育争取、条件争取、抓把柄、逆用、派遣打入、派员卧底、金钱收买等。采取这些手段必须要经过相关机构的批准和限制，而且必须对各种手段进行相应的规定，防止出现意外的结果。在搜集情报的方式上，不要局限于专业机构，应积极与群众联系，通过普遍的社交媒介，如QQ、微信、微博等搜集敏感信息，加强情报信息网络的布建，提高信息的采集能力。

（三）“去极端化”方面

极端主义是恐怖主义的根源，要想彻底消灭和铲除恐怖主义，就必须做好去“极端化”工作，我国在“去极端化”方面的措施主要包括以下几个方面。

1. 制定去极端化条例。新疆是我国恐怖形势最为严峻的地区，

---

〔1〕 贾宇主编：《中国反恐怖主义法教程》，中国政法大学出版社2017年版，189～190页。

也是我国反恐的主要区域，2017 年 3 月 29 日，新疆维吾尔自治区第十二届人民代表大会常务委员会第二十八次会议通过了《新疆维吾尔自治区去极端化条例》（以下简称《去极端化条例》）；2018 年 10 月 9 日，新疆维吾尔自治区第十三届人民代表大会常务委员会第五次会议通过了《关于修改〈新疆维吾尔自治区去极端化条例〉的决定》。《去极端化条例》对预防和打击恐怖主义具有重要作用。

第一，将极端化、极端主义明晰化。《去极端化条例》是我国出台的第一部有关“去极端化”的条例，它全面定义了“极端化”“极端主义”等专门概念，支撑起构建极端化法律对策体系的逻辑起点，为“去极端化”工作的推动方向做出了明确的指引，极大提升了条例的可操作性。[1]之前对于极端主义的打击，很大程度上是根据工作人员的经验去进行判断，所以在打击面上难免会有所纰漏和错伤无辜，将“极端化”的界限明晰，不仅可以为“去极端化”工作提供正式的法律依据，而且在打击层面上也会更科学和全面，为预防暴恐活动提供了一个良好的开端。

第二，在预防、遏制、消除极端化方面，规定了相应的原则、手段和方法。《去极端化条例》第三章规定了预防、遏制和消除极端化的原则与方法。原则方面，该条例第 10 条规定：“去极端化应当准确把握民族习俗、正常宗教活动、非法宗教活动与极端化行为的界限，区分性质，分类施策，坚持团结教育大多数，孤立打击极少数。”第 11 条规定：“去极端化应当坚持系统治理、综合施策、标本兼治，与教育培训、改善民生、关爱帮扶、脱贫致富、民族团结进步创建等紧密结合，实现相互促进。”第 12 条规定：“去极端化应当坚持正确的政治方向和舆论导向，弘扬主旋律，传播正能量；加强意识形态领域反渗透、反分裂斗争，禁止利用各种媒介宣扬极端化，

〔1〕 任惠华、金浩波：“中国去极端化的立法起点及发展研究——《新疆维吾尔自治区去极端化条例》相关内容评述”，载《江西警察学院学报》2018 年第 2 期。

扰乱社会秩序。禁止任何机构和个人借课题研究、社会调查、学术论坛等传播、宣扬极端化。”

手段与方法方面，该条例第 13 条规定：“去极端化应当开展大宣讲、大学习、大讨论，用现代科学文化知识教育群众崇尚科学、文明，用法律知识教育群众学法遵法，用宗教正信正本清源，驳斥邪说谬论，引导信教群众确立正信正行，自觉抵制极端化。”第 14 条规定：“去极端化应当做好教育转化工作，实行个别教育与职业技能教育培训中心教育相结合，法治教育与帮教活动相结合，思想教育、心理辅导、行为矫正与学习国家通用语言文字、学习法律、学习技能相结合，教育转化与人文关怀相结合，增强教育转化实效。”第 15 条规定：“去极端化应当加强流动人口服务管理，发挥社区、行业部门以及各类企业作用，做好流动人口去极端化工作。”从这些条文中可以看出，新疆在“去极端化”方面所秉持的是一种多措并举、系统治理的原则与方法。将这些方法法律化有助于“去极端化”行动的顺利执行。

第三，明确了相关部门和社会团体的职能和责任。《去极端化条例》第四章、第五章对此作了明确规定，第四章从第 16 条至第 31 条，从各级政府、民族宗教部门、司法行政部门、公安机关，到教育转化管理部门、教育部门、文化部门、新闻出版广电部门、交通运输部门、卫生计生部门、网信经信和公安部门、电信主管部门、民政部门，再到工商行政、质量监督部门、乡镇人民政府街道办事处，都规定了相应的职责。第五章则规定社会各界在去极端化方面的责任，明确去极端化工作是全社会的共同敌人，必须全民参与，特别是明确了职业技能教育培训中心、工会、共青团、学校、宗教团体、企业等组织的责任。虽然只是系统地罗列了参与去极端化的部门，但是在原有基础上已经是非常大的进步与突破，对于我国预防恐怖组织扩大和暴恐犯罪活动具有积极意义。

2. 更新宣传教育的方式，合理引导民众。宣传教育在“去极端化”的过程中占有重要地位，准确、科学的宣教方式可以使人们认清宗教极端思想的危害，自觉抵制和反对极端化。当前，各级政府在“去极端化”方面采取的方式主要有以下几种。

第一，多措并举，筑牢“去极端化”基础。以我国新疆为例，自治区党委宣传部制定了《深入开展“去极端化”宣传教育实施方案》，配合新疆“访惠聚”活动的开展，将宣教活动落实到新疆的各地州。自开展“去极端化”工作以来，自治区编印下发了许多资料以配合宣讲活动的实施，例如，《我们不再沉默》光盘等；各地州根据自身实际情况，也相继编印发放了许多宣传资料。

2017 年 5 月，吾布力喀斯木 · 买吐送撰写的《致维吾尔族同胞觉醒书》在全疆各族干部群众中引起了热议，并引领各族干部群众发声亮剑。除此之外，通过电视、广播电台、街区的宣传墙面以及各大服务行业的 LED 屏等媒介进行宣传也是“去极端化”宣传教育手段中的重要方式，有利于营造浓厚的宣传氛围。现代信息手段在“去极端化”宣传教育工作中也非常常见并得到有效的运用。近年来，政府通过官网、微博、微信、贴吧等平台吸收民众意见，传递政府信息，形成舆论优势的同时也维护了网络安全，杜绝了虚假信息，例如，新疆互联网办公室开通微信公众号“最后一公里”等。这些传统方式与新型方式的结合与并用，可以最大面积地普及群众，也可以最大限度地达到宣传教育的效果，以此筑牢社会“去极端化”的基础。

第二，对重点地区，要有针对性地进行宣传教育。在“去极端化”的过程中，我们必须根据当地存在的实际情况制定适合地方的“去极端化”方式，这样才能达到预期的效果。例如，针对一些文化程度较低、长期生活在宗教氛围浓厚地区、接受现代科学文化影响少的妇女，部分地方设立了教育转换班，为这部分妇女进行“去极端化”教育，使其逐渐接受现代文化，主动地抵御宗教极端思想的侵袭；再如，针对流动人口的“去极端化”宣传教育，一是要做到对流动人员聚集场所的重点治理，二是要做到重点打击“三非”[1]的政治活动，三是要开展入户教育，深入到群众之间进行“去极端化”的宣传教育。只有“因材施教”的宣传教育，才能做到逐一击破，才能实现“去极端化”。

3. 加强对宗教工作的治理。习近平总书记在中央统战工作中强调，宗教工作是全局性的工作，其本质就是群众工作，并提出了党的宗教工作的基本方针“四个必须”，即必须全面贯彻党的宗教信仰自由政策，必须依法管理宗教事务，必须坚持独立自主自办的原则，必须积极引导宗教与社会主义社会相适应。在“去极端化”工作中，我国各级政府都基于“四个必须”的基本方针加强了宗教工作的治理力度。

第一，强化了对宗教人士、宗教活动、宗教活动场所的管理。首先，对宗教教职人员，我国许多地方都有相关规定。例如，《四川省宗教教职人员管理规定》《青海省宗教教职人员管理规定》《昆明市宗教教职人员管理规定》《西安市宗教教职人员管理办法》等。这些管理办法都对当地宗教教职人员的范围、权利、义务以及相关培训作了规定，强化了宗教教职人员的综合素质，使得他们发挥了正确的宗教思想引领作用。其次，积极倡导正常的宗教活动。地方各级宗教事务管理人员对辖区内的宗教活动进行定期的检查，严厉打击宗教极端分子，避免广大信众受到非法宗教活动的影响；与此同时，依法管理朝觐活动，积极向宗教人士普及“零散朝觐”属于非法的行为。最后，规范宗教活动场所的管理，对现有的宗教活动场所进行排检，取缔不合格的宗教活动场所，依法对宗教活动场所的

---

〔1〕“三非”是指非法宗教活动、非法宗教宣传品、非法宗教网络传播。

建设进行严格管理，严厉打击地下讲经点等非法宗教活动场所。

第二，积极引导宗教与社会主义社会相适应，实现宗教中国化。宗教与所在社会相适应，是宗教生存发展的历史规律，顺之则生，逆之则亡。因此，坚持中国化方向是对社会发展规律的把握，是对宗教生存规律的尊重。坚持中国化方向，是我国各宗教生存发展的内在要求和必然选择，不是想坚持就坚持、不想坚持就可以不坚持的。[1]我国地方各级部门在这方面也做了许多工作。例如，新疆地区支持并积极推动宗教界进行解经、讲经工作，使宗教做到与时俱进，与社会主义社会相适应，避免了宗教与社会生活相脱节。其他地区也积极举办相关活动，结合少数民族的优秀传统文化，将现代文化的引导作用发挥到群众的日常生活中，如服饰饮食方面、思想素质方面等；积极开展多样的文化活动，寓教于乐，不仅吸引了众多群众参与，也在无形中弘扬了现代文化，不仅展示了现代的文化生活理念，也起到了“去极端化”的宣传教育作用。

第三，在日常生活中，向群众宣传国家的宗教政策。在宣传宗教政策方面，各地相关部门经常普及民族宗教政策、法律法规知识，提高居民群众对党的民族宗教政策、法规知识的认识。活动中，工作人员通过发放宣传资料、向过往群众讲解民族宗教政策、法规知识等方式，先后围绕党的惠民政策、民族宗教理论、政策、法规知识等，将理论与实际相联系，深入浅出地向居民讲解和宣传，动员居民群众积极参与到民族宗教理论、政策、法规知识学习的活动中，争做民族团结的模范。通过日常的宣传，可以使信教人群对我国的宗教政策有一定的了解，避免一些民众因不了解宗教政策而被有心之人利用。

4. 加强社会基层的治理。“去极端化”要想彻底，就必须对社

---

〔1〕 王作安：“引导宗教与社会主义社会相适应必须坚持中国化方向”，载《中国宗教》2016 年第 2 期。

会基层进行系统、科学的治理。我国当前在基层治理方面主要存在以下治理方案。

第一，自2014年起，新疆维吾尔自治区组织21万机关干部驻村开展“访民情、惠民生、聚民心”活动（即“三民”活动）。2014年，第一批11 129个工作组、74 759名干部奔赴天山南北；2015年，第二批77 000多名干部深入基层，用“三项重点工作”把“六项任务”统领起来深化基层工作；2016年提出“1235”新目标：即建成一个阵地，争取两个“摘帽”、提升两项满意率，实现“三无”，建设“五好党支部”。2016年9月29日，自治区召开“三民”活动推进会，要求加强组织领导，落实领导责任，严明驻村纪律，强化舆论引导，为实现自治区社会稳定和长治久安总目标作出新的更大贡献。[1]“访惠聚”活动的开展对基层去极端化的效果是十分显著的，不仅强化了基层基础，而且加强了民族团结。

第二，2016年10月16日，新疆维吾尔自治区召开“民族团结一家亲”活动动员大会，要求各级行政事业单位党员干部每人结对联系1户基层群众，各民族之间相互结亲，实现党员干部结对认亲全覆盖。会议强调要选好用好“民族团结一家亲”活动的载体，按照“制度化、常态化、长效化”要求，把加强民族团结作为战略性、基础性、长远性工作来做。2016年10月，自治区教育系统广泛开展“三进两联一交友”活动，在落实“民族团结一家亲”的同时，以“三进两联一交友”为载体，让各族干部、教师进到班级、宿舍和食堂中去，与学生、家长深入联系，结交朋友，在民族团结中共同抵制宗教极端思想的渗透。

---

〔1〕马蓓、孟楠：“新疆‘去极端化’机制建设及其成效分析”，载《世界宗教文化》2017年第3期。

二、事中应对处置措施现状

当恐怖活动发生时，如何应对才能将财产损失和人员伤亡降到最低，是当前世界上所有受恐怖主义威胁国家都在积极探索的问题。我国当前在事中应对处置方面主要有以下几种措施。

（一）情报预警措施

反恐情报预警是我国国家反恐怖主义工作领导机构或省级反恐怖主义工作领导机构，根据前期搜集掌握的涉恐情报信息进行分析、研判后，对恐怖活动威胁程度以及可能引发的危害后果进行综合性评估，由相关反恐怖职能部门在一定范围内对社会公众、境内外机构、设施、交通运输工具等发布分级别预告警示和启动响应措施的应对策略。

响应具体指反恐怖成员单位、相关部门和地方政府，根据发布的恐怖活动威胁情报预警等级，采取相应级别的应对处置措施。中国国家反恐怖主义工作领导机构负责全国重大恐怖主义犯罪活动的威胁评估，领导、监督和管理全国范围内重大反恐预警与处置工作。省级反恐怖主义工作领导机构或市级反恐怖主义工作领导机构负责本地区恐怖活动的威胁评估，并及时根据国家反恐办要求和预警标准，指导、监督有关重点目标单位落实分级响应措施。

恐怖主义犯罪活动威胁情报分级预警与响应，应当做到及时准确评估，提前应对防范处置，社会面反应适度，最大限度防止暴恐案件发生或减少实际危害。外交部、中国人民解放军、中国人民武装警察部队、民兵预备役等按照统一领导、分级分工、各司其责、内外有别、公密结合的原则，确保反恐情报预警等级与响应措施的落实。[1]

〔1〕李恒：“域外考察下的中国反恐情报预警与响应体系构建”，载《情报杂志》2017年第7期。

情报预警制度虽然旨在发生暴恐活动前做到提前防控，但依据经验，一般情况下既然启动情报预警模式，就说明案件要么已经迫在眉睫要么已经发生，所以情报预警另一方面也是为了在发生暴恐活动后，能及时给予相关部门以警示，告诉他们立即进行人员疏散或其他行动。我国当前在情报预警方面的主要措施为：加强涉恐情报归口管理；运用大数据、云计算技术，提升情报感知、研判、分析能力；从海量的人流、物流、信息流、资金流中及时发现涉恐线索；形成系统的反恐情报预警机制。

（二）指挥、应对机制

为适应我国暴恐活动应急处置的需要，我国建立了针对暴恐活动的指挥体系，该体系由国家反恐怖工作协调小组统一领导，其成员包括外交部、公安部、国家安全部、武警等单位。[1]《反恐怖主义法》第55条规定："国家建立健全恐怖事件应对处置预案体系。国家反恐怖主义工作领导机构应当针对恐怖事件的规律、特点和可能造成的社会危害，分级、分类制定国家应对处置预案，具体规定恐怖事件应对处置的组织指挥体系和恐怖事件安全防范、应对处置程序以及事后社会秩序恢复等内容。有关部门、地方反恐怖主义工作领导机构应当制定相应的应对处置预案。"

1. 应对处置指挥机构的构成。《反恐怖主义法》第56条规定："应对处置恐怖事件，各级反恐怖主义工作领导机构应当成立由有关部门参加的指挥机构，实行指挥长负责制。反恐怖主义工作领导机构负责人可以担任指挥长，也可以确定公安机关负责人或者反恐怖主义工作领导机构的其他成员单位负责人担任指挥长。跨省、自治区、直辖市发生的恐怖事件或者特别重大恐怖事件的应对处置，由国家反恐怖主义工作领导机构负责指挥；在省、自治区、直辖市范

[1] 宁平："城市暴力恐怖犯罪活动应急机制构建"，载《犯罪学论坛（第三卷）》2016年，第547页。

围内发生的涉及多个行政区域的恐怖事件或者重大恐怖事件的应对处置，由省级反恐怖主义工作领导机构负责指挥。”因此，反恐怖主义应对处置指挥机构共由两部分构成：

第一，指挥长。根据《反恐怖主义法》的规定，我国实行的是指挥长负责制。所谓指挥长，是指在反恐怖主义应对处置中负责指挥全局的领导人。恐怖事件发生后，发生地的反恐怖主义工作领导机构应当立即启动恐怖事件应对处置预案，确定指挥长。在应对处置中，一般情况下该指挥长根据不同情况可确定为反恐怖主义工作领导机构负责人、公安机关负责人或反恐怖主义工作领导机构的其他成员单位负责人；在跨区域的恐怖活动中，为保障指挥的有效性，法律规定指挥长为共同上级单位，跨省、自治区、直辖市的指挥长为国家反恐怖主义工作领导机构，而跨省内多个行政区的指挥长由省级反恐怖主义工作领导机构担任。如果在恐怖事件的处置中发生了重大问题，如玩忽职守、不作为等，造成了公民或单位的严重损失，必须追究指挥长的行政甚至刑事责任。[1]

第二，其他成员单位。除指挥长外，其他成员单位包含了公安机关、国家安全机关和有关部门，如中国人民解放军、中国人民武装警察部队、民兵组织等。这些单位在指挥长的指挥下负责具体的处置工作，如营救和救治受害人员、设置临时警戒线、通信管制等。

2. 应对处置指挥机构的作用。恐怖事件的突发性决定了应对恐怖活动必须有一个反应迅速、运作高效的指挥队伍。我国应对处置指挥机构的建立在反恐实践中具有以下几方面的作用：

第一，居中协调、指挥。在恐怖事件发生时，需要参与的部门是多样的，既有公安机关，又有中国人民解放军、中国人民武装警察部队、民兵组织、人民检察院、人民法院、司法行政机关等。要

〔1〕 贾宇主编：《中国反恐怖主义法教程》，中国政法大学出版社 2017 年版，第 219 页。

最快地将这些单位集合起来并下发各自的任务，就需要有一个共同的中心指挥机构，通过机构的指挥，各单位的行动可以避免多头指挥和功能重复的情况出现，从而使得人、财、物发挥最大效能，集中力量打击恐怖主义势力和做好其他反恐辅助工作。

第二，把握全局，做出决策。恐怖活动发生时，盲目地进行打击活动不仅不会平复恐怖活动，而且可能造成其他的危害后果，并造成不必要的牺牲。指挥机构可以在最短的时间内将各单位在恐怖活动中搜集到的资料进行汇总，通过专业人员的研判，对整个恐怖事件进行全局性的把控，从而在最短的时间内做出最有效的决策。

3. 现场处置的环节。《反恐怖主义法》第58条第1款规定："发现恐怖事件或者疑似恐怖事件后，公安机关应当立即进行处置，并向反恐怖主义工作领导机构报告；中国人民解放军、中国人民武装警察部队发现正在实施恐怖活动的，应当立即予以控制并将案件及时移交公安机关。"由此可以看出，我国将现场处置的职责基本集中于公安机关。首先，公安机关具有现场处置的经验，我国许多犯罪都是由公安机关进行第一时间的应对，所以在处置恐怖主义犯罪的时候，由公安机关承担先行工作是必然的选择。其次，公安机关相较于其他单位、部门，更有能力控制住犯罪现场。恐怖主义犯罪发生时，现场往往十分惨烈，恐怖分子凶残，伤亡群众众多，社会影响恶劣，如果不及时进行处置，危害结果很可能进一步扩大，这些特点决定了由公安机关进行现场控制是最佳选择。在此基础上，现场处置的时间进程分为以下三个阶段：

第一，接报阶段。在接到群众报案或巡警报告后，尚未产生指挥长的情况下，一般由赶赴现场的公安机关中职级最高的人员担任现场指挥员，由其指挥对现场进行封锁，通过各方搜集上来的信息判明当前态势，在此基础上协调各相关单位，并提出决定性意见和事态发展预测。决策层应立即召集决策人员以及有关专家研究事件、

果断定性、迅速发出处置命令，并随时根据事态的发展进一步修正。在整个接报阶段，信息系统、指挥系统和决策系统要始终保持联络畅通。

这一阶段的现场指挥员要及时反应，合理使用自己的职权。同时反恐怖主义工作领导小组也要迅速地确定指挥长。该阶段所求的就是一个“快”，所以必须从最大利益出发，快速做出最佳的决策，防止危害进一步扩大，不能拖拖拉拉，难以做出决断。

第二，处理阶段。如果说接报阶段求“快”，那处理阶段就求一个“稳”。在快速应对第一现场后，处理阶段一般情况下都是在作出的预案基础上进行的。指挥长在搜集、判断现场情况后，或者未产生指挥长时，在接到处置命令和定性意见后，现场指挥员应根据预案迅速向各处置小组下达具体任务，做好各方安排部署。在封锁现场的基础上，对群体性恐怖事件要分割控制，组织攻击力量；疏散人群，营救和保护受害者，做好现场的安抚与救助工作。

同时，该阶段还要注意全面取证。可以采取公开与秘密相结合的方法对现场情况进行录音、录像、拍照；跟踪、监视组织策划恐怖活动的恐怖分子，迅速组织调查的方向，收集受害人、目击证人以及知情人留存印象中的无形痕迹，条件合适的可为恐怖犯罪分子画像；划定侦查范围，确定其行踪，有效开展抓捕工作。处理阶段的主要任务就是对现场进行处置，以及抓住时间点搜集证据，同时该阶段也是抓捕恐怖分子的最好时机，所以必须积极部署，稳中求胜。

第三，巩固、防范阶段。恐怖活动的目的是制造社会恐怖，具有暴力性、持续性的特点，也就是说他们不会因为一次暴力恐怖事件或者一次活动中的一次袭击而终结自己的行动。所以在恐怖事件的处置中，必须重视对恐怖事件处置的巩固与防范。巩固与防范的主要工作是：清理现场、消除隐患，防止残余恐怖分子的后续恐怖行动；对抓获的嫌疑人进行审查甄别，开展审讯攻势，部署力量加大追逃力度；迅速收集证据，为刑事诉讼的处置做好准备；加强正面宣传、公布事件真相，稳定社会公众的恐慌情绪；同时，还要加强对重点区域的警戒。对于个体性的恐怖事件，警戒工作主要包括清理现场、发现和排除其余爆炸物、控制毒源等措施，防止出现新的危害后果，收集证据，深挖恐怖分子背后的操控者，做好防范工作。

现场处置环节的三个阶段是相互联系、相互制约的，需要根据顺序逐步进行。首先，没有恐怖行为处置的第一阶段，处置工作就没有目标、范围，也就不可能准确定性、全面侦控；如果处置第一阶段定性失误，必将误导后两个阶段的方向。其次，没有处置的第二阶段，就不可能充分掌握犯罪事实的第一手资料，也不可能开展有效的处置工作，处置预测、预案只能是空泛的纸上谈兵，毫无用处。最后，没有处置的第三阶段，不彻底消除恐怖行为的隐患，也就不能全面客观地收集证据，那么，反恐怖的处置工作也就无法达到最佳的行为效果。[1]

（三）协同机制

恐怖事件发生或将要发生时，人员调配是否合理直接决定着反恐的最终成效。反恐工作本就涉及多个部门和领域，力量结构与编成的科学合理，既是高效完成反恐任务的必要途径，也是反恐组织形态现代化建设的必要举措。我国可能参与到反恐现场的部门有公安机关、中国人民解放军、武警部队、医疗单位等。

1. 公安机关。根据我国《反恐怖主义法》的规定，发现恐怖事件或者疑似恐怖事件后，公安机关应当立即进行处置，并向反恐怖主义工作领导机构报告；中国人民解放军、中国人民武装警察部队发现正在实施恐怖活动的，应当立即予以控制并将案件及时移交公

〔1〕 杨正鸣、倪铁：“论恐怖行为的处置系统”，载《武汉公安干部学院学报》2004年第1期。

安机关。由此可以看出，公安机关在协同机制中属于第一批到达现场的人员，所以公安机关在整个恐怖事件应对中有重要作用，后续的行动都依赖于他们对现场的把控。尤其是遇到与恐怖分子相僵持的时候，公安机关必须及时联系经验丰富的谈判专家——与“暴恐分子”的技术性谈判可以缓和局面、拖延时间，通过谈判教育启发“暴恐分子”，并使其投降。[1]换言之，谈判专家可以利用丰富的社会文化知识，在暴力恐怖分子劫持人质、使用爆炸物等情况的时候，减少暴力恐怖犯罪活动的伤亡和损失。公安机关在协同机制中不仅是最早进入现场进行应对的部门，也是控制现场、制定协同计划的主要部门，所以，在协同机制中公安机关的作用是其他单位部门无法替代的。

2. 军事力量。参与反恐行动的军事力量一般是根据联合指挥机构的统一部署，通过建立常态联席会议机制，形成反恐合力。军事力量在协同机制中的作用主要体现在以下三个方面：一是信息深度融合。军队和武警部队应加强与公安、国安等部门的联系，综合运用有线、无线、集群、卫星等手段，构建各参战力量互联互通的通信网络。二是力量资源整合。有机整合军警民等各方资源，按照不同样式、不同方向、不同规模、不同地区、不同任务的要求，预想可能出现的各类情况，共同研究反恐行动组织协同原则，明确任务区分、兵力编成、有关保障、应变措施等，形成完善配套的协同预案体系。三是应急备战联合。加强统一战备值班、统一应急响应和快速反应机制建设，提高协同效能。[2]公安部门在应对现场方面毕竟有其不足之处，引入军事力量，可以在发生暴恐活动时快速地制

---

〔1〕贾宇主编：《中国反恐怖主义法教程》，中国政法大学出版社 2017 年版，第 550 页。

〔2〕秦天：“21 世纪前期反恐形势与中国反恐军事力量建设”，载《中国军事科学》2017 年第 1 期。

服暴恐分子，以及在恐怖分子逃跑后进行后续的追击。

3. 医疗和心理辅导单位。恐怖事件往往伴随着重大的人员伤亡，所以在协同机制中往往有医疗单位的参与。他们在赶赴现场后，必须根据指挥及时地安置和治疗受伤人员，防止危害后果进一步扩大。身体的损伤可能只是暂时的，但有些人员在经历暴恐活动后有了严重的心理创伤，对此，我国建立了心理辅导措施，虽然不太成熟，但在实践中已经予以应用。例如，在新疆火车站暴恐事件发生后，当地政府为受害者提供了一对一的心理救助。

（四）舆论引导措施

当前社会，媒体报道往往影响着社会的舆论导向，不当的恐怖事件信息不仅会引起社会的恐慌，而且可能对公民造成二次伤害，所以控制好舆论媒体的方向至关重要。以我国 2014 年 3 月 1 日昆明火车站暴恐事件为例，在昆明暴恐案中，有些网民为了吸引眼球，将现场血腥照片直接发布到网上，有人甚至认为越血腥的照片越具有传播价值。在他们获得传播快感的同时，却给观者带来不适，对当事人来说更是缺乏人文关怀。与此相对，主流媒体在报道过程中，以新闻专业主义为准则，以救助伤者为导向，充分彰显人文关怀。这对网络舆论来说，是一种纠偏。《人民日报》官方微博作为央媒中率先对昆明暴恐事件进行报道的媒体，在社交类媒体舆论的传播中起到了定海神针的作用。[1]

根据《反恐怖主义法》第 63 条的规定，恐怖事件的发生、发展和应对处置信息，由恐怖事件发生地的省级反恐怖主义工作领导机构统一发布；跨省、自治区、直辖市发生的恐怖事件，由指定的省级反恐怖主义工作领导机构统一发布。同时规定，任何单位和个人不得编造、传播虚假恐怖事件信息；不得报道、传播可能引起模仿

[1] 丁柏铨、肖艳艳：“新媒体语境中中美法恐怖袭击事件舆论研究”，载《天津社会科学》2015 年第 6 期。

的恐怖活动的实施细节；不得发布恐怖事件中残忍、不人道的场景；在恐怖事件的应对处置过程中，除新闻媒体经负责发布信息的反恐怖主义工作领导机构批准外，不得报道、传播现场应对处置的工作人员、人质身份信息和应对处置行动情况。

三、事后惩治对策现状

（一）责任追究方面

恐怖分子行为的恶劣性决定了必须对其进行严厉的惩治，我国主要是由司法部门对恐怖分子进行审判，而后确定其罪名和应承担的刑事责任。

1. 审判程序。根据2018年3月印发的最高人民法院、最高人民检察院、公安部、司法部《关于办理恐怖活动和极端主义犯罪案件适用法律若干问题的意见》（以下简称《意见》）中的规定，组织、领导、参加恐怖组织罪，帮助恐怖活动罪，准备实施恐怖活动罪，宣扬恐怖主义、煽动实施恐怖活动罪，强制穿戴宣扬恐怖主义服饰、标志罪，非法持有宣扬恐怖主义物品罪的第一审刑事案件由中级人民法院管辖；宣扬极端主义罪，利用极端主义破坏法律实施罪，强制穿戴宣扬极端主义服饰、标志罪，非法持有宣扬极端主义物品罪的第一审刑事案件由基层人民法院管辖。高级人民法院可以根据级别管辖的规定，结合本地区社会治安状况、案件数量等情况，决定实行相对集中管辖，指定辖区内特定的中级人民法院集中审理恐怖活动和极端主义犯罪第一审刑事案件，或者指定辖区内特定的基层人民法院集中审理极端主义犯罪第一审刑事案件，并将指定法院名单报最高人民法院备案。

除此之外，在证据的使用方面，《意见》规定恐怖活动和极端主义犯罪案件初查过程中收集提取的电子数据，以及通过网络在线提取的电子数据，可以作为证据使用。对于原始存储介质位于境外或者远程计算机信息系统上的恐怖活动和极端主义犯罪电子数据，可以通过网络在线提取。必要时，可以对远程计算机信息系统进行网络远程勘验。立案后，经设区的市一级以上公安机关负责人批准，可以采取技术侦查措施。对于恐怖活动和极端主义犯罪电子数据量大或者提取时间长等需要冻结的，经县级以上公安机关负责人或者检察长批准，可以进行冻结。对于电子数据涉及的专门性问题难以确定的，由具备资格的司法鉴定机构出具鉴定意见，或者由公安部指定的机构出具报告。这些规定为我国审理恐怖主义案件提供了确切的法律依据，同时也完善了恐怖主义类案件的审理机制。

2. 刑事责任追究。人民检察院、人民法院、司法行政机关的反恐怖主义职责主要是在刑事诉讼过程中，与依法惩治恐怖主义犯罪有关的提起公诉、审判、执行等工作。在刑事诉讼中，认定被告人有罪的审判权由人民法院统一行使，由于对恐怖活动犯罪的判断属于追究刑事责任的诉讼活动，认定主体同样应当是人民法院。针对恐怖活动犯罪的刑事司法包括两种类型：一是按照专门罪名处理。对于行为人实施组织、领导、参加恐怖组织罪，帮助恐怖活动罪，宣扬恐怖主义、煽动实施恐怖活动罪，强制穿戴宣扬恐怖主义服饰、标志罪，非法持有宣扬恐怖主义物品罪等犯罪行为的，直接适用上述罪名即可体现犯罪行为的特殊危害性，不需要在裁判文书中作额外表述。二是按照普通罪名处理，对于暴力、破坏型的恐怖活动，我国《刑法》并未设置专门罪名，只能按照故意杀人罪、放火罪、爆炸罪等犯罪论处，由于上述罪名无法体现犯罪行为的恐怖主义性质，还需要在裁判文书中描述其暴力恐怖特征。例如，在新疆莎车“7·28”暴力恐怖案件中，法院在裁判文书中作出了如下表述：“被告人奥某积极参加以他人为首的恐怖组织，并积极实施暴力恐怖犯罪活动，持砍斧与他人共同将被害人汪某某、李某某、陶某杀害，其行为已构成参加恐怖组织罪、故意杀人罪。”此外，《刑法修正案

(九)》针对近期各地出现的多起不法分子偷渡出境参加“圣战”的案件，完善了偷越国（边）境罪的刑罚配置。如果行为人以参加恐怖活动组织、接受恐怖活动培训或者实施恐怖活动为目的，实施偷越国（边）境的行为，除了构成偷越国（边）境罪之外，人民法院还需要查明其是否具备恐怖主义目的，从而适用更重的法定刑。[1]

3. 行政责任追究。认定某种涉恐行为构成恐怖活动犯罪，除了符合刑法规定的构成要件之外，还需要符合证据“确实、充分”的证明标准。在实践中，行政机关认定的恐怖活动，并不必然进入刑事司法程序，成为刑法意义上的恐怖活动犯罪，如不符合刑法规定的犯罪构成、犯罪情节显著轻微等情形。对于情节显著轻微的恐怖活动，一般情况下是不需要进入司法程序的。

对于不构成犯罪的恐怖活动，《反恐怖主义法》主要规定了两种处理方式：

第一，行政处罚。《反恐怖主义法》第 80 条规定，行为人宣扬恐怖主义或者煽动实施恐怖活动；制作、传播、非法持有宣扬恐怖主义的物品；强制他人在公共场所穿戴宣扬恐怖主义的服饰、标志；为宣扬恐怖主义或者实施恐怖主义活动提供信息、资金、物资、劳务、技术、场所等支持、协助、便利，情节轻微，尚不构成犯罪的，由公安机关处以拘留，可以并处罚款。第 81 条规定：“利用极端主义，实施下列行为之一，情节轻微，尚不构成犯罪的，由公安机关处 5 日以上 15 日以下拘留，可以并处 1 万元以下罚款：①强迫他人参加宗教活动，或者强迫他人向宗教活动场所、宗教教职人员提供财物或者劳务的；②以恐吓、骚扰等方式驱赶其他民族或者有其他信仰的人员离开居住地的；③以恐吓、骚扰等方式干涉他人与其他民族或者有其他信仰的人员交往、共同生活的；④以恐吓、骚扰等

〔1〕 杜邈：“反恐领域的行刑衔接”，载《国家检察官学院学报》2016 年第5 期。

方式干涉他人生活习俗、方式和生产经营的；⑤阻碍国家机关工作人员依法执行职务的；⑥歪曲、诋毁国家政策、法律、行政法规，煽动、教唆抵制人民政府依法管理的；⑦煽动、胁迫群众损毁或者故意损毁居民身份证、户口簿等国家法定证件以及人民币的；⑧煽动、胁迫他人以宗教仪式取代结婚、离婚登记的；⑨煽动、胁迫未成年人不接受义务教育的；⑩其他利用极端主义破坏国家法律制度实施的。”从这些法律条文中可以看出，并不是对所有涉及恐怖主义的行为都必须追究刑事责任，而是从社会危害性和犯罪情节出发视情况而定。

第二，帮教。《反恐怖主义法》第 29 条第 1 款规定：“对被教唆、胁迫、引诱参与恐怖活动、极端主义活动，或者参与恐怖活动、极端主义活动情节轻微，尚不构成犯罪的人员，公安机关应当组织有关部门、村民委员会、居民委员会、所在单位、就读学校、家庭和监护人对其进行帮教。”帮教的对象是危险程度低或者被教唆、胁迫、引诱加入恐怖组织或实施恐怖活动的人员。对于这部分人，对他们进行帮教是给予他们重回社会的机会，是我国宽严相济的刑事政策的体现。

（二）教育矫正方面

1. 社区矫正。我国《反恐怖主义法》第 29 条第 2 款规定：“监狱、看守所、社区矫正机构应当加强对服刑的恐怖活动罪犯和极端主义罪犯的管理、教育、矫正等工作。监狱、看守所对恐怖活动罪犯和极端主义罪犯，根据教育改造和维护监管秩序的需要，可以与普通刑事罪犯混合关押，也可以个别关押。”社区矫正是与监禁矫正相对的行刑方式，是指将符合法定条件的罪犯置于社区内，由社区矫正机构在相关部门和社会力量的协助下，在确定的期限内，矫正其犯罪心理和行为恶习，通过思想改造和劳动改造，促使其顺利回归社会的非监禁刑罚执行活动。

对于恐怖分子中一些犯罪情节轻微或者没有进入实行阶段的人，适用社区矫正是我国当前的普遍做法。以我国新疆地区为例，依据居住地户籍管辖划分，相关部门规定了严格的交付、接收、教育帮助、监督管理等日常操作流程，具体操作中包括执行前置工作（向司法行政机关寄送判决书、矫正对象报道时间等）；成立执行小组（矫正小组成员可由在编执行人员、社会志愿者组成，主要协助执行机关开展日常的监管、教育工作；若服刑人员是女性同志，须在组建矫正小组时安排数名女性同志协助监管；若是矫正人员为少数民族，矫正小组中需指派少数民族成员做翻译）；接受登记和建立档案；制定“一人一案”的矫正方案；明确相关部门的监管职责。对部分犯罪轻微的恐怖分子适用社区矫正，不仅能够对他们施以惩戒，起到一定的震慑作用，而且可以最大限度地保障他们不脱离社会。

2. 安置教育。我国《反恐怖主义法》第30条规定，对恐怖活动罪犯和极端主义罪犯被判处徒刑以上刑罚的，监狱、看守所应当在刑满释放前根据其犯罪性质、情节和社会危害程度，服刑期间的表现，释放后对所居住社区的影响等进行社会危险性评估。经评估具有社会危险性的，监狱、看守所应当向罪犯服刑地的中级人民法院提出安置教育建议。安置教育由省级人民政府组织实施。安置教育机构应当每年对被安置教育人员进行评估，对于确有悔改表现，不致再危害社会的，应当及时提出解除安置教育的意见，报决定安置教育的中级人民法院作出决定。被安置教育人员有权申请解除安置教育。人民检察院对安置教育的决定和执行实行监督。安置教育的重点与难点就在于“社会危险性评估”，主要从以下三方面进行理解：

第一，评估的主体。根据《反恐怖主义法》第30条的规定，社会危险性评估的主体由评估对象所处的不同阶段而存在变化，罪犯服刑期间所在监狱、看守所是社会危险性评估的主体，罪犯被安置教育所在的安置教育机构是社会危险性再评估的主体。为保证安置教育和司法程序衔接的连续性，看守所应当对依法可能判处 3 年以下有期徒刑的恐怖活动、极端主义犯罪嫌疑人在侦查终结后即启动社会危险性评估，为法院判决提供参考。由于社会危险性评估需要回溯评估对象的诸多经历与行为，评估对象成长、生活、生产所在的基层组织、原办案机关均应积极配合评估主体的调查行动，且评估主体也应当尊重有关基层组织和原办案机关的意见。在安置教育解除程序中，危险性评估同样是必由之路，每满一年即由安置教育机构对其进行危险性评估，不具有社会危险性的，应当启动解除程序。[1]

第二，评估的内容。根据《反恐怖主义法》第 30 条的规定，社会危险性评估的内容包括犯罪性质、情节和社会危害程度，服刑期间的表现，释放后对所居住社区的影响等，只有通过对这些因素的综合考虑，才能作出最终的决定。

第三，评估的结果。社会危险性评估的作用在于为判断恐怖活动罪犯是否已经成功教育转化提供科学依据，做出的判断将决定被评估对象在刑满释放时是顺利回归社会还是应当继续进行安置教育；在安置帮教场所一年一度的社会危险性评估，也是为了判断被评估对象是否已经成功转化而可以解除安置教育。

（三）被害人救助方面

我国《反恐怖主义法》第 65 条规定："当地人民政府应当及时给予恐怖事件受害人员及其近亲属适当的救助，并向失去基本生活条件的受害人员及其近亲属及时提供基本生活保障。卫生、医疗保障等主管部门应当为恐怖事件受害人员及其近亲属提供心理、医疗等方面的援助。"具体可以从以下几方面进行理解：

1. 救助的主体。根据《反恐怖主义法》第 65 条的规定，恐怖

〔1〕 黄彬："恐怖活动罪犯与极端主义罪犯的社会危险性评估——基于再犯预防的视野"，载《华侨大学学报（哲学社会科学版）》2018 年第 2 期。

主义犯罪被害人救助主体一般为当地人民政府，即由政府对受害人员及其亲属提供生活保障，卫生、医疗部门一般只提供心理与生理治疗。

暴恐活动目标的不确定性决定了在发生暴恐事件后，很难找到合适的责任承担者。但是，不给予救助则会使得被害人承担巨大的心理和生理创伤，由此更加不利于社会稳定。政府的救助在某种程度上既是政府履行职责的表现也是社会风险防范的一种必要措施。暴恐活动目的的政治性也说明了由政府承担救助责任的应当性，恐怖组织实施恐怖活动就是为了实现其政治目的，对普通群众实施危害行为也是为了引起社会恐慌，从而给国家决策机构以压力。在这种情况下，由政府对被害人予以救助，不仅能够促进社会秩序的稳定和国家的安全，而且有利于在全社会营造和谐的社会氛围，从而为我国预防和打击恐怖势力提供了良好的保障。

2. 救助的对象。救助的对象包括直接被害人、间接被害人与泛化被害人。

第一，直接被害人。暴恐犯罪直接被害人，不仅指因暴恐行为而遭到伤害（无论精神或肉体）的被害人，还包括在恐怖袭击现场的专业技术人员与志愿者（无论精神或肉体），即因恐怖袭击、恐怖行为而遭遇伤害，不论是被恐怖袭击直接伤害的人，还是因职责或爱心在履行义务或实行帮助中遭遇伤害的人，都是恐怖主义犯罪的直接被害人。恐怖犯罪的直接被害人可能是个人、家庭、团体，甚至某一特定族群，一般都为随机选择。

第二，间接被害人。暴恐犯罪间接被害人，一般是指与暴恐犯罪直接被害人相关的群体，如家人、亲属、同事或朋友。暴恐犯罪的间接被害人虽没有因为恐怖犯罪而遭到实质伤害，但他们是距离暴恐犯罪直接被害人最接近的人，不仅仅是物理上的接近，同时是心理上最能感同身受的人。他们是幸存的直接被害人的支持者，需要专业的指导让他们能帮助直接被害人复健心身；同时，他们也是承担因暴恐犯罪而导致原本生活被破坏的主要群体。所以，对于这种间接的伤害我们也应该予以适当的救助。不仅是为了人文关怀，同时也是履行责任的表现。

第三，泛化被害人。泛化被害人主要包括两种，第一种是被恐怖犯罪威胁而感到恐惧的人群。恐怖主义犯罪行为之暴力性与对象之不特定性可能使得被影响之人感到恐惧，从而打乱自己原本的生活节奏，甚至屈从、满足恐怖分子所提出的某些政治要求。第二种是被恐怖犯罪吸引而产生好奇与盲从的人群。恐怖分子宣扬的行为亦有可能使人感到迷惑，从而质疑甚至推翻自己原本的价值体系，被恐怖主义宣扬的虚假价值带偏跑歪。恐怖主义泛化被害人是恐怖主义与反恐怖主义争夺的主要人群。该人群被拉拢、被煽动、被引诱、被教唆的可能都会是反恐怖斗争中的重要变因。[1]所以，国家要重点对这部分人员进行救助，以防止他们成为恐怖势力的新一轮助力。

3. 救助的内容。根据《反恐怖主义法》第65条的规定，受害救助的内容包括物质救助与心理救助。

第一，物质救助。物质救助涵盖了受害人救助的三个阶段：第一阶段是受害人受害期，指在恐怖事件发生的当时与恐怖事件刚刚结束的时期。在这一时期，受害人或者其近亲属刚刚受到伤害，其人身、财产、精神所受的重大损害需要政府给予及时的物质帮助和医疗急救援助。同时，也要及时将受害人员转移到安全的地方，避免出现再次被害的可能。第二阶段是受害人恢复期，指被害人在处于恢复、休养的时期。这一时期受害人基本已经冷静，因此是救助的黄金时期。当地政府应当承担受害人的医疗保障责任，对于失去

〔1〕 黄彬、贾宇："恐怖主义犯罪被害人保护体系研究——国际借鉴与本土路径"，载《中国人民公安大学学报（社会科学版）》2017年第2期。

亲人或者亲人处于重病的亲属人员，政府应当提供一定的救助金，保障他们的基本生活，让他们感受到国家对他们的帮助，防止亲属出现过激行为。第三阶段是受害人平复期，指在受害人恢复期结束后，帮助受害人及其亲属重新回到正常的生活轨道，这个过程应该是最困难的。受害人重新回到社会明显会感到与之前生活的落差，非常容易产生激愤心理和行为。这个时期政府的帮助至关重要，必须从各方面对受害人及其近亲属进行物质援助，保证其生活质量恢复到原始水平，循序渐进地帮助他们慢慢回归社会，减少这种落差感。

第二，心理救助，指对暴力恐怖事件中的受害者及其近亲属提供专业的心理干预和心理治疗。受害群众中最常见的心理问题是创伤后应激障碍（PTSD），指个体经历、目睹或遭遇到一个或多个涉及自身或他人的实际死亡，或受到死亡的威胁，或严重的受伤，或躯体完整性受到威胁后，所导致的个体延迟出现和持续存在的精神障碍。PTSD 的发病率数据报道不一，女性比男性更易发展为 PTSD，而且 PTSD 一般在精神创伤性事件发生后数天至 6 个月内发病，病程至少持续 1 个月以上，可长达数月或数年，个别甚至达数十年之久。该病症的特点决定了必须对受害人群进行心理干预与治疗，帮助他们克服心理恐惧，保障他们能重新面对生活。

根据纽约城市健康与卫生局的研究报告，在“9・11”恐怖袭击一周年前夕，70% 的美国人表示没有从心理创伤中摆脱出来。恐怖事件过去两三年后，有 35% 的受伤者遭受心理创伤的困扰，其中有 8% 的人发展为严重心理障碍。在“9・11”事件中受伤居民患创伤后压力综合征比例最高，达到 38%，而全美国创伤后压力综合征的平均比例仅为 4%。恐怖犯罪的残暴性对所有亲身经历者都是一段噩梦，尤其是受害群众及其亲属，他们一般很难从悲痛中走出来，所以加强对他们的心理疏导，引导他们重拾信心至关重要。另外，也不能忽视对泛化被害人的心理引导，防止他们出现盲目的崇拜情结，效仿恐怖分子行为。

四、国际合作现状

（一）政治方面

2013年~2017年，中国外交部网站正式公布的联合声明中有150份在声明中提到反恐合作，共涉及48个国家。

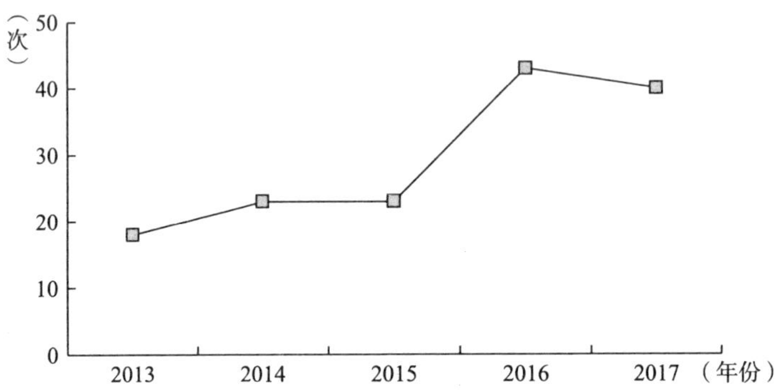

图7-1 我国与他国联合声明中涉及反恐合作次数变化图[1]

在提到反恐合作的150份联合声明中，与中国反恐合作最多的国家和国际组织主要有以下几个：上海组织成员国提到11次，俄罗斯提到11次，美国提到6次，巴基斯坦提到5次，吉尔吉斯斯坦提到5次，金砖国家领导人会议提到5次。在这5年间，这4个国家与2个国际组织每年都会与我国共同发布反恐方面的合作声明，也是与我国反恐合作最成熟的国家和组织。

（二）经济方面

资金链条是恐怖主义组织得以生存的命脉，所以切断恐怖组织的资金来源可以有效地遏制恐怖活动犯罪。在经济方面的反恐合作

〔1〕 数据来源于中国外交部，http://www.fmprc.gov.cn/web/ziliao_674904/1179_674909/default_1.shtml。

主要包括以下几方面：

第一，加入国际组织。2004 年 10 月，中国与俄罗斯、哈萨克斯坦、塔吉克斯坦、吉尔吉斯斯坦、白俄罗斯共同作为创始成员国在莫斯科成立欧亚反洗钱与反恐融资小组（EAG）；2007 年 6 月中国被接受成为金融行动特别工作组（FATF）的正式成员，可以参与制定国际反洗钱和反恐融资的规则。通过这两个国际组织，我国在金融反恐方面可以有效打击跨国的恐怖主义资助，以及一些国际恐怖融资。

第二，参加国际条约。2006 年 4 月 19 日，中国常驻联合国代表王光亚大使向联合国秘书长交存了中国参加《制止向恐怖主义提供资助的国际公约》的批准书。该公约于交存批准书之日后的第 30 日起对中国生效，并适用于香港和澳门特别行政区。除此之外，在“9·11”事件后，联合国又先后通过多项决议出台了一系列金融制裁措施。其中最具影响力的是第 1373 号决议，该决议细化了针对反恐融资的规定，对国际社会打击恐怖主义具有重要作用。

第三，与其他国家间的双向合作。国家之间的合作主要是签署反洗钱和反恐融资金融情报交流合作谅解备忘录，在信息收集、研判和相互协查等方面开展合作。如今已有 43 个国家与我国签署了备忘录，在反恐融资方面与我国展开合作，这为我国打击恐怖主义资金链条提供了有利条件。

（三）军事方面

恐怖组织的隐蔽性、跨国性决定了打击恐怖势力仅仅依靠公安机关远远不够，必须要联合军警，展开国际性的反恐合作。在军事方面的反恐合作，主要有以下几方面：

第一，进行联合反恐军事行动。2015 年至 2017 年，中国与相关国家共进行了 13 次反恐军事演练或者联合训练。其中，多边的军事合作 3 次，涉及的国家与国际组织有：美国、印度、巴基斯坦、孟加拉国、马尔代夫、斯里兰卡等国家以及上海合作组织。双边的军事合作10次，涉及的国家有：俄罗斯、蒙古、印度、巴基斯坦、哈萨克斯坦、塔吉克斯坦、沙特阿拉伯、老挝等。

第二，进行反恐军事会谈、交流。2016年中国与相关国家军事人员的会谈共78次，其中涉及反恐、“疆独”等话题的共17次。这17次会谈的国家分别是印度、巴基斯坦、孟加拉国、新西兰、尼泊尔、俄罗斯、马来西亚、阿富汗、印度尼西亚、塔吉克斯坦以及罗马尼亚。其中印度3次、巴基斯坦3次、阿富汗2次、孟加拉国2次。

（四）法律、文化方面

第一，法律方面。当前，联合国方面反恐国际公约包括《制止恐怖主义爆炸的国际公约》《制止核恐怖主义行为国际公约》《制止向恐怖主义提供资助的国际公约》《反对劫持人质国际公约》《关于制止危害民用航空安全的非法行为的公约》（蒙特利尔公约）《制止在为国际民用航空服务的机场上的非法暴力行为的议定书》《关于在航空器内的犯罪和其他某些行为的公约》（东京公约）《关于制止非法劫持航空器的公约》（海牙公约）《关于防止和惩处侵害应受国际保护人员包括外交代表的罪行的公约》《制止危及海上航行安全非法行为公约》《关于在可塑性炸药中添加识别剂以便侦测的公约》《关于国际恐怖主义的全面公约（草案）》。

区域性国际公约包括《上海合作组织反恐怖主义公约》《打击恐怖主义、分裂主义和极端主义上海公约》与《上海合作组织成员国组织和举行联合反恐演习的程序协定》。

我国与其他国家签订的双边协定包括《中华人民共和国和土库曼斯坦关于打击恐怖主义、分裂主义和极端主义的合作协定》《中华人民共和国政府和巴基斯坦伊斯兰共和国政府关于打击恐怖主义、分裂主义和极端主义的合作协定》《中华人民共和国和塔吉克斯坦共

和国关于打击恐怖主义、分裂主义和极端主义的合作协定》《中华人民共和国和哈萨克斯坦共和国关于打击恐怖主义、分裂主义和极端主义的合作协定》《中华人民共和国和吉尔吉斯共和国关于打击恐怖主义、分裂主义和极端主义的合作协定》《中华人民共和国和乌兹别克斯坦共和国关于打击恐怖主义、分裂主义和极端主义的合作协定》《中华人民共和国和俄罗斯联邦关于打击恐怖主义、分裂主义和极端主义的合作协定》与《中华人民共和国和俄罗斯联邦睦邻友好合作条约》等。

第二，文化方面。各国之间进行宗教方面的文化交流，实现对话与融合，发挥宗教的积极作用，克服极端主义，对于促进不同民族、不同文明与不同信仰间的和谐共处，维护世界和平具有重要意义。2016 年我国先后与埃及、孟加拉国、泰国、俄罗斯、德国、阿拉伯国家等国家和地区的宗教人士举行了亲切友好的会谈，从而共同引导宗教文化的健康发展，反对极端主义。2016 年 7 月，在新疆乌鲁木齐举行了伊斯兰教中道思想国际研讨会，并发表《倡导中道思想，反对极端主义》倡议书。

第二节　我国应对暴恐犯罪的不足

一、立法规定不全面、不明晰

为了应对暴恐犯罪，我国《反恐怖主义法》和“系列刑法修正案”确立了“防范为主、惩防结合、先发制敌、保持主动的原则”和“安全防范”等“预防性”内容。以《反恐怖主义法》和《刑法》为基本框架，我国形成了对恐怖活动违法犯罪行为行政处罚与刑事制裁相结合的格局。

在行政处罚方面，《反恐怖主义法》第 80 条至第 93 条规定了涉恐但尚不构成犯罪的违法行为的行为模式和行政责任；此外，对宣传教育、网络安全管理、物流领域安全管理、公共服务行业实名制、危险物品安全管理、反恐怖主义融资、城乡规划和技防、物防等领域也作出了规定。这些规定补强了《治安管理处罚法》《行政处罚法》等法律的空白或者碎片化的缺陷，进一步分流了刑法的防控压力。在刑事责任方面，通过《刑法修正案（三)》《刑法修正案（八)》《刑法修正案（九)》的不断具体化，基本形成了核心恐怖活动犯罪与周边恐怖活动犯罪并举、惩罚性与预防性处罚并用、内容规制与形态规制兼有的反恐罪名体系。

但是，随着不断的适用与检验，这种体系还是在实践中出现了诸多缺陷。

（一）罪名设置重合交叉

以典型恐怖活动的实施为分界，反恐犯罪可分为核心犯罪与周边犯罪。核心犯罪，即恐怖活动组织及成员实施的杀人、爆炸、绑架、放火、非法制造爆炸物、抢劫等犯罪，它们直接对国家安全和人民的生命、财产安全等造成了现实的危害；周边犯罪，是指为实施核心犯罪而展开的前期思想基础、人员准备、组织基础、物质基础、器物准备等，有助于核心犯罪实施、实现的准备、帮助的行为及状态持续的犯罪，包括宣扬、煽动实施、强制穿戴、非法持有、帮助、准备实施以及组织、领导、参加等行为模式，它们直接指向核心恐怖活动实施、实现前的场域。恐怖活动核心犯罪具有严重社会危害性和不可逆转性，对其入罪并没有争议，而对周边犯罪类型的规制理论界则一直存在不同的看法。一般而言，恐怖活动周边行为又可分为独立预备犯、独立帮助犯、组织类犯罪等，其处置规则存在相应的特殊规定。剖析立法与司法的对接，涉恐各罪基本都是采用“罪状描述+法律后果”的规定方式，形式清晰而实质模糊。

第一，组织类犯罪与独立预备犯明显重合。最高人民法院、最高人民检察院、公安部《关于办理暴力恐怖和宗教极端刑事案件适

用法律若干问题的意见》对组织、领导、参加恐怖组织罪的判断列举了8种行为判断标准，不仅包括了发起、建立恐怖活动组织，恐怖活动组织对组织及其日常运行负责决策、指挥管理的；组织策划、指导该组织成员进行恐怖活动的，以及纠集他人参加恐怖活动组织的；在恐怖活动组织中积极协助组织领导者实施组织、领导行为的；等等。结合新设的独立预备犯，上述组织、领导、参加恐怖组织罪的判断内容几乎囊括了准备实施恐怖活动罪，宣扬恐怖主义、极端主义、煽动实施恐怖活动罪，非法持有宣扬恐怖主义、极端主义物品罪的行为内容，这些内容存在高度重合。

第二，独立预备犯之间存在明显交叉。准备实施恐怖活动罪，宣扬恐怖主义、极端主义、煽动实施恐怖活动罪，非法持有宣扬恐怖主义、极端主义物品罪中，“组织恐怖活动培训”与“以制作、散发宣扬”“通过讲授、发布信息等方式宣扬”“煽动”之间存在重合。

第三，独立预备犯与独立帮助犯明显交叉。新增的准备实施恐怖活动罪行为之一是“为实施恐怖活动准备凶器、危险物品或者其他工具”。新增的帮助恐怖活动罪，一方面存在对核心恐怖活动犯罪、预备行为的帮助，另一方面《刑法》明确“帮助”的形式为“资助”和“招募、运送人员”。

反恐罪名的重复交叉使准确定性问题凸显，产生了如何把握周边恐怖活动行为犯罪之间及其与后续核心恐怖活动行为犯罪关系的困惑。这种困惑，一方面，源于仓促引入“预防性”理念使行为类型化不够，导致“重复评价”问题的激化；另一方面，即使认同“法即正义”，在立法技术和处置原则上，罪名间的关系处置也不清晰。[1]

（二）行刑定量配置不明晰

《反恐怖主义法》《刑法》和其他160余部与反恐相关的维护国

---

〔1〕 梅传强、李洁：“我国反恐刑法立法的‘预防性’面向检视”，载《法学》2018年第1期。

家安全、公共安全、社会秩序以及治安保卫、安全管理、安全生产的法律、行政法规，一起形成了当下的行刑定量配置的格局。《反恐怖主义法》第80条规定了4种宣扬恐怖主义的违法行为，第81条规定了10种利用恐怖主义危害公共安全、扰乱公共秩序、侵犯人身财产、妨害社会管理的违法行为，《刑法》规定了7个与恐怖活动直接相关的罪名。在违法状态或罪状的描述上，特别是在宣扬恐怖主义，煽动实施恐怖活动，非法持有宣扬恐怖主义的物品，强制他人在公共场所穿戴宣扬恐怖主义的服饰、标志以及帮助恐怖活动中，《反恐怖主义法》与《刑法》高度一致，加之并未出台相关的细化规定，仅在行政责任的规定中加入"情节轻微，尚不构成犯罪"或者在刑事责任的规定中加入"情节严重"的概括性描述，很容易在实践操作中引发困惑。这种规定给了法官相当大的自由裁量权，使得在具体案例的判罚中各地法官对于触犯恐怖主义罪名的罪犯所科处的刑罚有所不同，这种情况很容易在现实中引发争议。

在我国《刑法》规定的恐怖主义类型犯罪中，许多罪名在刑罚定量方面很难达到统一，这与法律对罪名的规定有很大的关系。比如利用极端主义破坏法律实施罪，强制穿戴宣扬恐怖主义、极端主义服饰、标志罪，在遇到这类案件时，刑罚定量配置的模糊直接影响了案件定性的妥适性。法官在面对这种模糊性规定时，都是依据自己的经验去进行判断，但由于恐怖主义犯罪的神秘性以及罪名的新颖性，很多法官在这方面都没有充足的经验，由此导致法官对案件的处理没有达到预期的效果。

二、司法程序不健全

司法程序合法公正，不仅可以保障公民的合法权利免受侵犯，而且可以在一定层面上保护犯罪嫌疑人的基本权利，确保司法结果的公平公正。当前我国在针对恐怖犯罪的司法程序方面，主要存在

以下三个缺陷。

（一）侦查程序不完善

在全球恐怖主义态势严峻的情况下，为了预防和打击恐怖主义势力，侦查机关合理地行使侦查权是必须的，这对建设和维护和谐社会不可或缺。在行使该权力的过程中，势必会出现权力与各方利益的冲突，这需要我国制定相关对策予以平衡。在侦查程序的运行中，我国主要体现出如下几点不足：

第一，侦查协作缺乏明确规定，协作意识不强。相关部门之间的协作对于打击流动性强的恐怖组织与恐怖分子十分重要。目前，我国公安部门虽然专门补充了“办案协作”的内容，明确规定了协作双方的权力和义务，但这些规定也仅是概括性的规定，对于如何细化和衔接各部门的任务并没有详细的、操作性的规定。除此之外，由于有些侦查人员法律观念不强等各方面的原因，在刑事案件侦查中的侦查协作难以正确进行，尤其对于恐怖主义案件这样较为特殊的案件类型，侦查协作更加难以实施。恐怖主义案件的跨区域侦查协作中，与当地的公安部门协作是侦破恐怖主义案件的基础，在协作中获取相关情报、控制重点人员、实施网上追逃等具有很大的意义。但是，各部门侦查人员的学历层次、法律知识、工作经验、业务素质等各方面参差不齐，侦查人员的整体素质偏低，专业性不强，对侦查协作的认识不足，对恐怖主义案件的认识不足，对恐怖主义案件的侦查协作工作的积极性不高，很大程度上影响了侦查协作的顺利进行。[1]

第二，特别侦查措施运用随意，可能不利于公民权利保护。恐怖组织和人员的隐蔽性与高危险性，决定了在对恐怖类型案件进行侦查的过程中，不可避免地要使用特殊的侦查措施。例如，查询一些可疑人员的个人信息、窃听可疑人员的通讯、电子监控可疑人员

〔1〕 唐秀梅：“论恐怖主义案件的侦查协作”，载《辽宁警察学院学报》2015年第5期。

的行动以及根据情况安插卧底等。但实际操作中，由于我国对控制恐怖主义犯罪的偏重，特别侦查措施缺乏有效配套的监督与审查机制。这就导致在司法实践中，侦查权的运行通常偏向于预防和打击犯罪，而对公民的基本权利的保护重视不够。

（二）恐怖组织、人员认定程序不完善

中国目前采取了恐怖活动组织和人员司法、行政认定并行的“双轨制”，在科学配置国家权力的同时，能够兼顾反恐怖工作的公正与效率。但当前制度依旧存在许多不足之处，使得司法机关在现实应用的过程中可能遇到诸多不便。

第一，我国当前的立法对行政认定如何审核证据没有明确的规定。我国《反恐怖主义法》第二章只是规定了启动的方式、认定的机关和救济的办法，对于如何审核相关的认定证据却没有明确的规定，这给了行政机关很大的自由裁量权，具体而言，就是赋予了反恐怖主义工作领导机构很大的权力。由于在认定的过程中，行政机关不会对相关的证据进行合法性审查，所以出现非法证据，以及使用非法证据的情况必然不可避免，这就违背了我国程序正当的原则。

第二，认定的恐怖组织与人员名单的有效期间没有明确规定。我国公安部至今共公布过三批恐怖组织、恐怖人员名单（见表7－1）。[1]通过对三次名单的对比，我们发现三次公布的内容有相同之处，也有不同之处，那我们在当前应该以哪一批的认定为最终版本呢？那些在后来认定中被排除的恐怖活动人员与组织，还是我国认定的恐怖活动组织、恐怖活动人员吗？2012年认定的第三批恐怖活动组织和人员是否还符合当前我国恐怖形势？如果不解决这些问题，对于公民正确认识恐怖活动组织、恐怖活动人员可能会造成一些困惑与误解。因此，国家应该对这些问题予以明确。

---

〔1〕郭永良：“论对恐怖活动组织和人员的行政认定”，载《安徽商贸职业技术学院学报（社会科学版）》2015年第2期。

表 7－1　我国对恐怖活动组织和人员的行政认定情况

认定时间	认定及公布主体	认定程序	认定标准	认定背景
2003. 12. 15	公安部认定并召开新闻发布会通报	“严密审慎的认定、甄别和审核”	认定恐怖组织的具体标准是：（1）以暴力恐怖为手段，从事危害国家安全，破坏社会稳定，危害人民群众生命财产安全的恐怖活动的组织（不论其总部在国内还是国外）。（2）具有一定的组织领导分工或分工体系。（3）符合上述标准，并具有下列情形之一：①曾组织、策划、煽动、实施或参与实施恐怖活动，或正在组织、策划、煽动、实施或参与实施恐怖活动；②资助、支持恐怖活动；③建立恐怖活动基地，或有组织地招募、训练、培训恐怖分子；④与其他国际恐怖组织相勾结、接受其他国际恐怖组织资助、训练、培训、或参与其活动。	“9·11 事件发生后，联合国通过了第 1373 号决议，要求联合国成员采取有效措施认定、甄别、打击恐怖组织和恐怖分子。中国依照联合国反恐决议，积极履行国际义务。”
2008. 10. 21		“经国家反恐怖工作领导机构依法认定”	认定恐怖分子的具体标准是：（1）与恐怖组织发生一定的联系，在国内外从事危害国家安全和人民群众生命财产安全的恐怖活动的人员（不论其是否加入外国国籍）。（2）符合上述条件，并具有下列情形之一：①组织、领导、参与恐怖组织；②组织、策划、煽动、宣传或教唆实施恐怖活动；③资助、支持恐怖组织和恐怖分子进行恐怖活动；④接受上述恐怖组织或其他国际恐怖组织资助、训练、培训或参与其活动。	“经国家反恐怖工作领导机构依法认定”

续表

认定时间	认定及公布主体	认定程序	认定标准	认定背景
2012.04.06	国家反恐怖工作领导机构认定、公安部公告	"经国家反恐怖工作领导机构依法认定"	恐怖活动是指以制造社会恐慌、危害公共安全或者胁迫国家机关、国际组织为目的，采取暴力、破坏、恐吓等手段，造成或者意图造成人员伤亡、重大财产损失、公共设施损坏、社会秩序混乱等严重社会危害的行为，以及煽动、资助或者以其他方式协助实施上述活动的行为。恐怖活动组织是指为实施恐怖活动而组成的犯罪集团。恐怖活动人员是指组织、策划、实施恐怖活动的人和恐怖活动组织的成员 。	进一步打击"东突"恐怖势力，掌握"东伊运"恐怖活动组织部分成员确凿犯罪证据。

（三）诉讼程序不科学

当前，我国刑法及其修正案在实体法层面对恐怖主义犯罪作了规定，《反恐怖主义法》则为我国反恐工作开展提供了坚实法律支撑。2012年我国修改《刑事诉讼法》，虽对恐怖活动犯罪在程序上作了一些特别规定，但较之严峻的反恐形势和国外成熟的程序立法经验，我国尚有进一步完善之必要。

第一，程序性规定不具体，可操作性弱。如《刑事诉讼法》第64条规定恐怖活动犯罪案件中，证人、鉴定人和被害人作证危及本人或近亲属安全的，公检法机关都有人身保护的职责，但若其不予保护或保护不及时，《刑事诉讼法》则没有赋予法定主体相应的救济权利，这即是立法之疏。因为在恐怖犯罪中，犯罪分子往往是狂热极端的宗教分子，而对他们进行指证的证人可能是左邻右舍，也可能是普通群众，要说服这部分人出庭作证，就必须对他们及他们的亲属进行全面的保护，让他们可以没有后顾之忧。又如，第150条规定了对恐怖活动犯罪技术侦查的适用，但却未能明确技术侦查的具体内容，这就使其可操作性大打折扣。如前文所提到的，技术侦查措施的应用对于侦查恐怖主义犯罪必不可少，但也要谨慎用之，必须对使用的主体、范围以及相关权责予以明确规定，防止干涉公民正常生活和侵犯人权的情况出现。

第二，缺乏系统的反恐怖主义犯罪程序规范。我国目前没有系统化的反恐犯罪程序规范，导致一般犯罪和恐怖主义犯罪等重大复杂案件诉讼程序趋同化，难以满足后者在侦查手段、强制措施、司法证明等方面的特别需要。我国2012年修改《刑事诉讼法》虽对恐怖活动犯罪的特殊性投以了关注，但仍难以满足反恐斗争的需要。[1]

---

〔1〕 谢波："我国恐怖主义犯罪诉讼程序法治化问题探讨"，载《中国人民公安大学学报（社会科学版）》2016年第1期。

三、防范措施不完善

在当前全球恐怖形势严峻的情形下，打击只能解决表面存在的问题，要想逐步消灭恐怖势力，必须从防范措施方面加强制度、机制建设。我国当前在防范方面存在如下问题。

（一）反恐情报及预警体系面临的问题

第一，情报组织体系不够完善。组织体系是整个情报系统得以运行的重要基础，目前，我国还没有建立全面、独立和专业的反恐情报组织体系，反恐情报工作与普通公安情报工作相互交叉，这是反恐情报各方面工作的开展遇到掣肘的重要因素之一。同世界主要发达国家相比，虽然我国相对较早建立了反恐情报机制，但在反恐情报的组织机构建设和整体研究等方面还较为落后。近年来，我国逐步完善了情报反恐体系，成立了国家反恐怖工作协调小组，由公安部、外交部、国家安全部、武警等单位组成，统一领导全国的反恐工作；省级反恐机构则由省、自治区公安厅、国家安全厅、武警总队等单位共同组成。但这些机构之间及各机构相关部门之间具体反恐职责存在交叉、权责划分不清等情况，相互间的协调合作也缺少制度化和法制化的渠道，在反恐情报的收集、共享、侦测等方面存在各自为政的现象，这种“自管自用”的工作方式难以适应现代反恐工作的需要，不利于反恐活动及时高效进行，甚至存在各机构、各部门之间隐瞒情报、漏报情报的现象。情报体系内部缺乏交流和信息共享，难以共同应对恐怖威胁。[1]在这种无体系的情况下，不仅不能形成“反恐”的合力打击，而且还可能对打击形成阻力，妨碍反恐工作的顺利开展。

---

〔1〕柏枫：“大数据背景下反恐情报机制的建立与完善”，载《广西警察学院学报社会科学版》2018 年第 1 期。

第二，缺乏专业的情报研判系统与人员。情报的研判本身就是一种非常专业的技术，加之恐怖主义活动的作案动机比较复杂、目标设定随意、行动隐蔽，这些特点决定了反恐情报部门必须掌握准确、真实、可靠的情报，才能有效打击和预防恐怖袭击。当前，中国反恐数据的收集依旧很大程度上依赖于人工，很容易受到各种复杂环境的制约，投入成本较大，收集的途径和水平还存在诸多不足。而且在大数据背景下，反恐信息和普通信息交汇混杂，信息量大，且信息中难免存在一些错误或虚假信息。我国当前并没有专业的情报研判人员，在反恐情报的研判方面专业人员更是少之又少，多数人员情报实战应用能力不强，不能很好地利用公安情报信息平台进行情报的碰撞比对、对嫌疑人员的摸排，无法从海量的信息中挖掘出情报线索。情报分析研判不到位，致使情报信息碎片化，无法识别，大量情报丧失了实战应用价值。2014 年“3·01”事件中，暴恐分子曾经在云南多地的宾馆、出租屋住宿，民警清查后将采集的信息录入当地反恐数据平台，但未及时录入“大情报”平台，因而难以全面分析研判形成预警。2014 年 2 月底，恐怖组织中 3 人身份不明携带管制刀具入住宾馆被当地警方控制，警方对其审查后，未获得恐怖组织策划就地“圣战”的线索。[1]专业研判系统和人员的缺乏，不仅使我国在一定层面丧失了反恐主动权，而且也不利于我国预防恐怖活动。

第三，缺乏情报共享与预警系统。反恐情报来自对反恐信息的分析加工，而反恐数据信息的质量是保证反恐情报准确、可靠的关键因素。但从中国目前的情况来看，并没有专门的、能在全国范围内共享的反恐数据库，尽管各情报机构和部门都存在一定数量的情报信息，但由于情报工作缺乏统一规范，数据库的研发实力等方面

---

〔1〕 闵剑：“我国反恐情报体系的构建”，载《河南警察学院学报》2018 年第 3 期。

存在差异，情报人员的能力水平参差不齐等原因，部门之间收集和储存的数据信息差别较大，甚至同一事件的信息都可能存在差异。信息共享程度较差，直接影响到反恐的效率，导致我国难以应对目前严峻的反恐形势。另一方面，反恐情报的共享情况影响着反恐预警系统的整体效率，建立反恐预警机制的第一步就是要有准确可靠的情报，然后对情报进行大数据分析。我国现存的情报收集系统是联合国安、公安、金融、海关及武警等部门进行的，这些分部门直属上一级部门。因为在数据收集方面，各分部门之间是平级的，所以会由于没有一个情报汇总部门，而使得整个信息的利用是不平衡、不充分甚至不全面的。我国当前的反恐体系虽然由国家反恐怖工作协调小组统一领导，由包括外交部、公安部、国家安全部、武警等部门组成，但在反恐职责上，各部门分工不够清晰，机构之间的合作机制缺乏多元的沟通渠道，主次不清，没有凸显情报及预警的重要作用。这一体制难以适应当前日益迫切的反恐需要，且我国在恐怖事件的预警与侦测方面仍然沿用传统的情报工作手段，因此难以应对迅猛发展的恐怖活动威胁。[1]情报共享与预警在预防和打击恐怖活动方面的作用是不言而喻的，所以这方面的缺陷也是我国当前亟需解决的。

（二）社会处理与引导方面存在缺陷

第一，对公众的社会宣讲不充分。我国在宣讲方面主要有两个缺点：其一，宣讲的地域范围小，局限于西北地区。尤其是在南方经济发达的区域，大部分民众对恐怖主义的理解仅仅来源于电视、网络，导致很多人对新疆所采取的反恐政策有诸多猜疑和反对，有的甚至同情恐怖分子，这种倾向对于我国是十分危险的，所以必须通过宣讲让其了解我国当前真实的恐怖形势。其二，宣讲的内容范

〔1〕 陈晨：“建立有中国特色的反恐预警机制”，载《中国检察官》2017 年第 21 期。

围窄，大部分地区主要是宣讲反恐怖法的相关内容和具有恐怖主义倾向的表现等，很少拓展到关于恐怖主义、极端主义其他方面的内容，这在一定层面使得我国大部分民众对恐怖形势的理解也局限于此，对于超出此范围之外的情况往往不会予以警惕。但近几年极端主义思想对我国的渗透已经不再仅仅局限于新疆，他们开始将目标指向我国的中心城市与发达城市，并且在人员选择上开始向高校学生渗透。很多学生由于在认知上不了解“恐怖主义”的概念，受到有心之人的鼓动后，毫无防备地被利用，成为他们再次传播或实施恐怖活动的工具。

第二，缺乏与民众的协作。预防暴恐活动工作是复杂的、艰巨的，单纯依靠国家力量和专门队伍难以全面奏效。因此，人民群众和社会力量在应急处置工作中的重要作用不容忽视，国家应当将社会动员作为处置工作的重要部分。《反恐怖主义法》第 8 条规定：“有关部门应当建立联动配合机制，依靠、动员村民委员会、居民委员会、企业事业单位、社会组织，共同开展反恐怖主义工作。”但是如何动员，以何种方式、何种程序动员，被动员的力量由谁统一指挥，立法都并未明确规定。而事实上，当前我国人民群众和其他社会力量对暴恐活动及其危害的认识还比较模糊，对暴恐活动应急处置工作的重要性认识不足，参与处置工作的积极性不高；另一方面，即使人民群众和社会力量参与了处置工作，政府部门应如何支持、引导、发动，发生安全问题如何保障等问题还有待完善。总体来说，我国当前社会力量参与处置工作的水平不高，实际作用发挥得不好，还没有形成动员全社会力量打击暴恐活动的合力。[1]

---

〔1〕 杨正鸣、胡裕岭：“法治视野下我国暴力恐怖犯罪活动应急处置问题研究”，载《犯罪研究》2016 年第 4 期。

第八章　我国暴恐犯罪对策的完善与展望

目前，我国在应对暴恐犯罪方面已进行了诸多尝试与努力，尤其是在前几年暴恐犯罪最为猖獗的新疆地区，当地政府已经采取了各种标本兼治的措施，基本遏制了暴恐犯罪的高发态势，目前已经形成了一套较为完整有效的反恐工作体系。[1]但是，我们也应当看到，我国目前的反恐工作体系还有一些不足之处，制度设计及执行上瑕疵犹存，部分地区的反恐体系还不够健全，应针对此类问题，着力完善。

第一节　我国应对暴恐犯罪的基本原则

2015年通过的《反恐怖主义法》明确规定了我国反恐工作的基本原则。这些原则“上承宪法关于安全与人权的总体规范，下系反恐怖主义具体领域的法律制度，……对打击和防范恐怖主义具有指导和规范意义”[2]；是我们建立、完善、执行各项反恐制度的指导

---

〔1〕根据王牧教授的观点，应对某一犯罪主要包括两种手段，一是预防；二是打击，而以预防为主，打击为辅方为长久之策。我国的应对暴恐犯罪工作也坚持这一点，形成了一套反恐怖主义工作体系。因此，需要说明的是，此处及下文的“反恐”不仅包含对暴恐犯罪的打击，同样包括对暴恐犯罪的预防。

〔2〕贾宇主编：《中国反恐怖主义法教程》，中国政法大学出版社2017年版，第34～55页。

思想。《反恐怖主义法》中确立了我国反恐工作的八个基本原则，这些原则在实践中的作用各不相同，有的侧重于宣示性的作用，比如，反对一切形式的恐怖主义原则以及不妥协原则，更多的是表达我国对待恐怖主义的基本态度与立场；而有些则侧重于对反恐工作方法与工作思路的指导，如综合施策、标本兼治原则与专门工作与群众路线相结合原则等。因本课题是要探究如何应对暴恐犯罪，探讨如何建立更适应当前反恐形势的反恐制度，因此，我们将在此处注重介绍后一类基本原则，以期成为我国完善反恐工作制度的指导思想。

一、综合施策、标本兼治原则

我国《反恐怖主义法》第4条规定："国家将反恐怖主义纳入国家安全战略，综合施策，标本兼治，加强反恐怖主义的能力建设，运用政治、经济、法律、文化、教育、外交、军事等手段，开展反恐怖主义工作。"

（一）综合施策、标本兼治原则的确立

可以说，综合施策、标本兼治的原则正是我国在对恐怖主义犯罪的特征及我国应对暴恐犯罪的历史经验教训的认识、总结之后确定的，是符合反恐怖主义工作规律的。这一原则的确立主要基于以下几个方面的原因：一是暴恐犯罪的产生与发展是多种要素作用下的结果。正如在"我国暴恐犯罪原因分析"一章中阐释的那样，暴恐犯罪受思想、媒体、经济、政治、社区、家庭、教育、国际等众多要素的影响，而且各个要素之间有着复杂的逻辑关系，且对暴恐犯罪的影响大小也各不相同。针对暴恐犯罪的这一特征，就必然要集合全社会各个方面的要素，共同努力，形成一套完整的应对暴恐犯罪的体系。二是暴恐犯罪的表现形式多样，包含了绑架、破坏、恐吓等多种活动，对其的应对方法也要分类思考，不能一概而论。三是暴恐犯罪的危害面广，既威胁国家主权、统一，危害国家安全，

也危害世界和平与发展。其对国家安全的威胁，包括社会安全稳定，公民人身财产安全等传统安全领域，以及科技、文化、信息等非传统安全领域。四是长久以来，我国应对暴恐犯罪更加侧重于对暴恐犯罪人的严厉打击、加强社会治安管理等治标之策，对暴恐犯罪产生的思想根源并没有进行有效的治理，如此治标而不治本的措施很难从根源上打击暴恐犯罪。

暴恐犯罪的以上特点决定了应对暴恐犯罪决不能单单从一个方面入手，我们必须要改变之前的做法，针对各个方面的问题，采取全面的措施，标本兼治，应对暴恐犯罪。例如，针对暴恐犯罪的思想原因，我们要消除极端思想的土壤、隔断极端思想的传播渠道、消除极端思想的实施环境，全面消除宗教极端思想与民族分裂思想的影响。

（二）综合施策、标本兼治原则的内容

综合施策、标本兼治原则是指“反恐怖主义斗争就是要总结运用多种政策，查处恐怖主义活动和治理恐怖主义根源两方面同时进行，既要解决恐怖主义的‘标’的问题，又要从根本上杜绝恐怖主义的产生”[1]。所谓“综合施策”，就是指在对恐怖主义滋生蔓延的原因及其活动规律特点进行宏观综合分析的基础上，把防范应对、打击暴恐犯罪以及防止极端思想的滋生蔓延等作为一个系统工程，扎扎实实做好当前及长远的各项工作。另外，反恐怖主义工作也要“标本兼治”。治标，就是要严厉惩治恐怖活动，取缔恐怖活动组织，防止和消除恐怖主义的现实活动和危害。治本，就是要消除恐怖主义滋生和存在的根源和土壤。治标和治本是一个问题的两个方面，要双管齐下，不能偏废，同时要坚持重在治本，做扎实细致的工作。因此，应对暴恐犯罪既是一项紧迫的任务，也是一项长期的工作，

---

〔1〕 贾宇主编：《中国反恐怖主义法教程》，中国政法大学出版社 2017 年版，第 34～55 页。

不可能毕其功于一役，必须做好长期斗争的准备，坚持立足当前，着眼长远，一手抓专项打击，一手抓源头治理。

二、专门工作与群众路线相结合原则

（一）专门工作与群众路线相结合原则的确立

2014 年，习近平总书记在谈及我国的反恐斗争时曾指出，“要建立健全反恐工作格局，完善反恐工作体系，加强反恐力量建设，要坚持专群结合、依靠群众，深入开展各种形式的群防群治活动，筑起铜墙铁壁，使暴力恐怖分子成为‘过街老鼠，人人喊打’，……要打好反恐人民战争”[1]。重视群众工作，坚持“从群众中来，到群众中去”的工作方式一直是我国共产党的优良传统，将群众路线运用到反恐当中，强调民众在反恐工作中的积极参与，是我国反恐工作的特色与优势。正是在这样的背景之下，我国提出了“全民反恐”战略。

2016 年 11 月 29 日，国家反恐工作领导小组、公安部联合召开全国视频会议，部署当前和今后一个时期的反恐怖工作。时任国务委员、国家反恐怖工作领导小组组长、公安部部长郭声琨强调，“要广泛动员人民群众，着力提升全社会防恐反恐意识和能力，重奖抓获重要涉恐在逃人员和提前打掉暴力恐怖团伙的单位和个人，切实打好反恐人民战争”[2]。而所谓“全民反恐”的一个重要内容就是要建立“专群结合”的反恐机制。在公安机关的主导下，新疆墨玉县万名民众围捕暴恐分子、新疆皮山县民众协助警方抓捕暴恐分子等都是“专群结合、专业主导”方针在我国反恐实践中的极好例证。

---

〔1〕“习近平：要使暴力恐怖分子成为‘过街老鼠人人喊打’”，载新华网，http://www.xinhuanet.com/politics/2014-04/26/c_1110426869.htm，最后访问时间2018 年8 月2 日。

〔2〕郭声琨：“扎实细致抓好反恐怖斗争各项工作，着力营造持续安全稳定的社会环境”，载中国政府网，http://www.gov.cn/guowuyuan/2016-11/29/content_5139980.htm，最后访问时间：2018 年8 月5 日。

（二）专门工作与群众路线相结合原则的内容

“专群结合”工作机制的完善与实施必须要坚持以下思路：

第一，坚持以专业主导。“专群结合”的机制并不意味着专业力量与民众在反恐工作中是平起平坐、相互牵制的关系，其一定是以专业力量为主导的，两者的关系为“专业机关主导、民众参与”；“专业力量是反恐的主导力量，必须要带动、管理群众的力量”，而且一旦专业力量“没有正确的引导和管理，（群众）很容易进入无序和混乱状态，群众的反恐力量很可能在内耗中消失殆尽”；反恐工作的专业力量在提高自身反恐能力的同时，也应承担其提高民众反恐能力的责任，形成一个相互补充、相互促进的反恐体系。[1]

第二，坚持群众的参与。长期以来，各国的反恐经验反复证明，仅仅依靠专业力量，脱离群众进行反恐工作是远远不行的，唯有民众参与下的反恐工作才能在全社会形成“反对暴恐活动的巨大合力”。而民众在反恐工作中的作用主要可以体现在以下两个方面：一方面，促进反恐怖社会氛围的形成。反恐不能留有死角，反恐怖社会氛围的培养和形成有赖于反恐专门机构的宣传和广大民众的配合。只有广大民众接受了反恐的理念，并自觉参与到反恐的行动中来，才能形成郭声琨所称的“全民参与、群防群治的反恐格局”。另一方面，群众可以在需要大量人力的细节性、全面性、根本性、长期性的具体领域加大参与力度，如安全防范、情报信息、“去极端化”等方面都是需要民众大量参与的。要通过人民群众的支持和广泛参与，全面细致地做好安全防范、情报信息、调查等反恐怖主义工作，真正做到让敌人无隙可乘。因此，在坚持充分发挥专门机关作用和职能的同时，广泛动员、组织、依靠广大人民群众，发挥全社会力量的积极性，才能真正做好反恐怖主义工作，取得反恐怖主义斗争的

---

〔1〕参见王林：“关于‘全民反恐’战略提法的几点思考”，载《北京警察学院学报》2017年第3期。

真正胜利，切实维护国家安全、公共安全、人民生命财产安全。

第三，各级政府要为专门力量与群众的合力反恐创造条件。一方面当地政府要采取各种措施促进专门机构与民众之间的交流，消除两者之间的合作障碍，不断提高双方的反恐合力。另一方面要做好反恐宣传等工作，为民众参与反恐提供条件。要大力揭批暴力恐怖、宗教极端违法犯罪反人类、反社会、反文明的真实面目，宣示党和政府绝不妥协、绝不姑息的鲜明态度，在全社会形成谴责暴恐、支持反恐的舆论氛围；要加大面向群众的反恐怖主义宣传教育力度，着力争取民心，强化基层基础，引导群众坚决抵制暴力恐怖活动和宗教极端思想，自觉维护社会稳定和民族团结。

第四，坚持专门工作与群众路线相结合原则应避免的两种错误倾向。专门工作与群众路线相结合原则在实践中最大的难度就在于正确处理两类主体在反恐工作的关系。如果这两者的关系处理不当，就很容易导致以下两种错误倾向：一是“精英反恐”，即认为反恐是极其专业的领域，需要专业的设备和经过专业培训的人员，普通民众不具备专业的能力、意识和设备，不应被赋予反恐的“参与权”；二是“泛化的民众反恐”，即认为反恐要打完全的“人民战争”，普通民众是反恐的主力军，专门机关和专业人员是为民众服务的，普通民众在反恐中发挥主导性作用，反恐呈现“泛化”趋势。[1]

三、防范为主、惩防结合原则

（一）防范为主、惩防结合原则的确立

正如上文所说，反恐工作其实包含着两个部分，一个是防，另一个是惩。所谓“防”就是预防，即通过采取各种措施防止暴恐犯罪的发生，“去极端化”措施、网络管理、重点目标的管理等属于安

〔1〕参见王林、张金平：“‘专业主导’的‘专群结合’反恐怖机制研究”，载《新疆警察学院学报》2017年第2期。

全防范工作。所谓“惩”就是惩处、惩罚，即在恐怖活动发生后，采取军事、法律等强力手段对暴恐犯罪人进行严厉打击。而防范为主、惩防结合的原则就是对这两方面工作关系的总结。

（二）防范为主、惩防结合原则的内容

第一，暴恐犯罪的预防工作应当是我国反恐工作的重点。恐怖活动组织和人员为了达到他们的目的，往往无所不用其极，如果不积极防范，将恐怖活动消灭在萌芽阶段或者行动之前，一旦恐怖活动得逞，即使最终对恐怖活动组织和人员进行了惩治，对社会和人民群众所遭受的影响甚至损失也难以挽回。因此，面对恐怖活动，我们首要的是完善安全防范措施，做好安全防范工作，使恐怖活动组织和人员无隙可乘。安全防范工作要常抓不懈，要像防台风一样，宁愿十防九空，也不能漏掉一次。在《反恐怖主义法》中，关于安全防范制度的规定共有 26 条之多，占《反恐怖主义法》总条文的 1/5 以上，可谓是该法的重要部分，这也从侧面反映出“防范为主”原则的重要性。这些条文总共规定了十项制度，可以大致分为四个方面：一是强化基础防范措施，包括宣传教育，网络安全管理，安全查验和实名制管理，危险物品管理，反恐怖主义融资等；二是消除极端思想措施，包括帮教、刑罚改造和安置教育等矫正教育措施；三是重点目标的防范措施；四是国（边）境管控和境外风险防范措施。[1]这一系列的反恐安全防范措施和制度，形成了全方位立体式社会防控体系。

第二，要坚持惩防结合。要在有效防范的基础上，对恐怖主义和恐怖活动给予严厉打击。需要注意的是，惩治和防范工作是可以相互转化、相互促进的。通过有效的安全防范工作，可以及时发现恐怖活动组织、恐怖活动人员及其实施恐怖活动的阴谋，及时予以

---

〔1〕 参见贾宇主编：《中国反恐怖主义法教程》，中国政法大学出版社 2017 年版，第 50 页。

追究惩治；通过严厉打击惩治，可以有效打击恐怖主义的嚣张气焰，预防和减少恐怖活动；并且，在惩治过程中，可以进一步总结经验，发现问题，及时完善安全防范工作。

四、先发制敌、保持主动原则

先发制敌、保持主动原则的确立是由暴恐犯罪的特征决定的。暴恐犯罪往往会造成巨大的人身伤亡与财产损失，随之而来的就是整个社会的震动与恐慌。因此，我们的反恐工作不能仅仅在暴恐犯罪发生后对犯罪人进行打击，而是必须要先发制敌。我国《刑法》最近几次修改将恐怖主义预备行为规定为正犯，就体现了这一原则。

开展反恐怖主义工作，要“敌未动我先动”，采取积极的制敌措施，打好反恐怖主义的主动仗。在不断完善安全防范措施，防止恐怖事件的前提下，要不断提高反恐怖主义斗争的能力和技术，完善反恐怖主义情报信息制度，主动开展情报信息、调查等工作，通过收集、分析、研判、预警等措施，及时获取恐怖活动的动态和信息。对恐怖活动组织和人员，不待其养成气候，要直接采取主动准确的出击措施，使用包括司法、军事等在内的一切手段，出重拳、下重手，坚决打掉暴力恐怖分子的嚣张气焰，真正彻底消除恐怖主义，维护国家安全、社会安全和人民生命财产安全。

五、法治原则

（一）法治原则的确立

针对目前我国暴恐犯罪的严峻形势，我们可以基于各种思路、各种战略来预防与打击暴恐犯罪。但是，这一切的思路、战略、方法、制度等都必须要坚持法治原则，这是我们根治恐怖主义的基本前提。所谓法治原则就是“按照现代法治的理念、原则、精神和逻辑予以分析，依照相关法律规定和法律程序予以处理与解决，追求对恐怖主义犯罪活动的标本兼治”[1]。我国《反恐怖主义法》“全面系统规定了我国反恐怖工作的体制、机制、手段、措施，标志着我国反恐怖工作步入法治轨道。有国家法律作后盾，防范、惩治暴恐势力就有了法律依据，可谓‘师出有名’，这有利于更快更干净利落地铲除境内暴恐据点，消灭其赖以滋生的渠道、场所和文化思想土壤”[2]。因此，《反恐怖主义法》可以说是我国法治反恐的最好例证。

（二）法治原则的内容

在反恐怖主义工作中，严厉惩治恐怖主义与尊重和保障人权是相辅相成的。恐怖主义是对国家安全、公共安全，公民生命财产安全的重大威胁，强化反恐怖主义措施，有效地防范和打击恐怖主义活动，本身就是人权保障的一个重要方面。同时，赋予执法机关必要的手段，也要加强对执法的规范，防止执法手段本身侵害公民和组织的合法权益，包括恐怖活动犯罪嫌疑人的诉讼权利。这样，反恐怖主义工作才能真正获得人民的支持，最终获得胜利。因此，根据法治原则的要求，反恐怖主义工作要遵循以下两个方面的要求：

第一，要依法反恐。依法治国是我国的基本方略。十八届四中全会明确提出，全面推进依法治国是对国家各方面治理工作的总体要求和目标。从立法角度来说，制定《反恐怖主义法》，是按照全面推进依法治国的要求，根据反恐怖主义工作的实际需要，将反恐怖主义全面纳入法治轨道，推动反恐怖主义工作实现常态化的重要举措；从执法角度讲，各级人民政府和有关部门应当严格依照《反恐怖主义法》和其他法律法规的规定，依法开展各种反恐怖主义工作。

---

〔1〕“以法治思维和方式应对暴力恐怖犯罪”，载《法制日报》2014年3月5日，第12版。

〔2〕贾宇：“中国法治反恐的里程碑——反恐怖主义法评述”，载《人民法治》2016年第8期。

第二，反恐怖主义工作要尊重和保障人权，维护公民和组织的合法权益。这一原则，也是依法治国原则的一个重要方面。《反恐怖主义法》在制定过程中，非常注意反恐措施与保障人权的平衡，很多具体制度规定都体现了尊重和保障人权这一原则。

随着传统安全威胁和非传统安全威胁因素的相互交织，暴力恐怖犯罪的危害持续上升，对我国经济社会发展的负面影响日渐加大。与之相应，我国反恐怖工作涉及的社会关系越来越多，面临的困难越来越大，涉法性也越来越强，而这些问题又错综复杂地交织在一起，仅仅依靠某一个部门法或某几个部门法来调整，有时是难以实现的。因此，我们要根据现代法治规则认识和应对恐怖活动，既要对暴力恐怖案件的发展趋势和客观规律进行全方位分析研究，将较为成熟的反恐措施纳入法治轨道；又要依法落实反恐怖各项工作措施，对暴力恐怖犯罪予以坚决打击和法律制裁，不断增强人民群众的安全感。

第二节　进一步完善反恐法律体系

经过几十年的法制建设，我国已经初步形成了一套较为完善的反恐法律体系，但是目前我国的反恐相关法律在概念确定、行为认定、具体执行等方面都还有很多需要完善之处。

一、完善反恐立法

近几年，我国不断出台《刑法修正案》以及《反恐怖主义法》等法律，已经初步形成了反恐法律的框架体系。但是，这一框架体系内部仍有不完善的地方，需要我们不断进行修改。

关于反恐的刑事立法，在我国《刑法修正案（九）》后要继续坚持完备恐怖主义的罪名体系。正如有学者指出的："恐怖活动犯罪与一般刑事犯罪‘你中有我，我中有你’，相互交融的情况，决定了不论从犯罪的主体、犯罪的客观表现形式，还是从犯罪侵犯的社会关系（客体）的角度，难以找出其与严重危害公民人身或重大公私财产安全的一般刑事犯罪之间的根本区别。”[1]为了解决这一问题，我国刑法应当以恐怖主义目的为主要特征，将足以危害公共安全的暴力、破坏犯罪类型从各章节中分离出来，合并设置为独立的罪名，可以设计为“恐怖活动罪”或“暴恐活动罪”。

二、坚持“重重轻轻”的刑事政策

目前，我国适用的“宽严相济”的刑事政策并不能适应我国当下的反恐形势，没有体现出针对恐怖活动犯罪特征的显著效果，因此，将其适用于中国反恐斗争中并不适宜。从当前恐怖活动犯罪的特征出发，为了更为有效地预防和打击恐怖活动犯罪，我国必须根据不同的犯罪人类型实行不同的刑事政策，即“重重轻轻”刑事政策。对于不可能或者难以改造的恐怖活动罪犯，必须施以更为严厉的处罚，使其不再有危害社会的可能；对于不需改造或容易改造的罪犯，要根据实际情况给予更轻的处罚，以使其能尽早地回归社会。“重重轻轻”刑事政策强调针对不同的犯罪种类或不同的行为人类型采取轻重不同的刑事政策，“重者更重、轻者更轻”，以实现惩罚和预防两种不同的刑罚目的。

（一）“重重”刑事政策的适用

“重重”刑事政策在打击或预防恐怖活动犯罪方面，主要表现为在刑事实体法上进一步严密刑事法网，针对难以改造或改造困难的恐怖活动罪犯更多地适用长期监禁刑，甚至不得减刑、假释的无期徒刑，或者死刑；在刑事诉讼法上适度克减恐怖活动罪犯的某

---

〔1〕 赵秉志、杜邈：“中国反恐刑法的新进展及其思考——《刑法修正案（九）》相关内容评述”，载《山东社会科学》2016年第3期。

些权利等。

第一，进一步严密刑事法网。在现代社会，恐怖活动犯罪的实施仅仅是恐怖活动犯罪的最终表现行为，恐怖活动犯罪还同组织、策划、联络、招募、培训、资助等在恐怖活动犯罪实施之前的其他准备活动有密切联系。从严密打击恐怖活动犯罪的角度出发，刑法保护措施的提前化不可避免。其一，在司法实践中，恐怖活动犯罪大多以暴力袭击的方式进行，由于其残忍性和恐怖性，一旦付诸实施，给整个社会带来的危害和恐怖气氛将远胜于普通的刑事犯罪；而且，即使公安机关发现了正在准备实施的暴力恐怖犯罪行为，往往会由于情况非常紧急，时间短而很难进行有效阻止或预防。因此，刑法不能仅仅作为一种在恐怖活动犯罪发生后的处罚手段。它必须提前出击，将一些为恐怖活动的实施进行准备的行为分离出来单独定罪，做到对恐怖活动犯罪的“打小打早”。其二，从恐怖活动组织的建立、运作到恐怖活动的筹备、实施，都需要经济或人力上的支持，从预防的角度出发，如果剥夺恐怖活动组织或恐怖活动实施的经济或人力基础，就能够从基底上限制甚至摧毁恐怖组织的存在或恐怖活动的实施，可以从最低层面上控制恐怖袭击的规模与危害程度。其三，对恐怖活动犯罪的刑事规制很难有效阻止恐怖主义思想的传播或恐怖活动犯罪的再次发生。为了从源头上预防和打击恐怖活动犯罪，必须严厉打击传播恐怖主义思想的行为。恐怖主义思想的传播，既包括现实空间的，也包括网络空间的，就网络空间的传播而言，既要追究传播者的责任，同时也应该加强追究网络服务提供者的责任。

因此，在刑法上，恐怖活动犯罪的外延包括恐怖主义思想的传播与恐怖活动犯罪从准备到完成的所有阶段。《刑法修正案（九）》对帮助恐怖活动罪，准备实施恐怖活动罪，宣扬恐怖主义、极端主义、煽动实施恐怖活动罪等的规定，对恐怖活动犯罪财产刑的重视，对拒不履行信息网络安全管理义务罪、帮助信息网络犯罪活动罪的规定；《反恐怖主义法》对涉恐融资监管，对电信业务经营者、互联网服务提供者的责任的规定，都旨在体现预防和打击恐怖活动犯罪这一理念。

第二，对难以改造或改造困难的恐怖活动罪犯从重或加重处罚。根据罪责刑相适应原则，刑罚的轻重，应当与犯罪分子所犯罪行和所应承担的刑事责任相适应；刑罚的轻重，不仅应当考虑行为的社会危害性大小，还应当考虑行为人的人身危险性大小。因此，对难以改造或改造困难的恐怖活动罪犯，尤其是组织、领导、策划、实施恐怖活动犯罪的首要分子、骨干成员、罪行重大者，或者曾因实施恐怖活动犯罪受到行政处罚、刑事追究后又实施恐怖活动的犯罪者，应当依法从重或加重处罚。其一，对罪行重大且难以改造者，可适用无期徒刑，并且不得减刑、假释，甚至可以适用死刑立即执行。其二，有些恐怖活动罪犯可列入“心理分析大师”的范畴，他们能够洞察人性的弱点，尤其是懂得人类心灵深处的脆弱和痛苦之源。为了避免在监狱中出现“交叉感染”现象，应对这些罪犯建立专门的监狱或在监狱中设立专门的高度安全监区。《反恐怖主义法》第 29 条也规定，对恐怖活动罪犯可以个别关押。其三，对于判处有期徒刑的罪犯，在其刑满释放前应当进行社会危险性评估，经评估具有社会危险性的，应当责令其在刑满释放后接受安置教育。

第三，有条件地灵活掌握恐怖活动罪犯在刑事诉讼上的制度保障。鉴于恐怖活动犯罪的特殊性，从《刑事诉讼法》和《反恐怖主义法》相衔接的角度出发，我国《刑事诉讼法》对恐怖活动犯罪的特殊规定仍有不足，应当从立案、侦查、起诉、审判等环节对恐怖活动犯罪规定特别程序，以便更有效率地打击恐怖主义、极端主义类犯罪。

(二)“轻轻”刑事政策的适用

“轻轻”刑事政策在打击或预防恐怖活动犯罪方面，主要表现为对于情节轻微、不需改造，或虽情节较重但改造容易的恐怖活动人员实行非犯罪化、非刑罚化或者刑罚的轻缓化、非监禁化。

第一，对主动脱离恐怖活动组织或放弃恐怖活动的，被教唆、胁迫、引诱参与恐怖活动的，或参与恐怖活动，但情节显著轻微危害不大的人员，不认为是犯罪；对情节较轻、危害不大、未造成严重后果，且系认罪悔罪的初犯、偶犯，不需要判处刑罚的，可以依法免于刑事处罚。但为了进一步消除这些人员的恐怖主义或极端主义思想，使其更好地回归社会，根据《反恐怖主义法》第29条的规定，公安机关应当组织有关部门、村民委员会、居民委员会、所在单位、就读学校、家庭和监护人对其进行帮教。

第二，对犯罪情节较轻，有悔罪表现，没有再犯罪的危险，宣告缓刑对所居住社区没有不良影响的，可以宣告缓刑，实行社区矫正。由社区矫正机构，社会工作者和志愿者，村（居）民委员会、社区矫正人员所在单位、就读学校、家庭成员或者监护人、保证人，根据社区矫正人员的心理状态、行为特点等具体情况，采取有针对性的措施进行个别教育和心理辅导，矫正其恐怖主义思想，提高其适应社会的能力。从促进犯罪分子教育矫正、有效维护社会秩序的需要出发，可以同时宣告禁止其从事特定活动，进入特定区域、场所，接触特定的人。

第三，对于犯罪情节较重，危害较大，可能被判处不满5年有期徒刑，不宜适用缓刑，但具有改造可能的罪犯，可以考虑直接适用限制自由的安置教育措施。虽然根据《反恐怖主义法》第30条的规定，对于判处徒刑以上刑罚的恐怖活动罪犯，只有在刑满释放后才可能适用安置教育。但是，监狱对恐怖活动罪犯的教育改造效果毕竟有限；安置教育同样可以采取限制人身自由的强制措施。对犯罪情节虽然较重、但具有改造可能的罪犯优先适用安置教育，根据罪犯社会危险性的评估结果和专家的意见、建议，制定有针对性的教育措施；实行因人施教、分类教育、集体教育与个别教育相结合的原则，既能提高工作的效率，亦可避免罪犯受到安置教育和刑罚的双重执行。

第四，对于确有悔改表现，不致再危害社会的被安置教育人员，应当及时作出解除安置教育的决定。但为了预防已被解除安置教育人员再次实施危害社会的行为，应建立健全后续教育监督管理制度。加强同帮教（或社区矫正、安置帮教）机构的协调、合作，及时掌握已被解除安置教育人员的思想动态，及时采取有效措施。

由此可见，从恐怖活动犯罪的特征出发，对恐怖活动犯罪的预防和打击不应仅仅强调宽与严的相“济”，而是要针对不同的犯罪人类型实行不同的刑事政策，以实现不同的刑罚目的，即对于不可能或者难以改造的恐怖活动罪犯，要处罚更重，较多地适用长期监禁刑，甚至适用不得减刑、假释的无期徒刑（终身监禁），或者死刑，使其不能再危害社会；对于不需改造或改造容易的罪犯，为了避免监狱的“交叉感染”和提高改造的效率，要处罚更轻，尽量适用非监禁刑，或适用单独监禁、教育模式，在教育改造的基础上鼓励这些恐怖活动人员为打击恐怖活动犯罪提供线索，以此更为有效地对恐怖活动组织和恐怖活动人员进行分化。因此，在我国的反恐斗争中应坚持“重重轻轻”的刑事政策。但同时也要注意，由于国内外复杂的政治、地域、宗教和民族等原因，“东突”恐怖主义不是短期内就能消除的，也不是一项“重重轻轻”的刑事政策就能解决的。对我国恐怖活动犯罪的斗争是一项长期的任务，在坚持“重重轻轻”刑事政策的基础上，还应综合施策，标本兼治，运用政治、经济、文化、教育、外交、军事等手段，全面开展反恐怖主义工作。

三、完善反恐法律、法规的执行

（一）《反恐怖主义法》执行的完善

《反恐怖主义法》自正式施行以来已经有4年多的时间，其间经2018年修改，取得了一定的反恐效果，但其在实施中仍存在许多问题。我们将媒体报道的全国各地依据《反恐怖主义法》处理的相关案件进行了梳理分析，发现了以下问题。

1. 对于同一案由案件的处罚结果差异较大。“法律面前人人平等”所追求的是人们在适用法律时的平等，即可以做到在处理相同或类似案件时，对违法主体作出平等的处罚，这是法律追求的价值之一。通过对反恐案例研究分析，可以发现各地存在对相似案件作出轻重差异较大的处罚决定的问题——2016年2月，四川泸州网民万某在某微信群看到暴恐音视频，并将该视频上传“滴滴专车司机群”，泸州公安机关依法对万某做出行政拘留10日的行政处罚。[1] 2016年3月，湖南省怀化市公安局反恐怖支队查处了一起利用微信传播暴力恐怖视频案件。嫌疑人罗某在有180人的微信群内传播一段宣扬恐怖暴力的视频，视频内场面非常血腥，手段非常残暴，罗某因此被依法行政拘留13日，并处罚款8000元。[2]

从这两起案件中我们可以分析得出，二者的违法情节其实有很多相似之处，同样是在观看暴恐音视频后将其传播至其他微信群中，而且两起案件都是依据《反恐怖主义法》第80条第2项作出处罚，但对两个行为人所作的处罚却存在较大差异。这种对相似案件在处罚种类、程度上有较大不同的现象在现实生活中较为普遍，反映了

〔1〕“省公安厅公布四川9大反恐典型案例”，载新华网，http://news.xinhuanet.com/local/2016-12/20/c_1120150605.htm，最后访问时间：2018年8月1日。

〔2〕向文娟：“恐怖主义信息，千万别乱碰！怀化市查处一起传播恐怖主义视频案件”，载《边城晚报》2016年3月14日，第3版。

各地的反恐执行机关对适用《反恐怖主义法》的理解还存在较大差异。

2. 各地执行奖励机制落实不到位。在各地反恐维稳形势十分严峻的情况下，提升各地的反恐工作能力迫在眉睫。虽然各地都出台了对举报涉恐涉暴线索的奖励制度，但实施中仍然存在着问题。《反恐怖主义法》实施后，各地都大力开展了宣传教育活动，公民反恐意识有所提高，但公民积极参与反恐的程度并不高。

从我们在网上找到的相关案例中，只有很少的案件是在反恐机关接到线索之后展开调查的，而且这几个案件中也没有任何关于当地反恐机关对提供线索的民众进行奖励的报道，这就反映了目前我国大部分地区的反恐奖励机制的落实现状堪忧。《反恐怖主义法》第10条规定了对举报恐怖活动或者协助防范、制止恐怖活动有突出贡献的单位和个人，以及在反恐怖主义工作中作出其他突出贡献的单位和个人，按照国家有关规定给予表彰、奖励。各地依此作出具体的规定，但其认定条件较为复杂严格，公民也就缺乏了积极参与性。分析其原因，一方面是因为群众参与反恐的意识依然不强烈，缺乏对这类事件的敏感度和警觉性。另一方面，奖励机制的作用发挥不到位，未能更好地调动群众积极参与到反恐的人民斗争中去。

3. 反恐执行机关在搜集情报信息、调查核实相关证据上的力度不大

2016 年 9 月上旬，安徽马鞍山市公安局在工作中获悉，和县历阳镇一村民周某某多次在网上下载涉恐音视频。根据这一线索，和县公安局启动反恐侦查打击合成作战机制，立即开展侦查、调查、取证工作，并采取措施将周某某抓获。经审查，周某某自 2016 年 7 月份以来，在微信群中观看暴恐视频后，多次下载暴恐音视频并涉嫌转发，公安机关从周某某的电脑中提取了多部暴恐音视频证据，其中包括恐怖组织枪杀多名人质视频、持刀割头杀害人质视频、向

儿童宣扬“圣战”视频等违法内容。周某某声称自己是出于好奇心理，为寻求个人刺激才下载、观看暴恐音视频的。依照《反恐怖主义法》第80条第2项之规定，和县公安局对违法持有暴恐音视频的周某某作出行政拘留12天的处罚决定。[1]

从此案中可以看出，当违法行为人声称自己观看、下载、上传暴恐音视频完全是出于好奇、为了寻求刺激、缓解压力时，负责调查的公安机关往往会因为自身情报信息搜集渠道的单一，很难提出其他证据反驳行为人的主张，使得一些真正试图宣传恐怖主义、极端主义的违法者都以寻求刺激、出于好奇等为借口而减轻处罚。关于反恐怖执行机关的调查职权，《反恐怖主义法》第43条第2款、第45条有明确的规定。因此，可以说各地反恐怖执行机关情报搜集工作的落后以及侦查措施的单一，使得在处理上述类似案件时可能会落入证据不足，导致真正的违法者逃脱严厉惩罚的困境。

4.《反恐怖主义法》与其他法律的适用选择存在一定矛盾

《反恐怖主义法》在未制定实施之前，众多的公共单位都有自己本行业的法律法规，并已适用了很长时期。比如在物流行业，《中华人民共和国邮政法》（以下简称《邮政法》）早在1987年就已实施，并于2009年进行了修订，而且在《邮政法》中也规定了与《反恐怖主义法》相同的邮件收寄验视制度。2016年8月2日，天铭快递有限公司（经营天天快递品牌）领到了一张温州邮政管理局对该单位罚款15万元的处罚决定书。原因是该公司所属快递网点因未执行实名登记、开箱验视等安全制度而导致假币流入寄递渠道。据悉，这是温州快递业依照《反恐怖主义法》开出的首张罚单。根据温州公安局的通报线索，犯罪嫌疑人使用虚假姓名，先后多次通过天铭快递有限公司梧田二部寄递假币，温州市邮政管理局立即对该线索进

[1] “网民下载暴恐视频被拘 马鞍山开出首张个人‘反恐罚单’”，载新华网，http://www.ah.xinhuanet.com/20160930/3468217_c.html，最后访问时间：2018年8月1日。

行核实，查实天铭快递有限公司梧田二部快递员在该起案件中，未对客户身份进行查验（与寄件人熟悉），也没有对邮寄物品执行开箱验视，致使假币流入寄递渠道，造成了严重的社会危害。随后，温州邮政管理局在调查核实的基础上，依据《反恐怖主义法》第 20 条、第 85 条规定，对该快递公司处以 15 万元的行政罚款，同时对其法人代表、安全责任人、网点工作人员分别处以罚款 1 万元、1 万元、2 万元人民币的行政处罚。[1]

对于这种案件，我国《反恐怖主义法》第 85 条与《邮政法》第 75 条皆作出了规定，从我们已找到的类似案例中，可以发现在现实生活中，在对邮寄公司进行处罚的法律适用选择上，执行机关往往优先考虑《反恐怖主义法》。但依据该法进行的处罚更为严厉，可能会使一些情节轻微的行为受到严重的惩罚，而侵害到被处罚人的权益，最终效果可能会适得其反。对于各个专门行业而言，《反恐怖主义法》无疑是综合法，自己本行业的法律法规是特别法，但当两个法律都对同一行为作出规定，如何选择适用是我们应当考虑的问题。

针对以上问题，我们认为应当从以下几个方面进行完善：

第一，各级政府及反恐机构之间应该加强沟通对话，制定具体的处罚标准。《反恐怖主义法》要求反恐各部门之间合作分工、建立联动配合机制，这就要求各个部门之间、各地之间要加强交流合作，促进反恐工作的推进。针对相同或类似事由处罚差异较大的问题，可以从以下两方面来解决：一方面，各省市相关部门可以召集具有反恐专业知识和实践经验的人员分析以往查获的涉嫌恐怖活动的案件，总结经验，相互交流在实践中所遇到的问题以及最终采用的处理办法。另一方面，根据沟通交流情况，可以依据违法行为的情节

---

〔1〕“15 万元！温州快递业依据《反恐法》开出首张罚单”，载新华网，http://news.xinhuanet.com/legal/2016-08/03/c_129201811.htm，最后访问时间：2018 年 8 月 1 日。

将违反《反恐怖主义法》的行为划分几个不同的危害程度，明确不同行为的性质，并依不同程度制定相应的具体处罚标准。各部门应充分保障规定落到实处，这样就能避免在处罚过程中，同样的案件处罚结果不同的问题。

第二，针对奖励机制落实所存在的问题，应该落实好奖励机制，充分调动群众的力量。《反恐怖主义法》强调要在反恐工作中坚持群众路线，就是要鼓励民众参与到反恐怖工作中来，发挥民众的力量。因此，针对现实中各地奖励机制落实不到位，群众参与意识不强的问题，我们可以从以下两个方面进行思考：一方面，要加强对《反恐怖主义法》和各地相关举报涉恐涉暴奖励规定的宣传教育，使二者在实践中配套实施，发挥其有效作用。另一方面，要坚持“重金奖励、及时兑现、规范运作和严格保护举报人”的原则，发挥好奖励机制的作用，并充分落实，树立政府公信力，调动各族群众合力参与反恐的积极性。

2016 年 6 月份，北京警方连续对 5 名举报涉恐涉暴线索的群众进行了奖励：其中市民吴某在北京市某区一路边的垃圾桶里发现一枚疑似爆炸物，及时向公安机关举报，提前消除了身边的隐患；其他 4 名市民也均在发现可疑情况的第一时间，向公安机关进行了报告，为警方处置赢得了时间，确保了首都的安全稳定。根据《反恐怖主义法》及北京市《群众举报涉恐涉暴线索奖励办法》的相关规定，对该 5 名举报人共发放了 23 000 元现金奖励。[1] 这有利于在群众中做好反恐奖励宣传工作，充分发动群众，真正形成反恐人民战争的强大氛围，为社会稳定和长治久安作出更大贡献。

第三，相关部门在调查核实阶段，应加大检查力度，可以考虑制定特殊的侦查调查程序，为处罚提供强有力的制度保障。我们的

---

〔1〕“北京警方 2 年来向举报涉恐涉暴线索群众奖励超 60 万元”，载中国网，http://news.china.com.cn/txt/2016-03/23/content_38095654.htm，最后访问时间：2018 年 8 月 2 日。

反恐怖工作不能仅限于行政执法或者司法方面，相关的政治制度、立法完善也要尽快推进。很多违反《反恐怖主义法》的行为都有其特殊性和复杂性，与普通的犯罪相比有着本质的区别，尤其是针对目前我国恐怖主义组织化、智能化的现实情况，当前规定可能不足以应对。例如，在暴恐音视频传播类的案件中，行为人一般情况下都辩称自己只是出于好奇或者寻求刺激才进行下载或者传播行为，公安机关要使据以处罚的证据具有更强的说服力，才能正确、适当地处理案情，制定特殊的侦查程序就显得很有必要。西方国家多数已经将恐怖主义犯罪的侦查程序特殊化，比如英国警察对涉恐嫌疑人的拘留审问可以达到4天（多于普通犯罪的2天），而且嫌疑人在72小时内不准聘请律师（而普通犯罪在审问开始时就可以）。我们可以通过延长恐怖主义犯罪嫌疑人的强制措施的期间以解决不能及时有效认定其嫌疑身份的问题；增加恐怖主义犯罪侦查手段以解决目前法定侦查手段不足的问题。对相关制度进行完善就要求相关部门之间做好沟通交流，共同构建一个完善的反恐制度构架。

（二）在司法活动中重视从相关犯罪行为挖掘恐怖主义线索

在实践中，暴恐犯罪必须依靠人力、资金、犯罪工具等予以实施，在各国的严打高压之下，暴恐犯罪更是与毒品犯罪、走私犯罪呈现合流趋势。因此，我们应对非法制造、买卖、运输、储存危险物质罪，盗窃、抢夺枪支、弹药、爆炸物、危险物品罪，洗钱罪，偷越国家边境罪，传授犯罪方法罪，走私武器弹药罪等犯罪及其惩治给予充分重视，通过司法手段建构对恐怖分子、可疑资金、危险物品的立体防御格局，最大限度地降低恐怖袭击发生的可能性。

（三）注重反恐刑事法与专门法之间的衔接

目前，中国反恐怖工作涉及的社会关系越来越多，甚至出现经济、社会、文化等领域相互交织的情况，这就需要“跳出刑法看刑法”，发挥反恐法律体系的整体功能。目前，《反恐怖主义法》规定

了工作机构与职责、安全防范、情报信息与调查、应对处置、国际合作等重要内容，以及单位和个人的反恐义务，这就需要贯彻总体国家安全观的要求，统筹考虑《反恐怖主义法》的规定与《刑法》完善之间的关系问题，只有两者在概念界定、反恐措施、法律责任等方面形成衔接，才能有效发挥行政机关、司法机关、军事力量共同参与反恐怖工作的合力。

第一，要注意反恐措施之间的衔接。《反恐怖主义法》规定了恐怖活动组织和人员的行政认定，事实上确认了司法认定和行政认定并存的双轨制：司法认定是指人民法院依照刑事法律认定某组织是否属于恐怖组织，最终目的是追究犯罪分子的刑事责任；行政认定是指国家反恐怖主义工作领导机构对某组织是否属于恐怖组织进行确认，目的是便于采取治安管理、外交、金融等手段进行制裁。如果法院和国家反恐怖主义工作领导机构均有权认定上述组织和人员，在办理涉恐犯罪案件时，就需要明确行政认定和司法认定之间的关系。

第二，要注意法律责任之间的衔接。《反恐怖主义法》为涉恐行为规定了一系列行政法律责任，如行为人持有宣扬恐怖主义、极端主义的物品；煽动他人实施恐怖主义、极端主义；破坏国家政策、法律、行政法规实施的，可由公安机关实施拘留、罚款、没收违法所得等行政处罚。与之相应的《刑法修正案（九）》将类似行为规定为犯罪，并且有多处将“情节严重”作为犯罪成立或加重处罚的要件。因此，需要对相关犯罪的定罪情节予以明确，使刑法和专门反恐法在形式和内容上达成衔接，对于社会危害性未达到严重程度的行为，可以不贴上“恐怖活动犯罪”的标签。当然，对于这一问题，最高人民法院已经于2018年出台了相关的司法意见，但这一意见并未完全解决这一问题，仍需要不断进行完善。

四、完善暴恐犯罪人的刑罚执行与教育矫正制度

任何人在进行了暴恐活动后必然要被追究责任，但追究其责任使其受到法律制裁并非为了皆大欢喜，更不是我们的最终目的。我们的最终目的是要对其进行教育矫正，使其放弃极端化思想，最终复归社会。当然，思想上的矫正往往需要较长时间，即使刑期执行完毕之后也很难说犯罪人已经完全去极端化。因此《反恐怖主义法》针对恐怖活动犯罪规定了安置教育制度。

宽严相济是以区别对待或者差别待遇为根本内容的。区别对待是任何政策的基础，没有区别就没有政策。在实践中，应将暴恐犯罪人分为顽固型与轻微型两种不同类型。在刑罚裁量与执行中，应针对暴恐犯罪人的类型区别对待：在量刑阶段，对顽固型犯罪人应侧重严厉的一面，但不排斥适度的宽缓；对轻微型犯罪人则应侧重宽缓的一面，但也不等于放纵其犯罪行为。在行刑阶段，更应注重矫治恐怖活动犯罪人的特殊性，教育矫正必须由传统的教育形式和手段向科学化转变，从而适应现代社会行刑个别化的要求。例如重视对犯罪人的心理测试、人格调查；将恐怖活动犯罪人与普通犯罪人分别关押；将不同类型的恐怖活动犯罪人分别关押，以防止相互串通；针对犯罪人个人特点制定矫正计划；等等。

第三节　弘扬中正宗教思想、推进宗教中国化

目前我国发生暴力恐怖犯罪的思想根源是宗教极端主义，尽管在理论层面我们强调宗教极端主义不是宗教，而是政治主张，但是对于信仰宗教的群众而言，不一定能严格区分二者的界限，宗教极端主义往往被作为宗教义务和“主命”践行。因此，绝大多数参加暴力恐怖犯罪的人员，要么是宗教极端主义者，要么是宗教极端主

义的信徒。西藏“3·14”事件、新疆“7·5”事件的相继发生，特别是暴力恐怖犯罪从区域问题变为全国性问题的现象，使我们看到了宗教政治化或政治宗教化的巨大危害性，其不仅危及社会稳定发展，人民和睦相处，而且危及国家安全、民族团结、国家统一。而宗教极端化的根本原因，就在于宗教没有经过或没有完成中国化。因此，要根除宗教极端主义，实现新疆的社会稳定与长治久安，伊斯兰教中国化是躲不开、避不过的焦点。

根据我们的观点，伊斯兰教中国化应当处理好伊斯兰教与社会、宗教人士、中华文化以及意识形态之间的关系，这是伊斯兰教中国化的具体路径。

一、正确处理宗教与社会的关系

第一，解决好“信法不如信教”“宗教至上”“教大于法”的问题。必须坚持宪法法律至上、法律面前人人平等，教育引导广大信教群众正确认识和处理国法与教规的关系，增强法治观念，将国家的法律作为定纷止争的基本准则，作为行为的底线、不可逾越的红线。在教规与国法出现冲突时必须以国法至上。无论什么人、什么民族、信仰什么宗教，只要触犯法律法规，都必须依法处理，决不允许有法外之地、法外之人、法外之教。

第二，解决好讲经、解经的问题。伊斯兰教经典中的诸多概念和表述有其产生的特殊时代背景，随着社会的发展和中国化、本土化的推进，必然需要作出符合时代发展进步和中华优秀传统价值的阐述，这就对宗教人士的学识水平和能力素质提出了更高的要求。从新疆的现实情况看，传统的“师傅带徒弟式”宗教传承培养体系已不适应当前宗教人士培养的需要，更承担不了推进宗教中国化的历史重任。这就要求必须彻底地改变宗教人士培养体系，由政府主导的伊斯兰经学院承担起宗教人士的培养任务，并对讲经、解经内容进行统一规范，把控好讲经坛，决不能使其被宗教极端势力把控、渗透和利用。

第三，解决好宗教向世俗社会渗透的问题。伊斯兰教既是一个入世性很强的宗教，也是一个具有较强排他性的宗教，其对穆斯林的衣食住行、思想行为、社会生活都进行着规范和约束，强调的是“真主唯一”“安拉至上”。这样的宗教如果不加以管制，既可能被用来抵制国家认同、民族认同，还可能被用以同化他人，达到和平传教的目的。我国并非一个政教合一的国家，也不是一个伊斯兰国家，而是一个世俗的社会主义国家，社会主义的社会制度、法治精神强调的是宗教不得干预政治、干预政府事务，不得利用宗教干预行政、司法、教育、婚姻，不得利用宗教妨碍正常社会秩序、生产秩序、工作秩序、经营秩序、生活秩序，由此就必然出现了宗教与社会谁适应谁的问题。宗教作为一种以信仰与崇拜超自然、超人间的力量或神灵为核心的社会意识，是通过特定的组织制度和行为活动来体现这种意识的一种社会体系。作为一种社会意识，社会是宗教存在的基础，宗教必然随着社会的变化而变化。作为一种社会体系，宗教也仅是社会总体系中的一个组成部分而已，也必然地随着总体系的变化而变化。所以，宗教与所在社会相适应，而不是所在社会迁就宗教、与宗教相适应，是宗教生存发展的趋势和规律，伊斯兰教亦是如此。那么，在我国现行社会意识形态和社会治理体系框架内，就必须要求伊斯兰教由在社会生活中无处不在、至高无上的地位退居到一个相对独立的宗教领域内，政治、经济、文化、社会、意识形态等层面不能有宗教色彩和渗透影响的存在，即为宗教的世俗化和中国化。不解决好这个问题，一旦条件气候合适，宗教氛围必然反弹升温，宗教极端思想必然借机渗透蔓延、坐大成势。在这个问题上，无论新疆还是内地都是有教训的，“泛清真化”就是最为典型的例证。

二、做好宗教人士的培养工作

伊斯兰教的中国化，不是一个简单的口号，具体工作中，关键要做到三点：其一，要培养一批具有丰富宗教学识的“大家”，但绝不能树立宗教“领袖”。伊斯兰教中国化，必须培养一批熟悉中国传统文化、宗教学识较高、思想开放包容、政治立场坚定的爱国宗教人士，支持引导他们来深入挖掘伊斯兰教义教规中有利于社会和谐、时代进步、健康文明的内容，对教义教规作出符合当代中国发展进步要求、符合中华文化精神的阐释，并用广大信教群众喜闻乐见的方式、听得懂的语言讲深、讲透。这项工作难点在人。新疆的宗教人士中熟悉中华传统文化和现代文化的极少，必须从现在开始，力争用 3 年至 5 年的时间培养一批威望高、学识好，能够推动伊斯兰教改革的爱国宗教人士。其二，要改进完善宗教人士的培养方式。新疆传统的宗教人士培养方式是由老宗教人士带培塔里甫，而由新疆伊斯兰经学院培养的宗教人士每年只有 40 名，30 年来总共才培养了 600 人，同 60 000 多名的阿訇总数相比，仅占了很小的一部分。“老带新”的培养方式，虽然在一定程度上解决了宗教人士缺乏的问题，但造成了宗教人士学识水平难以把控的困境。宗教人士的总体学识水平低下，他们对现实生活中存在的问题、广大信众思想的困惑，根本理解不透、解释不清、回答不了，且自身抵御极端主义渗透的能力不强，“两面性”问题较为突出。所以，这些年宗教极端主义在新疆的渗透蔓延，与宗教人士队伍中存在的问题有很大关系，必须下决心确定所有教职人员经过经学院或经文学校培训的宗教人士培养方式。其三，要严厉打击、坚决清除宗教极端思想。伊斯兰教极端主义的根源始于其“圣战”思想，而伊斯兰教于 10 世纪初从中亚传入我国新疆地区之后，始终伴随着“圣战”的残暴征服和对其他宗教的毁灭性排斥。近年来，几乎所有的暴恐案件都与极端宗教主义灌输“圣战殉教进天堂”思想有关。所以，对宗教极端思想必须旗帜鲜明地予以打击和清除，持续在断代、断根、断联、断源上下功夫，深入推进“去极端化”，坚决把宗教极端思想从一般宗教问题上剥离出来，才能保障伊斯兰教中国化的顺利推进。

三、强调对中华文化的认同

对中华文化的认同，要做好以下几个方面的工作：

（一）厘清少数民族文化的根脉

其一，中华文化是新疆各民族文化的母体，新疆各民族文化是在中华文化的怀抱中形成和发展的。中华文化自发生起，即因不同族群所处环境和社会经济生活的多样性而呈现出丰富多元的状态，也正是因为各地区、各民族的交流借鉴和吸收融合，才构成了你中有我、我中有你的文化整体——中华文化。维吾尔族等少数民族文化始终扎根中华文化沃土，与中华文化血脉相连、息息相通，是促进多元一体的中华文化形成和发展的重要力量，也是其不可分割的重要组成部分。其二，新疆各民族文化与伊斯兰文化不是同源，也不是继承关系。新疆各民族文化源自以儒家思想为主导的中华文明体系，早在伊斯兰文化传入新疆之前，维吾尔族等新疆各民族文化就已在中华文明沃土上生根发芽、枝繁叶茂。因此，对于新疆各民族文化而言，伊斯兰文化属于外来文化。然而不可否认，伊斯兰文化随着伊斯兰教传入新疆之后，对新疆各民族文化的发展产生了重要影响，但这种影响的方式更多是通过文化冲突甚至宗教战争来实现的，严重破坏了新疆各民族文化和谐共生、开放多元的原有生态。新疆各民族文化对于外来的伊斯兰文化，既有强压下的接受，也有抵制和选择性的吸收，更有中国化的改造，但始终没有改变属于中华文明的特质和走向，没有改变属于中华文化一部分的客观事实。认清了这两个问题我们就可以清晰地看出，维吾尔族等新疆各民族

文化的根脉是中华文化，各民族文化的发展也始终没有离开中华文化影响的轨迹。那些渲染错误历史文化、夸大文化差异，甚至宣称维吾尔文化就是伊斯兰文化的人和组织，其险恶用心就是要割裂新疆各民族文化与中华文化的血脉联系，挖断各民族文化的生命之根。对此，必须高度警惕，坚决鞭挞。

（二）厚植中华文化认同的基础

第一，要强化国家通用语言文字的文化载体功能。语言是文化的载体，只有达到语言文字的互学互通，才能促进文化的互鉴互融。同时，语言也是交流的工具，是促进民族交流、融合、互信的有力手段和最佳选择。民族文化要繁荣、民族团结要凝聚、中华文化的认同感和吸引力要增强，必须在新疆加强学习使用国家通用语言文字的力度，必须坚定不移地从娃娃抓起，力求通过几代人的不懈努力，稳步推进语言文化社会基础的转向，为优秀中华文化的认同、民族融合的推进奠定基础。

第二，要高度重视人口结构平衡问题。新疆虽然地域广阔，但大多是戈壁沙漠，适于人类生存之地只有少数绿洲。目前，新疆95%的人口集中在占新疆面积仅3.5%的绿洲上，绿洲区域的人口密度已经高达每平方公里200人以上，与内地很多地区的人口密度接近。值得重视的是，人口在南疆等一些地方的结构性失衡，不利于各民族文化的交往、交流、交融，不利于中华文化的传播扎根，不利于文化认同的目标实现，甚至可能陷入“文化冲突”的局面，诱发一系列社会问题。所以，在新疆实行特殊的人口平衡政策具有特殊战略意义，一方面要在环境承载能力较好的地方千方百计吸引各民族人口流入、扎根，形成传播中华文化的重要支点；另一方面要通过政策支持引导少数民族干部、群众走出去，到内地做公务员、经商务工、学习就业、扎根生活，减轻疆内的人口压力，促进各族群众的交往、交流、交融。

第三，要在社会生活的方方面面体现中华文化的符号特征。针对当前新疆受“泛伊斯兰主义”“泛突厥主义”渗透影响较深等情况，要在新疆经济社会发展的各个领域、方方面面，全方位、多渠道、广覆盖宣传推广中华文化，尤其是建筑风格、城市雕塑、街道地名都要更多地体现中华文化的符号特征，淡化“伊斯兰化”的影响；生活用品、餐饮服饰要更多地体现中华文化与各民族文化的融合性，体现时代发展的特征和世俗化、现代化的元素，坚决抵制和清除“泛清真化”的影响。要大力倡导和构建多元化生活格局，在居住格局以及工作、学习、商业环境上都要坚持“相互嵌入”的模式，为各民族的交流融合、中华文化的传播认同创造条件。

（三）积极推进和实现文化类型多元化

要适应时代发展需要和群众精神文化需求，提高健康向上的流行文化影响力，找准中华文化与各民族文化元素的结合点和共同点，提高群众认可度和参与度。要加强阵地建设和管理，管住管好讲坛、媒体、网站等教育研究和新闻出版领域，严格内容审读和翻译把关，正确区分政治原则问题、思想认识问题和学术观点问题，旗帜鲜明地反对和抵制各种错误观点。正本清源，弘扬正能量，构建民族团结、民族融合、民族交往、交流的良好制度与氛围。

四、推动日常生活方面的伊斯兰教中国化

必须意识到，加强意识形态工作，警钟长鸣，是抵制中国“泛伊斯兰化”的有效途径。要结合新疆特点，推动伊斯兰教中国化。长期以来，新疆稳定与安全的重要特点，按照张治中将军在其回忆录的说法：“新疆在历史上几乎是十年一大乱，五年一小乱的地方。按下宗教极端主义就会浮起泛突厥主义，按下泛突厥主义就会浮起宗教极端主义。”而“泛伊斯兰主义”毒害更深，可谓深入骨髓，亟需刮骨疗毒。涉伊斯兰教问题的关键在于，用伊斯兰中正思想化

解突厥语系与回汉民族的差异。国家要加大力量培训民族地区专业技术工人，加大医疗普及力度，加大金融支持力度，鼓励对口支援和合作，科技发展是祛除迷信和宗教极端思想的最有效工具。应不断推广和深化国际通用语言教学，但是侧重点应在于语言应用，而不是简单的形式化教学。

第四节　推动经济产业发展、完善社会服务体系

一、促进经济发展、增强民众幸福感

正如在暴恐犯罪原因的分析中指出的，就暴恐犯罪背后的种种原因来看，社会因素起到的作用远超自然环境因素、个人因素等。因此，可以说对暴恐犯罪的应对应着重从其背后的社会原因入手，消除暴恐犯罪滋生的社会土壤。基于这一点，我们认为，有必要将促进经济发展作为应对暴恐犯罪的根本之策。

根据马克思主义犯罪学的观点，任何一种犯罪的根源就是生产力与生产关系之间的矛盾。因此，发展生产力、提高社会经济水平永远是减少犯罪的根本路径，暴恐犯罪也概莫能外。当然，从应对暴恐犯罪的思路出发，发展经济也不是毫无重点、全面铺开的，而是要根据暴恐犯罪与经济发展状况之间的逻辑关系，有针对性地采取措施。

新疆是我国反恐的前沿阵地与主战场，同样也是我国经济发展较为落后的省份之一。根据新疆发布的数据显示，截至2015年，新疆地区还有贫困人口227万人，约占全区农牧民人口的22%。因此，发展经济、提高民众生活水平就更是新疆应对暴恐犯罪的重中之重。当然，新疆的经济发展，不能亦步亦趋地向其他东部地区“效仿学习”，不能在GDP的引诱、数字的要求下去做一些急功近利的事情，而是需要结合自身优势探索出一条适合的道路。

第一，新疆等西部省份要平衡好生态环境保护与资源开发之间的关系，大力发展第三产业。如今我国西部开发的战略既要注重经济的发展，注重第一产业、第二产业的发展，更要重视提升民众自身的获得感，让民众切实感受到改革开放带来的红利。因此，精准扶贫、大力发展第三产业等措施将无疑是行之有效的尝试。

第二，将促进就业作为经济发展工作的重中之重。实践中，加入暴恐组织并进行暴恐犯罪的更多是青少年，而这些人自身往往具有以下特征：受教育程度低、无业。正是因为他们长期处于无业的状态，在社会上整日游手好闲、无所事事，才会被恐怖组织宣扬的极具煽动性、刺激性的口号吸引，才会参与暴恐犯罪。因此，当地政府必须要大力促进就业，使得青少年能接受教育，安心工作、生活。就新疆而言，我们必须通过教育、培训等手段，切实提高当地人口的素质，增强其工作致富的能力。要在当地原有的基础上，发展特色经济，拓宽致富渠道。要增加城市的就业机会和就业途径，不断增加当地人民的收入。更重要的是，要“重视农牧业、副业等更易普及、当地人受益更多的小项目，……为当地创造‘生财点’和就业机会”〔1〕。

第三，缩短西部省份与其他地区的经济差距，促进各地区经济的协调发展。除了新疆等西部省份自身经济发展较差之外，西部地区与其他地区的差距的日益拉大也成为了极端势力挑拨地区、民族关系的重要理由。虽然宗教极端势力与民族分裂势力往往片面强调地区经济差距并过分夸大，但是，我国东西部之间存在差距且差距越来越大也是不可否认的现实。因此，我们必须要坚持统筹各个地区、促进东西部之间的协调全面发展，真正缩小两地之间的经济差距。

〔1〕贾宇：“中国新疆暴恐犯罪的现状与对策”，载《战略与管理》2015年第2辑。

第四，大力扶持当地大中型先进企业，培养维吾尔族等少数民族的产业工人队伍。这一方面能够促进就业，提高当地民众的生活水平，另一方面也能够促进维吾尔族社会趋于开放，从而成为抵制民族、宗教极端思想的根本途径。当然，从长期来讲，改善新疆等西部省份的经济环境、经济结构，坚持"提振经济'造血'能力和水平，……发展特色经济，加强对外经济交流，进一步完善社会主义市场机制，改善法治环境"[1]仍是长久之道。

二、完善交通、教育等社会公共服务体系

对于任何一个社会来说，其公共服务体系的完善程度将直接决定一个人的遭遇，继而会对每个人的行为产生影响。犯罪学中的"挫折—攻击"理论、"社会失范"理论等都反映了这一特征。因此，一个社会的进步会自然而然地消除犯罪的隐患。对于暴恐犯罪来讲，对社会的治理与完善更是预防、消除暴恐隐患的重要举措。在新疆地区，因地理位置等自然环境因素的限制，经济发展较为落后，社会也较为封闭，民众接受教育、对外交流都十分匮乏，这也是以新疆为代表的边疆民族地区容易接受极端思想的重要原因。因此，我们必须要从以下几个方面入手，着力改善新疆等边疆民族地区的封闭、落后的社会状态。

第一，加强交通、通信等基础设施建设，增强民众对外交流水平。在我国新疆地区，"三山夹两盆"的地理环境加之沙漠、高山等地理状况都严重限制了新疆与外界的交流。因此，长期以来新疆地区的交通一直都较为落后，疆内与疆外、新疆与境外国家之间的交流仍较为匮乏。近几十年，尤其是2013年我国提出"一带一路"战略以来，新疆因作为我国与中亚、欧洲贸易的必经之地，对外交通

〔1〕莫洪宪："宽猛并济：反恐怖主义的治本与治标"，载《中国犯罪学学会年会论文集》，2014年中国犯罪学学会第二十三届学术研讨会。

状况得到明显改善，这无疑促进了新疆社会、民众与外界的交流。对外交流不仅是新疆与外界的交流，新疆内部的各个地区、各个乡镇甚至各个村落的交流也十分重要。尤其是在南疆地区，每个村庄之间的距离可能非常远，且交通不便，加之南疆地区村庄的网络普及率仍非常之低，这些因素导致每个村庄与外界的交流非常困难，几乎成为与世隔绝之地。因此，必须要加强新疆等边疆民族地区基层交通设施、通信设施以及电力等基础设施建设，提高基层社区的对外交流情况。

第二，大力发展边疆民族地区的教育事业，提高民众的知识水平。长期以来，伊斯兰极端主义势力与民族分裂主义势力通过一系列极其荒诞、可笑、反人道的言论来蛊惑、约束民众的行为。例如，2009 年“7·5”事件前后的新疆地区，“三股势力”在群众中传播极端宗教思想、民族分裂思想的书籍、音视频等，搞“台比力克”等宗教非法活动，同时，他们“极力鼓吹在公共场合穿吉里巴甫服、里切克服，蒙面，年轻人留大胡须，肆意干涉维吾尔族传统民族风俗习惯，导致南疆许多农村地区一度出现婚礼不笑、葬礼不哭、不让唱歌跳舞、不准抽烟、不准喝酒等不正常的社会现象”。[1]而导致这些现象的原因就是民众普遍受教育程度较低，自身辨别能力较差。因此，我们必须要加大对民众的教育工作。当然，这里所指的教育不仅仅包括对青少年的学校教育事业，也包括对普通民众的教育宣传工作。

学校教育与社会教育是相互补充、相互连接的，可以形成完整的教育链条，即一个人在青少年时期，就应当接受高质量的学校教育，国民教育、双语教育、文化知识教育、职业技能教育等缺一不可，使民众在此期间就能够在思想与意识形态方面都树立正确的价

---

〔1〕贾宇：“中国新疆暴恐犯罪的现状与对策”，载《战略与管理》2015 年第 2 辑。

值观；在民众从学校步入社会之后，包括政府在内的社会主体的宣传教育工作同样必不可少，这样可以有效避免民众被“别有用心”之人蛊惑、欺骗。当然，这种社会的宣传、教育必须是经常性的、长期的，不能成为“运动式”活动。只有长久对民众进行宣传，才能使民众始终保持清醒的头脑，才能避免出现新疆地区的“看了一夜光碟就成了暴恐分子、杀人犯”的情况。

三、增强政府的社会治理水平，转变自身的管理观念

近年来，面对新疆严重的暴恐犯罪威胁，新疆维吾尔自治区政府也采取了各种措施来提升自己的社会管理水平，例如，新疆地区便民警务站、驻村工作组等机构、制度的建立都切实提升了政府对社会的管理力度，有力地预防了暴恐犯罪的发生，促进了社会的和谐稳定。在我们调研中，有民众反映，自从新疆在城镇建立便民警务站后，就再也没有发生暴恐案件了，治安案件、居民纠纷也少了很多。当然，目前包括新疆在内的许多政府部门在社会管理上还有很多不足需要完善。

（一）加强对各种媒体的管理，正确处理媒体与暴恐犯罪之间的关系

“境外有种子，境内有土壤，网上有市场”，这一直是我国暴恐犯罪现象猖獗的一个重要原因。“去极端化”、发展经济、大力发展教育事业等工作都是为了消除前两项原因，即通过国内的一系列工作既可以消灭境外的种子，又能够削弱宗教极端主义、民族分裂主义的思想土壤。但是，我们仍需要切断“种子”与“土壤”的途径，也就是切断两者之间的传播渠道。

目前，随着互联网的不断普及，以暴恐音视频为主的极端暴恐信息通过互联网疯狂在手机、电脑上传播。我们必须要加强对包括互联网在内的各种媒体的管控，防止此类信息的蔓延。在我国的

《反恐怖主义法》《刑法》中已经就传播暴恐音视频，宣扬恐怖主义、极端主义的行为在法律层面作了较为完善的规定。我们需要的就是在实践层面推陈出新、锐意改革，切实管控好互联网上的极端信息。

以对暴恐音视频的防控为例，目前我们最应当从以下两个方面入手：一方面，加强自身的技术能力水平，提高技术防控能力。没有强有力的技术保障，发现、阻止暴恐音视频的传播以及暴恐犯罪的发生就是天方夜谭。可以说，目前我国在网络反恐上最大的矛盾就在于如何用有限的人力来应对近乎海量的网络信息。“随着网络开放性、交融性和复杂性不断提高，音视频内容安全问题将进一步延伸和扩展，融合的网络将面临巨大的信息安全考验。”[1]因此，如何快速发现和拦截互联网上大量传播的暴恐音视频；如何从互联网上的海量信息中提取涉及恐怖组织和恐怖活动的关键信息；如何把不同语言的音频文件自动翻译并转化为其他语言的文本文件；如何从各种异构的大数据中发现恐怖活动的轨迹与规律；如何发现和冻结恐怖活动利用网络进行的经费流转，这些都是我们在网络反恐中必须解决的问题。另一方面，我们要坚持简化网络监管上的国际合作。互联网是没有国界的，它可以将信息发送到世界上的任何角落，因此，建立跨国界的网络反恐体系必不可少。目前，我国已经在此方面进行了一系列的尝试，如上合组织国家已经在我国进行了两次网络反恐演习，而且上合组织也成立了打击网络恐怖主义专家处。当然，网络防恐的国际合作还应当不断深入，要形成系统完善的预防和打击网络恐怖活动的证据提取、保全、鉴定、移交等的制度体系。

除此之外，我们还要重视媒体宣传在暴恐犯罪中的作用。如前所述，在暴恐犯罪发生后，大量的媒体报道一方面加重了民众的恐

〔1〕 朱建军：“三网融合视野下的网络安全与信息监控初探”，载《公安研究》2011年第1期。

慌情绪，另一方面也侧面提高了暴恐组织的影响力与“知名度”，这也正是“三股势力”想要达到的效果。因此，我们必须要制定合适的宣传策略，在宣传力度、宣传角度、宣传对象选择等方面都要有全国性的规则，不能不加约束地大肆报道，不能让媒体成为“三股势力”扩大影响力的工具。

（二）加强对基层社区的管理工作

当前要重点完善涉恐因素排查、矛盾纠纷调处、危机应急处置以及事后秩序修复等机制建设。

1. 涉恐因素排查机制。随着边疆地区与内地城市联系的增强，恐怖势力依托人口流动和商贸往来，对内地某些聚居区进行暗中恐怖渗透的几率大大增加。与此同时，现代化的物流渠道和信息传播途径，也给内地某些聚居区的恐怖防范带来了诸多的不确定性。在此背景下，做好内地某些聚居区的涉恐因素排查工作，筑牢涉恐防控的基础防线至关重要。具体来讲，一是要紧紧抓住“人”的因素，即以人口管理为抓手，做好常住人口和流动人口的动态管理，特别是加强涉恐高危人群的甄别工作，将恐怖防范的关口前移。二是要牢牢掌控“物”的因素，即以物品管控为重点，抓好流通环节涉恐物品的堵截收缴工作，将恐怖活动使用的工具截断在初始阶段。三是要密切注意“地”的因素，即以场所管制为要点，密切关注宗教场所及地下非法宗教网点的活动情况，严防恐怖思想暗中渗透。四是要高度警惕“时”的因素，即以敏感时日为节点，严密关注辖区内人员的异动情况，防范恐怖分子制造事端。

2. 矛盾纠纷调处机制。近年来，“东突”恐怖势力利用少数民族地区及内地涉疆涉穆斯林民众的社会矛盾，挑拨事端，借机制造群体性事件的情况时有发生。例如，2009 年“6・26”韶关玩具厂群殴事件、同年“7・5”新疆乌鲁木齐打砸抢烧事件等，无一不是典型。这提醒我们，必须将矛盾纠纷调处工作摆在日常恐怖防范的前沿：一是做好矛盾纠纷的源头防范工作，即地方党委和政府要切实履行主体责任，坚持“以发展促民生，以民生促和谐”，从源头上减少社会矛盾的发生。二是做好矛盾纠纷的风险排查工作，即通过制度化的举措，推动内地穆斯林聚居区党政干部深入了解穆斯林社区，做好排忧解难和定纷止争工作。三是做好矛盾纠纷的过程干预工作，即在积极引导内地穆斯林民众通过法律手段解决矛盾纠纷的同时，要善于运用柔性纠纷解决方式（如和解、调解等），妥善化解群众矛盾和纠纷，防止事态扩大。四是做好矛盾纠纷的反向促改工作，即加强矛盾纠纷的定期梳理，通过分类总结，查摆共性问题，促进相关制度和工作的改进与完善。

3. 危机应急处置机制。近年来，在我国公安机关的严厉打击下，“东突”势力的暴恐气焰虽有削弱，但暴恐浪潮卷土重来或暴恐犯罪出现局部反弹的可能性仍不可低估。因此，除了扎实推进内地某些聚居区的基础防范工作外，也要做好随时应对暴恐事件的策略准备。具体来讲，一是完善突发性暴恐袭击的应急预案，重点做好内地某些聚居区及其所属区域内车站、水电站、矿厂、油库及大型群众活动场所等重点目标的反恐怖预案。二是建立健全反恐处置的应急指挥系统，综合协调反恐怖应急处置过程中的反恐打击、防化排爆、搜寻救援、交通疏导、舆论管控等相关部门的职能。三是组建专业化的快速反应队伍，在加强常规性反恐专业培训的基础上，按照复杂条件下反恐快速反应的总体要求，强化模拟实战演练。四是做好应对暴恐袭击的知识普及，即通过各种有效的宣传、教育、培训及传播途径，加强防恐防暴的知识普及工作，大力提高广大民众的防暴自救能力。

4. 社会秩序修复机制。国内外经验表明，暴恐事件之后的秩序修复不力，将极易导致恐慌情绪的蔓延和民族宗教对立情绪的扩散，极端的甚至可能触发接续性暴恐事件。在此方面，2009 年“6・26”

韶关玩具厂群殴事件对同年“7·5”新疆乌鲁木齐打砸抢烧事件的“导火索效应”，已经给了我们深刻的教训。因此，必须未雨绸缪，高度重视暴恐事件之后的社会秩序修复工作：一是做好信息公开。暴恐事件发生后，官方在第一时间管控好舆论的同时，也要通过主流信息渠道全面、及时和公开地发布事件概况及其处置进展，防止谣言滋生和扩散。二是维持社会秩序。暴恐事件一旦发生，除了要集中精力对付事件中心点的情况外，也要格外注意周边关联区域及人群的情况和异动，防止个别不法分子“趁火打劫”。三是加强心理疏导。暴恐事件发生后，要积极引导和广泛动员社会力量，对受害人及涉事区域的民众做好心理疏导和干预，防止恐慌情绪蔓延。四是澄清社会误解。暴恐事件发生后，对于民众中可能存在的涉及民族宗教及相关群体的误解误会，要及时发现、果断澄清，防止民族宗教对立情绪的不当滋生。

（三）加强对高校学生的管理工作

1. 全力做好高校“去极端化”工作。首先，高校应扎实开展公民意识教育和法制教育。要在少数民族学生中加强公民意识教育，理直气壮地告诉高校学生祖国就是中国，新疆各民族都是中华大家庭中的一员，新疆自古以来就是中国领土不可分割的一部分，各民族法律面前一律平等。要坚持依法维护合法权益和自觉履行公民义务相统一，切实增强学生的国家意识、公民意识、中华民族共同体意识，明确国家实行教育与宗教相分离和严禁宗教干预教育的法律规定，讲清法律底线。其次，高校应当坚持各民族平等政策。要积极巩固社会主义民族关系，努力宣传“汉族离不开少数民族，少数民族离不开汉族，各少数民族也互相离不开”的“三个离不开”思想。对少数民族学生的民族风俗，应予充分尊重和保护。再次，应当加强高校宗教事务管理，按照保护合法、遏制极端、抵御渗透、制止非法、打击犯罪的总体要求，严禁校园非法宗教活动。对穿吉里巴甫服、蒙面、留大胡子等反映出民族宗教狂热甚至极端思想的行为，应予坚决制止；对观看、下载极端宗教图文音像的，应予重点教育管理，拒不悔改转化的，应予开除学籍；对制作、传播暴力恐怖音视频的，组织、参与、策划、实施暴力恐怖活动的，应予依法打击。

2. 加强高校学生的教育管理工作。第一，改进内高班、大学预科班的教育管理。一是要设法改变目前内高班、大学预科班在区域布点上过于集中的情况，积极探索“分散布点、混合编班、插班就读”的新办班模式。二是要着力打破部分内高班、大学预科班在日常管理上的封闭、集中现象，积极探索“混编上课、交叉住宿、相互嵌入、集体活动”的管理模式。三是落实针对内高班、大学预科班思想政治上严格要求，生活学习上关爱有加的教育引导方式。

第二，抓好学生日常管理的综合措施。一是强化互联网行为的常态管控。加强入网身份认证，网络平台巡查监控，校园周边网吧管理，监控封堵即时通信工具和“翻墙”软件的使用。二是切实做好高校学生出入境证件申领和管理工作。首先，把好申领关。进一步完善学生办理出入境证件的审查机制，由高校和属地公安机关进行双重把关。其次，加强出入境证件集中管理，同时建立定期通报联络机制。公安机关为学生签发出入境证件后，应第一时间通报教育部门和高校。高校应加强跟踪管理，如发现办理出入境证件后立即退学或者不明原因失踪等情况，应立即反馈学校相关部门和公安机关采取措施，严防高校学生受境外极端思想渗透私自出境。三是规范学生日常考勤及外出管理。建立健全课堂点名、宿舍入住、请销假、离校外出、出国、休学退学等登记审查报备制度，对不请假外出、聚众活动、在外租房、与社会可疑人员交往等异常情况，应及时通报。四是加强学生假期行踪监管。要密切关注学生寒暑假、节假日的行踪去向，持续关注返校行为表现情况。五是加大校园周

边综合整治。地方政府要将校园周边环境整治纳入社会综合治理的重点工程，公安机关要落实对校园周边宗教场所的阵地管控，不断加强对出租屋、学生酒吧、餐厅的管理整顿，坚决清除各种危害学生健康成长的不利因素。

3. 加强高校反恐怖防控体系建设。一是在人防体系建设上，建立健全"警校联动、以校为主、内外结合、群防群治"的人防体系。指导学校配齐足够数量、素质的保卫干部和校内联防队员，确保校联防队员配备应急防暴器材并具备简单处置技能。积极与属地公安机关检查核实校门和校内重点部位进出的流动人员的身份，巡查走访校园及周边出租房屋、宾馆、餐饮、休闲、娱乐、网吧、印刷、五金、危爆物品等重点场所阵地，注意从中发现可疑情况和可疑人员，并做好有关情况的信息登记采集工作。二是在物防体系建设上，加强校园大门、围墙、专用护栏、门禁设施、防盗装置、消防通道、阻车系统、警示标志、危险标识等校园及周边物防设施建设，确保物防设施健全有效。特别针对教学区域的教学楼、宿舍、操场、图书馆，生活服务区域的澡堂、食堂、超市、寄递业、高校内部服务业，以及高校周边重点行业场所做好人防、物防共同配合的立体化防控建设，严防人员密集场所发生任何突发事件。三是在技防体系建设上，高校要切实加强重点部位的视频监控、门禁控制、消防控制、报警系统等校园及周边技防设备建设，做到动态更新升级，动态维护保养，确保技防设施布局合理、重点突出、功能正常、作用明显。高校后勤保卫等相关部门要及时更换重点部位的视频监控系统，安装分辨率高、图像清晰、保存时间长的电子监控设备，对学校人员密集地点要布点安装报警、灭火等装置。

4. 不断提高苗头性、倾向性线索的发现能力。一是要底数清、情况明，加强对大学生的家庭情况的了解。高校和公安机关应共同加强对某些学生的法纪教育，通过"以案说法"等形式，使其明白法律是底线，也是高压线，懂得什么是合法、什么是违法，明白无论哪个民族、不管信仰何种宗教，都必须遵守法律，任何诉求和意愿都必须通过合法渠道表达和解决。二是公安机关要主动配合学校提高对苗头性、倾向性线索及案件的发现能力，特别是要针对高校学生涉恐活动的规律、特点，面向高校保卫部门、学管干部和党员学生骨干等进行专题培训，帮助提高线索发现能力。三是公安、网侦部门要定期梳理高校学生使用 VPN、小众软件与境外可疑人员通联以及使用“翻墙”软件浏览境外暴恐极端网站情况。对有涉恐倾向的，要及时纳入侦查管控视线。四是高校要积极配合公安机关对2012 年以来在本地就读的出境未归学生以及出境后又返校上课的学生进行集中摸排。对在境外参与恐怖、极端活动未归的，要协商原户籍地公安机关落实边控和追逃措施，同时将与其关系密切的在校学生纳入视线。对出境后返回学校上课的学生，要持续跟踪管控，实时掌握其活动状况。五是建议部局协调内地各省市对近 5 年来破获的高校学生涉恐案件进行一次系统梳理，重点查找具有内高班、大学预科班学习背景的人员，并与地方教育主管部门及有关院校配合，对相关涉案人员在内高班、大学预科班期间的表现情况及主要关系网络开展扩线倒查。

（三）加强对暴恐犯罪的条件因素的管控

所谓暴恐犯罪的条件因素，就是对暴恐犯罪的发生起到帮助或者诱发作用的因素，比如特定的时间点、地点或者特定的对象，对暴恐犯罪工具的管控也是反恐的社会管理工作的重要组成部分。目前我国新疆地区对可能用于暴恐活动的工具进行严格管控，比如枪支、弹药、汽油以及管制刀具等。

近年来，车辆碾压进行暴恐活动已成为新疆暴恐案件的新手段，建立有效的车辆要素管控体系是在新疆防范涉车暴恐案件的治本之策。目前，新疆的车辆要素管控已取得了较大的成效，但在二手车

交易、汽车租赁、大型机械等方面的管控仍面临诸多问题，需要完善管控机制、严把审查关，加强情报共享，切实建立起一套完备的车辆要素管理体系。

第一，制定工作机制，稳步推进涉稳车辆管控工作。全疆公安机关要继续依托全国机动车缉查布控系统，制定《交警部门涉稳车辆预警查缉工作规范》，明确工作机制和流程，稳步推进涉稳车辆管控工作。首先，公安部门认真梳理辖区涉恐主要人员名单，并将涉恐主要人员推送至辖区派出所和交警大队。其次，辖区派出所根据涉恐主要人员名单组织社区民警对涉恐主要人员持有的机动车进行排查登记，做到不漏一车一人，并将排查登记表报辖区交警大队，交警大队将排查的涉恐车辆录入全国机动车缉查布控系统进行日常管控。最后，全疆公安机关按照缉查布控系统的工作要求，全力开展涉恐车辆查缉管控工作。国保、治安、交警部门按照上述程序对新增涉恐车辆边排查边布控，形成长效工作机制，全力做好涉恐车辆管控工作。利用“一体化联合作战平台视频结构化”车辆预警功能，以地理位置确定中心便民警务服务站统筹指挥权，指派附近便民警务站对进入中心警务站区域的预警车辆拦截查缉，对驶出中心警务站区域的涉稳车辆不予预警，切实提升预警查缉率。

第二，严把进城车辆、大型机械通行证的发放及驾驶人审查工作。针对大型进城车辆管控难度大，管控措施较为复杂的情况，全疆公安机关交警部门要提高门槛，严格审批进城通行证的发放。对城区中小型厢式货车、洒水车、公交车、垃圾清运车、工程抢险车以及在押人员（转化教育）车辆进行摸排，并逐车建立驾驶人和车辆档案，做到底数清、情况明，并将上述车辆驾驶人台账参照进城大型车辆管控模式进行深度政审。同时，要对进城大型车辆、“三客一危”车辆（含九座以上车辆）驾驶人及随车从业人员（押运员、安全员、售票员）进行深度检查，凡是属于重点管控人员的一律不予批准营运。对上述车辆驾驶人的资质进行常态化审查，将有毒驾、醉驾、交通事故（占同等责任以上）史以及有违法行为（记6分以上）和多次受到处罚（3次以上）的渣土车、工程运输车辆驾驶人列入“黑名单”，不允许其参加进城营运工作。此外，对安全设施不符合要求车辆、即将报废车辆、环保标准不符合要求的黄标车、逾期未检验车辆、交通违法未处理车辆，一律不予发放通行证，禁止上述车辆进城营运。

第三，加强对二手车交易、汽车租赁企业、网约车经营活动的管理。全疆公安机关交警、治安部门要按照属地原则，联合商务、工商、税务部门，对本辖区二手车交易市场、汽车租赁企业、网约车的经营资质进行集中审查。对无资质的坚决予以取缔，对违法经营的，通报商务、工商部门依法处罚。全疆公安机关会同相关部门对二手车交易市场、汽车租赁企业开展联合执法，采取暗访和突击检查等手段，严厉打击二手车交易市场周边、场外的非法交易行为，整治二手车交易秩序，严惩违法私下交易行为。对违法从事二手车交易，违反《中华人民共和国治安管理处罚法》的，依法给予治安管理处罚；构成犯罪的，依法追究刑事责任。要会同交通、道路运输部门按照《交通运输部、住房城乡建设部关于促进小微型客车租赁健康发展指导意见》的要求，加强对小微型客车租赁的监督监管，规范小微型客车租赁服务（大型车辆租赁同上），严格落实身份查验制度，对不符合要求、身份可疑人员或者拒绝身份查验的人员，不提供小微型客车服务，并立即报告公安部门，对责任不落实的要依法处理，切实提升二手车交易、汽车租赁企业、网约车经营活动管控水平。

第四，强化警种协作，共享反恐情报信息。反恐工作是一项系统工程，涉及面非常广泛，直接承担这一任务的公安警种有国保、治安、禁毒、网监等。这些警种既是反恐情报的获取者，也是反恐情报的使用者，必须加强协作和交流，在共享的基础上，最大限度

地发挥反恐情报的效能和作用。涉稳人员车辆管理工作方面，由于国保、治安、网监等警种有较广的情报专长和收集渠道，必要时可建立合成作战体系，各警种在合成作战体系的领导下，相互配合、主动开展涉车反恐情报的核实与印证，保证情报的真实性、预警性、时效性和针对性。路面执勤民警可以根据提供的情报对涉稳人员机动车进行及时查缉，有效消除涉车暴恐活动隐患，为新疆稳定和社会长治久安提供情报支持。

第五节　建立疆内外一体的反恐体系

根据目前我国暴恐犯罪形势严峻程度的不同，可以将我国分为三类暴恐区域：形势严峻地区、暴恐新兴地区以及其他地区。因此，可以说我国目前各地的暴恐形势虽然各有不同，但其实都或多或少地面临着暴恐犯罪的威胁。然而，如今我国的反恐工作似乎仅仅在新疆地区开展，其他地区的反恐工作似乎并没有引起当地政府的足够重视，而且这些地方的反恐工作体制机制几乎没有建立起来。可以说，经过几年的建设，我国新疆已形成了一套完整的、相对成熟的反恐体系，而新疆之外的其他省份必须要加快反恐体系的建设。

我国暴恐活动具有流动性、随机性的特征，它绝不会长期在一个区域内进行，人员的流动、时间的变化、当地政府政策的变动等等因素都可能导致暴恐犯罪的发生地向外蔓延。因此，我们必须要建立一套跨越疆内外，覆盖全国的反恐体系。

一、中央政府要起到疆内外反恐机制的统筹作用

反恐的各项制度的实施，各个地方不能相互割裂、各自为政，必须要做到在统一的框架下，相互协调，相互合作。目前，在《反恐怖主义法》实施之后，我国各地的反恐怖主义领导机构已经初步

建立起来，但该法中并没有阐明其具体职责。因此，在现实中，各地反恐办具体的工作往往会有所差别，这就导致了各个地方间的反恐工作很难进行合作。只有在中央政府的协调之下，一方面才能够使各个地方的反恐领导机构明确自身的职责，另一方面也能促进疆内与疆外各个地方间的反恐合作。这种各个地方间反恐合作最重要的需求就是反恐情报的交流与共享。在如今的信息大爆炸时代，情报的变化、流动时间快、跨度大，只有各个地方间进行情报的有效交流才能最大限度地预防暴恐犯罪的发生。假设新疆地区的情报机构发现了本地的一个潜在极端人员驾车进入内地，其就很难继续对其搜集相关情况，此种情况下，只要能够将此类信息发布给疆外的相关机构，就能实现对情报的连续搜集。因此，我国要在以下两个方面继续努力：

（一）统筹规划国内国际两大反恐战场

随着“东突”恐怖势力国际化趋势的加强，单纯依靠我国自身的力量，已经很难从根本上遏制该恐怖势力的扩张。因此，必须充分调动国内外一切有利因素，统筹规划国内、国际两大反恐战场。

1. 全面构筑反恐怖“国内战场”。“东突”恐怖主义从无到有、从微小到壮大、从本土性迈向国际化，每一个生存和发展阶段都离不开本土的给养。只有在本土领域内彻底铲除恐怖主义滋生的土壤，其“国际化”和“内渗化”的双重企图才会最终落空。在此意义上讲，防范“东突”恐怖主义，本土遏制是根本。为此，要重点做好以下工作：一是深入了解“东突”恐怖主义活动的规律和特点，准确把握恐怖主义发展、变化的最新动向。二是积极做好防控“东突”恐怖主义的顶层设计，合理谋划遏制恐怖主义扩张的策略部署。三是建立健全应对“东突”恐怖主义的体制机制，不断夯实“高压反恐”“长效反恐”和“全民反恐”的制度基石。四是着力提升应对“东突”恐怖犯罪的“打、防、控”能力建设，确保“打击有力”

“防范到位”及“控制得力”。

2. 深度参与反恐怖“国际战场”。大量事实表明，“东突”恐怖势力与境外恐怖组织和敌对势力有着深刻的内在勾连。如果不从根本上斩断其外部的资金、技术、武器和舆论等支持，那么“按下葫芦浮起瓢”式的阶段性反复将很难避免。在此意义上讲，防范“东突”恐怖主义，合作打击是关键。为此，要深化以下工作：一是以案例事实为证据，深刻揭露“东突”势力分裂主义、极端主义和恐怖主义的本质。二是以“全球反恐”为契机，深度阐发中国的反恐怖立场及主张。三是以区域合作为纽带，大力拓展反恐怖国际刑事执法和司法协作。四是以反恐怖公约为抓手，持续加大对恐怖融资、武器贩运、跨境偷渡等涉恐犯罪的打击力度。

（二）加紧构筑边疆内地两大反恐阵地

尽管边疆地区目前仍然是我国反恐怖斗争的前沿阵地，但随着“东突”恐怖势力内渗化趋势的加强，内地反恐怖斗争的紧迫性与日俱增。鉴于此，必须通盘考虑国内反恐怖大局，扎实推进边疆、内地两大反恐阵地建设。

1. 继续巩固“边疆反恐”阵地。受地缘因素的影响，我国新疆、西藏等边疆省份一直是“三股势力”的重点侵扰区域。特别是新疆局部地区，曾经一度沦为暴力恐怖的重灾区。近年来，在党中央的坚强领导下，边疆政府和人民群众齐心协力，反恐形势有了较大程度的扭转，极端暴恐活动呈直线下降趋势。但也要看到，“东突”恐怖势力并不会轻易收手，反恐防暴任务依然艰巨。为此，要在继续巩固现有反恐成果的基础上，严防边疆恐怖势力有计划地向内地城市渗透，境外恐怖势力派遣人员入境以及赴中东国家参战人员回流入境。具体来讲，一是始终保持“高压反恐”态势，确保对暴恐活动形成持久震慑。二是严密封锁跨境跨省恐怖输送通道，有效切断恐怖组织的供需给养。三是重点做好高危人群管控，严防涉恐人员流窜作案。四是密切与内地城市的情报交流，联合防范恐怖势力转移扩散。

2. 扎实筑牢“内地反恐”阵地。当前我国内地城市特别是内地穆斯林聚居区面临着极大的“恐怖输入”风险。为此，必须进一步强化危机意识，扎实推进“内地反恐”阵地建设，全力阻隔边疆恐怖势力“南下”和“东进”的战略图谋。在此方面，重点是要在国家安全委员会的领导下，形成“垂直领导、横向协调、全民参与、精准处置”的内地某些聚居区涉恐防控体制新格局：一是“垂直领导”，即从中央到地方形成以国家安全委员会和各级反恐怖工作领导小组为核心的纵向领导机构，通过完善涉恐犯罪应对机制，强化主体责任落实，构建坚强有力的反恐怖领导体制。二是“横向协调”，即加强公安、政法、金融、电信网络、民族宗教、民航交通、出入境管理等部门的联动和响应机制，编织全面覆盖的恐怖活动阻截网络。三是“全民参与”，即充分动员广大基层民众，发挥“人民战争”的强势效应，形成“全民反恐”的强大威慑。四是“精确处置”，即集合公安、武警、防化、信息等部门的精锐力量，锻造一支素质过硬、“来之能战、战之即胜”的应急处置力量。

综上，目前我国“新疆强、内地弱，新疆重视、内地忽视”的反恐格局无疑不利于实现全国范围内的反恐工作机制建设。因此；在中央的统一领导下，实现跨越疆内外反恐机制的有效衔接刻不容缓。

二、对疆内经验的学习借鉴

2017 年 3 月 29 日，新疆维吾尔自治区通过了《去极端化条例》，这是全国首个“去极端化”的地方性法规，为新疆深入推进“去极端化”工作提供了有力的法制保障，并将“去极端化”工作纳入了法治化、规范化和日常化管理轨道，对于法治反恐具有重要意义。

目前虽然很多地方都通过了本地针对清真食品的管理法规，但普遍范围模糊且宽泛，完全不能满足当前我国反恐工作的需要。以宁夏为例，2011 年宁夏回族自治区第十届人民代表大会常务委员会第二十四次会议通过了新修订的《宁夏回族自治区清真食品管理条例》（以下简称《宁夏条例》），在该条例中，“清真食品”的定义是指按照回族等有清真饮食习惯的少数民族生活习惯生产、加工、储运、销售（以下简称生产、经营）的食品。这种定义方式完全回避了“清真”的含义问题，仅仅将“清真食品”的标准认定是符合有清真饮食习惯的少数民族生活习惯，这种标准无疑会导致当地清真的“泛化”。另外，在《宁夏条例》中更是强调在本行政区内所有的机关、团体、企业事业单位中都要设立清真食堂，并且鼓励企业建立专门的清真超市。可见，该条例不仅没有起到明确清真含义、遏制清真“泛化”、消除极端化土壤的作用，甚至在某种程度上促进了清真的“泛化”。可想而知，长期执行此种条例，当地的宗教氛围必然愈发浓厚，宗教极端化倾向会愈发严重，暴恐犯罪的社会土壤也会愈发“肥沃”。

除了地方的相关立法之外，新疆在反恐情报建设、社会基层治理、民族宗教管理等方面的经验也值得疆外的各个地方政府学习。我国各个地区的暴恐形势有所差异，各个地方都会有本地的实际情况，因此，各个地方一定要根据本地区的现实情况，建设本地方的反恐体系。

以云南、广西为例，这两个地区内部有非常多的少数民族，民族、宗教关系十分复杂。2014 年前后，云南、广西成为仅次于新疆的宗教极端主义泛滥区。另外，云南、广西临近东南亚地区，一方面成为全国极端分子前往境外参加“圣战”的重要出境地；另一方面也容易接触到东南亚国家的宗教极端主义思想。在这些因素的影响下，云南、广西也就成为了我国暴恐形势较为复杂的地区。2014

年“3·01”昆明火车站暴恐案就是例证。

针对这一特征，云南、广西反恐机制的建设没有彻底根据本地的情况进行相应调整，比如，云南、广西与东南亚国家的反恐合作仍相对较少，边境管控、情报交流共享机制等仍不成熟。因此，云南、广西应根据本地的情况制定符合现实需求的反恐机制。

三、建立全民参与的反恐情报搜集机制，扩展情报源

警力有限，民力无穷，暴恐分子恐怖活动虽然隐蔽，但都逃不过群众的眼睛。这已经过世界各国的反复证明。英国开通面向公众的“网络恐怖资料举报平台”，接受民众匿名举报；自“9·11”事件以来，美国民众每年为各级政府部门提供涉恐信息近万条，其中大部分信息为各级政府防范恐怖事件、打击恐怖分子争取了先机；俄罗斯重奖举报涉恐涉暴线索群众，在恐怖活动多发的北高加索地区，落网的恐怖分子中90%都是靠民众举报抓获的；澳大利亚政府与企业界合作，开展“重要基础设施保护”项目和信息共享机制，开放针对民众的24小时安全热线。[1]2016年12月5日，美国四大科技巨头“脸书”（Facebook）、优兔（Youtube）、微软（Microstft）和推特（Twitter）宣布联手在全球范围内建立标识网上恐怖分子的“数字化信息”共享数据库。数据库建立，首先从恐怖分子的图像和视频入手，将那些违反各公司规定的、最为极端的犯罪的图像视频纳入；甄别带有恐怖主义特征的网络行为，快速消除网上恐怖主义宣传及招募追随者的内容。四大公司还表示，正在研究如何吸引更多的网络公司加入这一反恐数据库。[2]

我国建立全民参与的反恐情报搜集机制可以从以下几个方面

---

〔1〕 张建华等：“看别国如何开展‘全民反恐’”，载《共产党员》2014年第18期。

〔2〕 参见柏枫：“大数据背景下反恐情报机制的建立与完善”，载《广西警察学院学报》2018年第1期。

进行：

第一，借鉴美国的经验，积极鼓励和推动民间反恐信息系统和平台的研发与应用，培养和树立全民反恐的思想和理念，建立具备中国特色的全民信息共享系统，构建全民反恐信息共享环境，营造更广泛更快捷的情报反恐氛围。在借助社会力量参与反恐的过程中，激发警力潜能，提升警务效能，将群众路线与情报主导警务战略相结合，为反恐工作提供源源不断的驱动力。同时，将收集到的情报与国际刑警组织的信息系统作比较研判，利用国际刑警组织的信息系统特别是信息共享系统、面部信息共享系统、气象信息共享系统、“七网”等，更大程度上消除情报反恐盲点。

第二，鼓励民众主动提供反恐情报的热情。当前政府反恐的短板在于恐怖情报的不足，全民参与的反恐模式是当下我国反恐斗争的突破口。社区群众与潜在的恐怖分子朝夕相处，是最容易发现恐怖分子的，恐怖袭击发生前的可疑情况、恐怖分子的藏身地点、恐怖分子的非法传教讲经地点都容易被群众发现。应建立全民反恐情报网络，形成“纵向到底，横向到边”的反恐情报格局，联通政府与企业、非政府公共机构、社区、群众之间立体化的全民反恐情报机制。只有这样，“西城大妈”“朝阳群众”“海淀网友”等民间力量才能成为我国反恐的最大助力。

第三，建立恐怖分子与可疑行为的辨识标准，提高群众涉恐线索情报的发现能力。由于恐怖分子的辨识度低，恐怖行为隐蔽性强，群众很难准确判断。各地应根据反恐实践，教会民众如何识别恐怖分子，使民众知道恐怖分子的手段、作案特点以及恐怖可疑行为。例如，在恐怖行为策划阶段，大量购买汽油、爆炸物品原材料，公寓内出现的刺鼻性气味、网络上的宗教极端主义言论、大量异常的现金流动，在重要目标附近逗留、频繁出现，进行拍照、测量等活动；在恐怖活动实施阶段，衣着不符时令，衣着宽大，操外来口音，在本地不能辨识方向，精神萎靡、目光游离，涉嫌吸毒等。只要遇到这些异常情况，就应及时向警方报警。

四、完善反恐情报交流与共享机制，加大情报的深度融合

情报是反恐有效性的重要基础。反恐情报工作涉及面广、信息量大、危险性高、保密性强，所以反恐情报工作的性质决定了其需要完备的机构和制度。如果情报工作缺乏组织先行的原则和制度保障，信息将无法在部门间流通共享，或者情报人员在庞大的信息量面前无法达成一致目标，甚至导致情报的泄露。机构是情报工作的硬件设施，如果说制度是系统软件，那么每个情报项目则是应用软件，每一环都在相互支持，相互影响，只有结构紧密的体制才能使工作更具严谨性、便捷性和共享性。因此，应进一步建立和健全我国各级反恐情报专门机构，实现中央一级反恐机构统一指挥和领导全国的反恐工作，完善各部门的沟通与合作，防止多头负责和各自为政的现象，实现反恐情报工作全国“一盘棋”。

通过信息共享，实现情报要素的流动互补，充分利用各地有利的自然资源、经济条件、社会条件和警力资源，消除不必要的重复建设或资源短缺，尽可能节约人、财、物的成本，使没有资源优势的警务主体也能获得较充分的发展机会，使具有多个资源优势的情报主体能够集中配置或整合资源，谋求更高层面的发展。国家反恐怖主义情报中心实行跨部门的协调，在整合公安部、国家安全部、军队情报资源的同时，吸收外交、交通、卫生、司法、水利、电信、气象、应急、金融、能源、农林、海关、武警边防等部门情报资源，真正做到情报的共享和利用。

在扩大的反恐情报信息源头以及完善信息流通、共享机制后，情报的研判、利用就是一个重要的课题。针对情报的信息研判，江苏警官学院的闵剑副教授认为应当从两个方面进行努力：

第一，从纵向上建立地市—省—国家三级反恐情报组织架构。地市反恐情报中心应作为地方情报融合机构，接收和处理本地区范围内的涉恐情报，以此减少涉恐信息传递层次，保证涉恐信息的时效性，实现反恐情报的有效融合。反恐情报信息经省级反恐情报部门归口，直接上报国家反恐情报中心。国家反恐情报中心统筹省市反恐情报中心工作，并向特定区域、反恐协作单位发出预警信息。

第二，从横向上建立反恐情报大数据处理系统，加大情报的分析、研判。从当前反恐数据来源来看，电信、金融、航空、交通、股票、互联网、社会监控探头、手机、医疗、保险、旅行社、宾馆、商品交易、水电气部门、学校、图书馆、税务、银行等社会服务型部门每天都产生数以海量的信息，这些海量的信息不是孤立、随机存在的，而是一些互相联网，可深度挖掘分析、找寻规律的信息。这些记录为我们发掘反恐情报线索、进行反恐监测预警提供了重要的数据来源。反恐情报部门要加大对反恐情报的分析、研判，加大对海量的人流、物流、信息流、资金流的比对、碰撞，加强关联性分析，对数据中可疑人员谈话、来自可疑地区的电子邮件，互联网上可疑交易、金融可疑交易等情况进行关联分析，加大可疑人员与行为之间的轨迹分析，从而发现反恐线索和情报，为防范、打击恐怖袭击提供直接线索。[1]通过健全纵横双向的反恐情报信息网络，提升情报互通效率，加大情报融合深度，提升情报利用率。

---

〔1〕 参见闵剑："我国反恐情报体系的构建"，载《河南警察学院学报》2018 年第 3 期。